汉学研究大系　列国汉学史丛书
Series of Chinese Studies

阎纯德　总主编

新汉学计划出版项目资助

# 日本汉学史

[日] 牧野谦次郎　著
张　真　译

学苑出版社

# 图书在版编目（CIP）数据

日本汉学史 /（日）牧野谦次郎著；张真译. -- 北京：学苑出版社，2020.9

（汉学研究大系 / 阎纯德总主编）

ISBN 978-7-5077-6003-3

Ⅰ.①日… Ⅱ.①牧… ②张… Ⅲ.①汉学 - 历史 - 日本 Ⅳ.①K207.8

中国版本图书馆CIP数据核字(2020)第171512号

责任编辑：杨 雷 张敏娜
出版发行：学苑出版社
社　　址：北京市丰台区南方庄2号院1号楼
邮政编码：100079
网　　址：www.book001.com
电子信箱：xueyuanpress@163.com
联系电话：010-67601101（销售部） 67603091（总编室）
经　　销：新华书店
印　刷　厂：北京建宏印刷有限公司
开本尺寸：710×1000　1/16
字　　数：263千字
印　　张：16.5
印　　数：1500册
版　　次：2021年11月第1版
印　　次：2021年11月第1次印刷
定　　价：50.00元

## 汉学研究大系 编辑委员会

总顾问：袁行霈

顾　问：王晓平　　乐黛云　　宇文所安（Stephen Owen）
　　　　李明滨　　吴志良　　严绍璗　　张西平　　宋绍香
　　　　何培忠　　郁　白（Nicolas Chapuis）　　孟　白
　　　　倪海东　　钱林森　　崔希亮　　柴剑虹　　阎国栋
　　　　熊文华

主　任：刘　利　李宇明

总主编：阎纯德

助　理：陈　畠

## 列国汉学史丛书 编辑委员会

主　任：刘　利

副主任：韩经太

主　编：阎纯德　　吴志良

编　委：安平秋　　许光华　　李海绩　　李雪涛　　陈开科
　　　　陈戎女　　陈　畠　　杨玉英　　张国刚　　周　阅
　　　　侯且岸　　钱婉约　　徐志啸　　唐　磊

# 总 序 一

经过近 30 年多位学者的辛劳努力,现在我们可以说,国际汉学研究确实已经成长为一门具有特色的学科了。

"汉学"一词本义是对中国语言、历史、文化等的研究,而在国内习惯上专指外国人的这种研究,所以特称"国际汉学",也有时作"世界汉学""国际中国学",以区别于中国人自己的研究。至于"国际汉学研究",则是对"国际汉学"的研究。中外都有学者从事国际汉学研究,我们在这里讲的,是中国学术界的国际汉学研究。

自从改革开放以来,国际汉学研究改变了禁区的地位,逐渐开拓和发展。其进程我想不妨划分为三个阶段:一开始仅限于对国际汉学界状况的了解和介绍,中心工作是编纂有关的工具书,这是第一个阶段。到了 20 世纪 90 年代,出现国际汉学研究的专门机构,大量翻译和评述汉学论著,应作为第二个阶段。在这两个阶段里,学者们为深入研究国际汉学打好了基础,准备了条件。新世纪到来之后,进入全面系统地研究国际汉学的可能性应该说业已具备。

今后国际汉学研究应当如何发展,有待大家磋商讨论。以我个人的浅见,历史的研究与现实的考察应当并重。国际汉学研究不是和现实脱离的,认识国际汉学的现状,与外国汉学家交流沟通,对于我国学术文化的发展以至于多方面的工作都是必要的。我曾经提议,编写一部中等规模的《当代国际汉学手册》,使我们的学者便于使用;如果有条件的话,还要组织出版《国际汉学年鉴》。这样,大家在接触外国汉学界时,不会感到隔膜,阅读外国汉学作品,也就更容易体味了。必须指出的是,国际汉学有着长久的历史,因此现实和历史是分不开的,不了解各国汉学的历史传统,终究无法认识汉学的现状。

我们已经有了不少国际汉学史的著作及论文。实际上,公推为中国最早的汉学史专书,是 1949 年出版的莫东寅《汉学发达史》,尽管是通史体裁，也包含了分国的篇章。这本书最近已有经过校勘的新版，大家容易看到，尽管只是概述性的，却使读者能够看到各国汉学互相间的关系。由此可见，有组织、有系统地考察各国汉学的演进和成果，将之放在国际汉学整体的背景中来考察，实在是更为理想的。

这正是我在这里向大家推荐阎纯德教授、吴志良博士主编的这套"列国汉学史书系"（即"汉学研究大系"）的原因。

阎纯德教授在北京语言大学主持汉学研究所工作多年，是我在这方面的同行和老友，曾给我以许多帮助。他为推进国际汉学研究，可谓不遗余力，所做出的重要贡献是学术界周知的。在他的引导之下，《中国文化研究》季刊成为这一学科的园地，随之又主编了《汉学研究》，列入《中国文化研究汉学书系》，有非常广泛的影响。其锲而不舍的精神，我一直十分敬服。特别要说的是，阎纯德教授这几年为了编著这套"列国汉学史书系"所投入的心血精力，可称出人意想。

在《汉学研究》第八集的《卷前絮语》中，阎纯德教授慨叹："《汉学研究》很像同人刊物，究其原因，是从事这个领域研究的学者太少，尤其是专门的研究者更是少之又少，所以每一集多是读者相熟的面孔。"现在看"列国汉学史书系"，作者已形成不小的专业队伍，这是学科进步的表现，更不必说这套书涉及的范围比以前大为扩充了。希望"列国汉学史书系"的问世成为国际汉学研究这个学科在新世纪蓬勃发展的一个界标。让我们在此对阎纯德教授、这套书的各位作者，还有出版社各位所做出的劳绩表示感谢。

李学勤<br>
2007年4月8日<br>
于清华大学国际汉学研究所

# 总 序 二

汉学历史和学术形态历史是既抽象又具体的存在,是浩瀚无边的过去、现在和未来。历史会让我们兴奋,也会使我们悲哀,有时还会觉得它仿佛是一个梦。但是,当我们梦醒而理智的时候,便会发现——太阳、地球、人类社会,一切的一切,不管是曾经存在过的恐龙,还是至今还在生生不息的蚂蚁社群,天上的,地下的,看得见的,看不见的,一切都有自己的历史。一切都有过发生,一切都还在发展,可能还会灭亡。

任何事物的发生都有一个有形或无形的孕育过程,"汉学"(Sinology)也是这样,其孕育和成长,就是中国文化与异质文化相互交媾浸淫的历史。这个历史,始于公元1世纪前后汉代所开通的丝绸之路,接下来是七八世纪的大唐帝国、十四五世纪的明代、清末的鸦片战争和五四新文化运动,这种文化的碰撞和交流之潮时起时伏直到今天,还会发展到永远。这是历史,是汉学的昨天、今天和未来,是其孕育、发生和成长的过程显现出的文化精神。但是,昨天有远有近,我们可以寻着蛛丝马迹探讨找回其真;而今天,只是一个过渡,一俟走过,便成为昨天的陈迹。

写作汉学史是一件艰难的劳作,尤其对象是遥远的昨天,尤其是"遗失"在异国他乡的昨天,更非一件易事。时至今日,朦胧面纱下的汉学还不完全为一些学人所认识,因此有必要取下面纱,让人们看个究竟。

中华人民共和国成立最初的30年,对于"汉学"讳莫如深,因为"它"被认为是个有害于中国的"坏东西";从20世纪70年代中期之后,尤其90年代以降,"汉学"便逐渐成为学术界耳熟能详的学术名词。中国大陆重提"汉学"至今,汉学就像隐藏在深山里的小溪,经过30年的艰辛跋涉,才终于形成一条奔腾的水流,并成为中国文化水系不可或缺的组成部分;尤其是到了21世纪10年代之后,国家领导人也提出倡导研究汉学(中国学)。这是天翻地覆的文化壮举。这个变化是时代和历史变迁带来的结果,也是文化自己发展的规律。

那么,究竟什么是汉学呢？首先,这里的汉学非指汉代研究经学注重名物、训诂——后世称"研究经、史、名物、训诂考据之学"的"汉学",而是指外国人研究中国历史、语言、哲学、文学、艺术、宗教、考古及社会、经济、法律、科技等人文和社会科学领域的学问,这起码是近300年来世界上的习惯学术称谓。李学勤(1933—2019)教授多次说:"'汉学',英语是Sino-logy,意思是对中国历史文化和语言文学等方面的研究。在国内学术界,'汉学'一词主要是指外国人对中国历史文化等的研究。有的学者主张把它改译为'中国学',不过'汉学'沿用已久,在国外普遍流行,谈外国人这方面的研究,用'汉学'比较方便。"① Sinology一词来自外国,它不是汉代的"汉",也不是汉族的"汉",不指一代一族,其词根Sino源于秦朝的"秦"(Sin),所指是中国。为了弄清Sinology的真正含义和译义,我曾向西方多位汉学家征求看法。他们几乎毫无疑义地认为:Sinology的词根"Sino",意思是"秦",所指是中国,源自拉丁词语"Sina"(China,中国),"logia"为希腊词语,其意为"科学",或含有考古学或哲学的部分意思;前者所示是"中国",后者所示是"科学"或"研究",两者相加,Sinology就是"中国的科学研究"。Sinology一词的诞生,最早应是始于后利玛窦时代,出自某个传教士的智慧——借用汉代和清代的"汉学"。从那时起,西方传教士就将对中国的文化研究称为Sinology(汉学),研究者称为Sinologist(汉学家)。

如果我们将Sinology在学术上称为"汉学"和"中国学",名字虽异,但实质上它们是"异名共体",所表述的内涵完全一样。高利克在回信中说:"我认为Sinology(汉学)或Sinologist(汉学家)是用以指称我们所从事的事业之恰当的词语。"

在历史长河里,汉学由胚胎逐渐发育成长。当汉学走过少年时代,在西学东渐和中学西传互示友情之后,中学开始影响西方而成为人类文明史上的伟大事件。中世纪以来,欧洲视中国为"修明政治之邦",对中国充满了好奇与好感,18世纪"中国热"蜂起欧洲,19世纪初期法国便成为西方汉学的中心,巴黎成为"汉学之都"。戴密微(Paul Demiéville,1894—1979)

---

① 李学勤《国际汉学漫步·序》,河北教育出版社1997年版。

曾说汉学的先驱是葡萄牙、西班牙和意大利。但是,汉学作为学术研究和一种文化形态,举大旗的则是法国人。1814年12月11日,雷慕沙(Jean Pierre Abel Rémusat,1788—1832)在法兰西学院首开"汉语和鞑靼—满语语言与文学讲座",开启了西方真正的汉学时代。但指代汉学的"Sinologie"(英文"Sinology")一词则出现在17世纪末,应该早过雷慕沙主持第一个汉学讲座100年的时间。从此之后,"Sinology"便成为主导汉学世界的图腾、约定俗成的学术"域名"。在世界文化史和汉学史上,外国人把研究中国的学问称为"汉学",研究中国学问的造诣深厚的学者称为"汉学家"。因此,我认为,我们不必要标新立异,根据西方绝大部分汉学家的习惯看法,"Sinology"发展到如今,这一学术概念有着最广阔的内涵,绝不是汉代和清代独有的"汉学",更不是什么"汉族文化之学",它涵盖中国的一切学问,既有以儒释道为核心的传统文化,也包含"敦煌学""西夏学""突厥学""满学"以及"藏学"和"蒙古学"等领域。由于汉学的发展、演进,以法国为首的"传统汉学"(Sinology)和以美国为首的"现代汉学"("中国学",Chinese Studies),到了20世纪中叶之后,研究内容、理念和方法,已经出现兼容并包状态,就是说Sinology可以准确地包含Chinese Studies的内容和理念;从历史上看,尽管Sinology和Chinese Studies所负载的传统和内容有所不同,但现在却可以互为表达、"雌雄同体"于同一个学术概念了。话再说回来,对于这样一个负载着深刻而丰富历史内涵的学术"域名",我以为还是叫它"汉学"(Sinology)为好,因为Sinology不仅承继了汉学的传统,而且也容纳了Chinese Studies较为广阔而现代的内容。另外,中国人对中国文化的研究应该称为国学,而外国学者研究中国文化的那种学问则称为汉学。汉学是国学有血有肉有灵魂的"影子",而汉学不是国学,是介于中学与西学两者之间、本质上更接近西学的一种文化形态。说它与国学同根而生,说它们是"一条藤上的两个瓜"(许嘉璐语),都不为过,然而瓜的形象与味道却不相同,一个是"东瓜",一个是"西瓜"。我认为这样认识汉学,既符合中国文化的学术规范,又符合世界上的历史认同与学术发展实际。

  汉学的历史是中国文化与异质文化交流的历史,是外国学者阅读、认识、理解、研究、阐释中国文明的结晶。汉学是中国文化和外国文化撞击后派生出来的学问,实际上也是中国文化另一种形式的自然延伸。但是,汉学不是纯粹的中国文化,它与中国文化有着密不可分的血缘关系,它既是中外文化的"混血儿",又是可以照见"中国文化"的镜子,是可以攻玉的"他山之石";"'Sinology'是一门在国际文化中涉及双边或多边文化关系的近代边缘性的学术,它以'中国文化'作为研究的'客体',以研究者各自的'本土文化语境'作为观察'客体'的基点,在'跨文化'的层面上各自表述其研究的结果,它具有'泛比较文化研究'的性质。"①以上两种表述虽有不同,但学理一致,基本可以厘清我们对于 Sinology 的学术定位。

法国汉学家马伯乐(Henri Maspero,1883—1945)说过:"中国是欧洲以外仅有的这样的一个国家:自远古起,其古老的本土文化传统一直流传至今。"法国哲学家弗朗索瓦·于连(François Jullien)也说:"中国文明是在与欧洲没有实际的借鉴或影响关系之下独自发展的、时间最长的文明……中国是从外部审视我们的思想——由此使之脱离传统成见——的理想形象。"②他在《为什么我们西方人研究哲学不能绕过中国》中提出:"我们选择出发,也就是选择离开,以创造远景思维的空间。人们这样穿越中国,也是为了更好地阅读希腊。"为了获得一个"外在的视点",他才从遥远的视点出发,并借此视点去"解放"自己。这便是一个未曾断流、在世界上仅存的几种古老文化之一的中国文明的意义。中国文明是一道奔流不息的活水,活水流出去,以自己生命的光辉影响世界;流出的"活水"吸纳异国文化的智慧之后,形成既有中国文化的因子,又有外国文化思维的一种文化,这就是"汉学"。也就是说,汉学是以中国文化为原料,经过另一种文化精神的智慧加工而形成的一种文化。从某种意义上说,汉学既是外国化了的中国文化,又是中国化了的外国文化;抑或说是一种亦中亦西、不中不西,有着独立个性的文化。汉学作为一门独立的具有跨文化性质的学科,是外国文化对中国文化借鉴的结果。汉学对外国人来说是他们的"中学",对中国人来说又是西学,它的思想和理论体系仍属"西学"。

我们的汉学研究,是指对外国汉学家及其对中国文化研究成果的再研究,是中国学者对外国学者研究中国文化的反馈,也是对外国文化借鉴的一个方面。凡是对历史或异质文化进行研究,都有一个价值判断和公正褒

---

① 严绍璗《我对 Sinology 的理解和思考》,载《世界汉学》2006 年第 4 期。
② [法]弗朗索瓦·于连(François Jullien)《迂回与进入》,香港三联书店 1998 年版。

贬的问题。因此,对于汉学家对中国文化的研究,必得有我们自己的判断,然后做出公正的褒贬。我们说汉学是可以攻玉的"他山之石",但是这句箴言并非只适用于中国人,对外国人也是一样。汉学也像外国的本体文化一样,对我们来说有借鉴作用,对西方来说有启迪作用——西方学者以汉学为媒介来了解中国,汲取中国文化的精华,完善自己的文明。人类由于文化背景差异和文化语境的不同,思维方向和方式也会不同,因而就会得出不同的结论,讲出不同的道理。"西方学者接受近现代科学方法的训练,又由于他们置身局外,在庐山以外看庐山,有些问题国内学者司空见惯,习而不察,外国学者往往探骊得珠。如语言学、民俗学、考古学、人类学、社会学诸多领域,时时迸发出耀眼的火花。"①汉学的学术价值往往不被国人重视,并利用汉学家对于中国文化的一些误读而贬低汉学的价值。其实,这并不公平,有些汉学家对于中国文化确实有其独到的见解,能发中国人未发之音。法国汉学家马伯乐对中国上古文化和上古宗教的研究就有独到的贡献,中国学者称赞他对中国宗教研究有开"先河"之功。他研究中国宗教的宗教社会学之方法,促进和推动了中国学者采用宗教社会学来研究中国宗教,被称为"中国宗教社会学研究的真正创始人"。

踏着地理学家和探险家斯文·赫定(Sven Hedin,1865—1952)的足迹来到中国的瑞典地质学家、考古学家安特生(John Gunnar Andersson, 1874—1960),他对中国的贡献足以说明他也是一位汉学家。1914年,他被中国北洋政府农商部聘任为矿政顾问,他先是从事地质调查,写出《中国的铁矿和铁矿工业》和《华北马兰台地》的调查报告,然后致力于古生物化石的收集和研究。1921年10月,在河南渑池发现仰韶文化,因此被誉为"仰韶文化之父"。他的研究揭开了中国田野考古工作的序幕,改变了中国近代考古的面貌。他有《甘肃考古记》、《中国远古之文化》(An Early Chinese Culture,1923)、《黄土的女儿:中国史前史研究》(Children of the Yellow Earth:Studies in Prehistoric China)等著作。

瑞典汉学家高本汉(Bernhard Karlgren,1889—1978)的最高成就是根据研究古代韵书、韵图和现代汉语方言、日朝越诸语言中汉语借词译音构拟汉语中古音,以及根据中古音和《诗经》用韵、谐声字构拟古音,写出著

---

① 季羡林《汉学研究·序》第七集,中华书局2003年版。

名的学术专著《中国音韵学研究》《汉语中古音与古音概要》《古汉语字典重订本》《中日汉字形声论》《论汉语》《诗经注释》《尚书注释》和《汉朝以前文献中的假借字》等。他对汉语音韵训诂的研究是不少中国学者所不及的,并深刻影响了对于中国音韵训诂的研究。20世纪日本学者津田左右吉(Tsuda Soukichi,1873—1961)关于中国文化的研究著述甚丰,他认为中国文化是一种"人事本位文化",其核心是"帝王文化",其他认识上尽管有偏颇,但也有其独异性和深刻之处。这就是"他山之石"的意义和价值。

当然,不可否认,汉学家对于中国文化的误读或歪曲也是常见的。美国现代汉学(中国学)的奠基人费正清对中国历史尤其近代史的研究独具风采,为美国人民认识中国搭建了一座桥梁;但他在研究上的所谓"冲击—回应"模式,却近乎荒谬,认为是西方给中国带来了文明,是西方的侵略拯救了中国。

综上所述,对于汉学成果的研究,只有冷静、公正、客观、全面,才能在沙中淘得真金,发现真正的"他山之石"。

在中国,汉学的接受与命运,诚实地说,在20世纪80年代初期之前,基本上是无视它的学术价值,更没人把它看作是中国文化的延伸。此外,由于民族心理上的历史"障碍",我们还曾视汉学为洪水猛兽,甚至觉得它是仇视中国、侮辱中国的一个境外的文化"孽种"。这种"观点",虽嫌偏颇,当然也不是空穴来风。因为自19世纪"鸦片战争"前后,直至20世纪40年代,偌大的中国曾经惨遭蹂躏,其间也不乏为列强殖民政策服务的少数传教士、"旅行家"和"学者"深入中国腹地,以旅行、探险、考古之名而实行社会情报的搜集、盗窃和骗取中国文物。

人类思想的飞翔,是受社会和历史禁锢的,山高水远的阻隔也使得人类互相寻找的岁月特别漫长。交流是人类文化选择的自然形态,汉学就发生在这种物质交流和文化交流之中。

人类在互相寻找的初级阶段,中国和西方试探性的商业交往还很原始,那时的人类,不同的国家、民族和族群处于相对落后和封闭的状态,人类各个角落的不同文化还处于相对不自觉或是相对蒙昧的历史时期。在人类最早的沟通中,中国人走在最前边。公元前139年,张骞奉汉武帝之命,越过葱岭,亲历大宛、康居、大月氏、大夏、乌孙、安息等地,直达地中海东岸,先后两次出使中亚各国,历时十多年,开创了古代贯通欧亚非的陆路"丝绸之路",为人类交往开了先河,也为汉学的萌发洒下最初的雨露。

在文化史上,以孔孟儒家学说为核心的中国文化最先影响朝鲜半岛,然后才是日本和越南等周边国家。这些周边国家与中国的关系复杂,甚至被说成同种同文,因此可以说它们的文化与中国文化有着很深的"血缘"关系。公元522年,中国佛教渡海东传日本,从那时开始,中国典籍便大量传入日本;但这只是一种"输入",只是日本创建自己文化的借鉴,并没有形成对于中国文化的深层研究。及至唐代,由于文化上承接了汉朝的开放潮流,那时与异质文化的交流相对更加频繁,商贸往来和文化沟通有了发展,西方和中国周边国家或地域的人士通过陆路和水路进入中国腹地,有的经商,有的留学,长安(今西安)、洛阳、扬州、广州、泉州等城市,都是中外贸易和文化交汇的重要都会。尤其是长安(今西安),是当时世界最大的商业文化之都;而扬州、广州、泉州等,由于东南沿海经济崛起、人口增多、手工业发达、农田水利的改善,为海外贸易发展创造了条件,再由于唐代中期"安史之乱"切断了陆路"丝绸之路"的缘故,曾称为"鲤城""温陵""刺桐城"的泉州,便成为联结亚洲、欧洲和非洲的海上丝绸之路的"东方第一大港",是那时以丝绸、金银、铜器、铁器、瓷器为主的国际贸易之都。通过频繁的往来和交流,外国人对中国文化的认识越来越多、越来越深,汉学也便在这种交流中不知不觉慢慢衍生。

但是,源远流长的汉学,人们习惯地认为其洪流和网络在西方,西方是汉学的形象代表。这种看法,一是源自近代以来西方强势文化和中国人的崇洋心理;二是西方汉学的某些特征也确实有别于朝鲜半岛、日本和越南的汉学。其实,如果我们从世界汉学历史发展的角度看,日本、朝鲜半岛和越南的汉学要早于西方的汉学,比如日本在十四五世纪已经初步形成了汉学,而那时西方的传教士还没有进入中国。因此,对于汉学的研究,无论是西方还是东方(朝鲜半岛、日本和越南),我们都不能顾此失彼,要以同样的关注和努力而探讨之。当然,汉学的历史藏在文献里,而隐性源头却可能在文献之外。

文化往往伴随经济流动,其交流也会在不自觉或无意识状态下发生。到了明代初年,郑和于1405年,率200多艘舰船的庞大舰队出使西洋,前后7次,历经28年,到过30多个国家,最远抵达非洲东岸和红海口,真正拓展了海上"丝绸之路"。

在公元八九世纪至十六七八世纪期间，关于中国，多见于西方商人、外交使节、旅行家、探险家、传教士、文化人所写的游记、日记、札记、通信、报告之中，这些文字包含着重要的汉学资源，因此这些文献被称为"旅游汉学"。这些人的东来源于文艺复兴，因为思潮的开放影响了欧洲人的思想和生活，他们或通商，或传教，或猎奇，但了解和研究中国文化却是一致的，于是汉学便在葡萄牙、西班牙、意大利、法国、荷兰、英国、德国、俄罗斯等主要的西方国家逐步发展起来。

这类游记和著作较早的，有约在公元851年成书的描述大唐帝国繁荣富强的阿拉伯帝国（大食国）旅行家苏莱曼（Sulayman）的《中国印度见闻录》（又译《苏莱曼东游记》）、威廉·吕布吕基斯（1215—1219）的《远东记》（1254）、意大利雅各布·德安克纳的《光明城》（The City of Light）；这类"旅游汉学"著作中，最著名且影响至今的当属《马可·波罗游记》（The Travels of Marco Polo，又译《东方见闻录》）。马可·波罗（Marco Polo，1254—1324）于1275年随父亲和叔父来中国，觐见过元世祖忽必烈，1295年回国后出版了这本书，它以美丽的语言和无穷的魅力翔实地记述了中国元朝的财富、人口、政治、物产、文化、社会与生活，第一次向西方细腻地展示了"唯一的文明国家""神秘中国"的方方面面。

大航海凯旋不久，欧洲传教士最初到世界各地传教，在美洲和日本等许多地方遭遇不顺。但是，他们在中国这个以德仁待人的文明国度得到了善待。庞迪我（Diego de Pantoja，1571—1618）在1602年写给西班牙主教的信里说："中国那么强大，为什么不去征服那些周边小的国家，甚至一任那些小国给它制造麻烦呢？因为中国不想用自己的威力征服别人。这一事实，对欧洲人来说是不可理解的；中国人与他们的皇上并不寻求或梦想超过他们目前的国土疆界来扩大他们的帝国。"利玛窦（Matteo Ricci，1552—1610）说："在这样一个几乎具有无数人口和无限国土，幅员辽阔、各种物产丰富的国家，虽然它有装备精良的陆军和海军，很容易征服邻近的国家，但他们的皇上和人民却从来没想过要发动侵略战争，他们很满足于自己已有的东西，没有征服别人的野心。在这方面，他们与欧洲人很不相同，欧洲人常常不满意自己的政府，并贪婪祈求别人享有的东西……我仔细研究了中国四千多年的历史，我不得不承认，我从未见过这类征服的记载,我也没有听说过他们对外侵略、扩张国界。"

从 16 世纪到十八九世纪,在数以千计的散布在中国各地的传教士中,有不少人成为名载史册的汉学先驱,他们为汉学的发展做出了重大贡献。自 1540 年圣伊纳爵·罗耀拉(St.Ignatins de Loyola,1491—1556)、圣方济各·沙勿略(St. Francisco Xavier,1506—1552)等人来华,开始了以葡萄牙、西班牙、意大利传教士为主的第一波耶稣会的传教活动。接着,意大利的范礼安(Alexandre Valignani,1539—1606)、罗明坚(Michel Ruggieri,1543—1607)等著名传教士来华。明朝万历十一年(1583 年),罗明坚又将利玛窦神甫带到中国,从此,耶稣会传教士在中国的宗教活动无论是对于西方还是东方,都开始了一个新的历史时期。

西方众多旅行家、探险家、商人和耶稣会士来华,他们笔下的许多记载和著译,催生了汉学。葡萄牙贝尔西奥(P. Belchior,1519—1571)的《中华王国的风俗与法律》(1554)、葡萄牙多明我会传教士加斯帕尔·达·克鲁斯(Gaspar da Cruz,1520—1570)全面介绍中国的《中国情况详介专著》,最著名的是 1585 年在罗马出版的西班牙胡安·冈萨雷斯·德·门多萨(Juan Gonsales de Mendoza,1545—1618)编著的《中华大帝国史》(*Dell'historia della China*,又译《大中国志》)。这位没有来过中国的传教士汉学家,却根据自己所掌握的有关中国文献写出了第一部真正的汉学著作,名副其实地对中国的政治、历史、地理、文字、教育、科学、军事、矿产、物产、衣食住行、风俗习惯等做了百科全书式的介绍,具有相当的学术价值,以七种文字印行,风靡欧洲。

在这个一百多年的岁月里,前后出版的有金尼阁(Nicolas Trigault,1577—1629)根据利玛窦日记的整理,加上自己的中国见闻合著为《利玛窦中国札记》(*Regni Chinensis Descriptio*,又译《基督教远征中国史》),亚历山大·德·罗德(Alexandre de Rhodes,1591—1660)的《在中国的数次旅行》(1666),比利时南怀仁(Ferdinand Verbiest,1623—1688)的《中国皇帝出游西鞑靼行记》(1684),葡萄牙费尔南·门德斯·平托(Fernão Mendes Pinto,1509—1583)的《远游记》,法国李明(Louis-Daniel Le Comte,1655—1728)的《关于中国现状的新回忆录》(*Nouveau mémoire sur l'état présent de la Chine*,1696,又译《中国近事报道》)和《中华帝国全志》(《中国通志》),等等。

这些包罗万象的文献,不仅记录了不同时代的中国,还以自己的文化视角开始了中西文化最初的碰撞。作为文献,这些游记、日记、札记、通信和报告,有赞美,有误读,也有批评,但因为其中包含大量中国物质文化及政治、经济、历史、地理、宗教、科举等多方面的文化记载,而成为汉学的重要组成部分,在学术史上有重要价值。

汉学的发生、发展与经济、政治、交通以及资讯分不开。有学者把汉学的历史分为"萌芽""初创""成熟""发展""繁荣"几个时期,也有的分为"游记汉学时期""传教士汉学时期"和"专业汉学时期"三个阶段。但汉学的真正形成是在明末清初兴起的"西学东渐"和"中学西传"的互动之中。

以利玛窦为核心的耶稣会士的历史意义在于他们开始了对中国文化的全面开垦,不仅著书立说,还把《大学》《中庸》《论语》《孟子》等中国文化经典译成西文,不仅开西学东渐之先河,也推动了中学西传,使中国文化对西方科学与哲学产生重要影响,因此这位思想家当仁不让地被视为西方汉学的鼻祖。与其先后到达中国的著名的传教士大都曾著书立说、传播中国文化,对推动西学东渐和中学西传做出了贡献。

在世界汉学史上,除了以上提及的,还有许多汉学家的名字十分响亮,如曾德照、柏应理、卫匡国、殷铎泽、南怀仁、汤若望、龙华民、罗如望、熊三拔、张诚、白晋、马若瑟、宋君荣、钱德明、翟理斯、安特生、雷慕沙、儒莲、德理文、安东尼·巴赞、蒙田、冯秉正、尼·雅·比丘林、巴拉第·卡法罗夫、瓦西里耶夫、沙畹、伯希和、马伯乐、葛兰言、马礼逊、斯坦因、理雅各、李约瑟、韦利、霍克斯、卫礼贤、福兰阁、孔拉迪、高本汉、卫三畏、费正清、拉铁摩尔、孔飞力、史景迁、狄百瑞、傅高义、齐赫文斯基、季塔连科、戴密微、谢和耐、石泰安、汪德迈、施寒瑞、施舟人、顾彬、宇文所安等。他们对中国文化的独特理解,铸造成汉学史上的思想学术之碑,开垦了汉学成长的沃土。

"西方的汉学是由法国人创立的。"但是,在欧洲全面研究中国文明的问题上,"法国的先驱是葡萄牙、西班牙和意大利"①。戴密微把以上三个国家誉为汉学的先锋,"他们于 16 世纪末叶,为法国的汉学家开辟了道路,

---

① [法]戴密微《法国汉学研究史》,耿昇译,载《法国当代中国学》,中国社会科学出版社1998年版。

而法国的汉学家稍后又在汉学中取代了他们",真正建立了作为学术的汉学传统。就传统汉学而言,法国是汉学家最多的国家之一,还有英国、俄罗斯、美国、日本等国,有许多汉学界的学术巨擘,不断为汉学大厦的崇高而添砖加瓦。

中外文化交流的结果不仅意味着中国文化"外化"的传播,也意味着异质文化对中国文化"内化"的接受。汉学家作为中外文化交流的桥梁和使者,在异质文化的交流中,也是人类和谐与进步的推动者。

汉学诞生在与异质文化碰撞、交流和相互浸淫之中。这个结果无异于一枚果子的成熟,只有"风调雨顺"才能生长得好。和谐、宽容、理解与尊重,是异质文化彼此借鉴的保证。作为文化形态的汉学,其生存和成长离不开良好的国际语境。就中国而言,历史上凡是开放的时代,文化交流就多,汉学就发展;反之,汉学就停滞,这似乎成为一种规律。

作为学术公器的汉学,文化上有其自己的成长过程。汉学是发展的,这一植根于中国文化土壤,生存于异国他乡的文化,同样深受不同时代语境的极大影响。这里所说的语境,既包括中国的历史演变,也包括异国和世界的历史变化;就是说,不同的历史时期,不同的社会、政治、经济、文化背景,在很大程度上左右着汉学的发展方向和内容;换句话说,汉学的形成和发展,不仅受制于中国历史的更迭,也受制于他者社会的变化。这就是以历史悠久的中国文化为研究对象的汉学发展的基本轨迹。

传统汉学以法国为中心,现代汉学兴显于美国。20世纪中期以来,在西方其他国家葆有传统汉学的同时,现代汉学也很繁荣。这个时期的"汉学"涂满了政治色彩,以法国为代表的汉学较多地保持着传统汉学的学术精神,而美国的"中国学"却成了充满政治意识的现代汉学的代表。

19世纪末至20世纪初,美国汉学悄然嬗变为中国学,并以自己独有的个性特点和极强的生命力出现在世人面前。美国的"中国学"所关心的不是中国文化,更不是中国的传统文化,而是中国的政治、经济、军事、教育和社会生活各个层面的问题。这种政治特征,是那个时期美国中国学的基础,这一特征也影响了其他国家汉学的研究方向和内容。

人类文化包含了物质文化和观念文化。物质文化表现在衣食住行生活方面,是一种看得见、摸得着又极易变化的"具象"文化,例如饮食、服饰、住房、音乐、舞蹈等;观念文化是一个民族精神的核心,表现在人的价值观、道德观、家庭观、宗教观等诸多方面,以及对自由、平等、民主的理解,观念文化是一个民族的思维经过高度抽象后形成的思想、观念和精神,它是通过文化的灵魂——哲学、文学、语言、宗教、历史等来表达的。① 观念文化,一俟进入汉学家的研究视野,他们的研究也就进入了对中国文化核心的深层研究。

汉学家从对中国物质文化到观念文化的研究,其研究领域越来越广阔,越来越深厚。现在,汉学不仅包括对中国的哲学、文学、宗教、历史领域的研究,还包括对社会学、政治学和自然科学的研究。传统汉学和现代汉学,它们已经亲密到"异名共体"的地步。二者的差异在于前者是以文献研究和古典研究为中心,包括哲学、宗教、历史、文学、语言等;而以美国为中心的现代汉学(中国学)则以现实为中心,以实用为原则,其兴趣根本不在那些负载着古典文化资源的"古典文献",而重视正在演进、发展着的信息资源。但是,汉学发展到 21 世纪,其研究内容和方式已经出现了融通这两种形态的特点。这种状况既出现在欧洲的汉学世界,也出现在美国的中国学研究之中,可以说世界各国汉学家的研究,都兼有以上两种汉学形态。

汉学(Sinology)对中国研究者来说,被尘封得太久,所以它的空白很多,浩如烟海的资源还有待于深入开掘。这种开掘,不仅可以收获汉学,还可以于无意中发现被历史"放逐"和"遗失"在异国他乡的中国文化。编撰"汉学研究大系"的目的和宗旨,不仅是为了梳理已有的汉学资源,在世界范围内追踪中国文化的传播与研究的历史状况、经验及影响,同时探究汉学的产生、成长、发展与繁荣,还要尽可能厘清这块"他山之石"对于中国文化的作用。当然,"汉学研究大系"还期望对推动中国文化与世界文化当下的交流有所裨益。

"汉学研究大系"包括"列国汉学史丛书""中国文化经典与名人传播与研究丛书""汉学家研究丛书""外国文学与中国丛书""西学中医丛书"等多个"丛书"。作为一个文化工程,其撰写的难度非一般学术著作所能比拟。严绍璗教授谈到 Sinology 的研究者的学识素养时提出四个"必须":第一,必须具有本国的文化素养(尤其是相关的历史、哲学素养);第二,必

---

① 任继愈《汉学发展前景无限》,载《中华读书报》2001 年 9 月 19 日。

须具有特定对象国的文化素养（同样包括历史、哲学素养）；第三，必须具有关于文化史学的基本学理素养（特别是关于"文化本体"理论的修养）；第四，必须具有两种以上语文的素养（很好的中文素养和对象国的语文素养）。这几点确实都是汉学研究者必须具备的文化和语文素养，否则很难高效进入汉学研究的学术境界。

"列国汉学史书系"的启动始于20世纪90年代，但它的诞生经历了千难万险，如果稍微松懈，必定会胎死腹中。2018年10月13日，在北京语言大学校长刘利教授和北京语言大学语言资源高精尖创新中心领导李宇明教授的支持下，开了一次"'汉学研究大系'专家咨询会"。来自北京、天津和南京的学者、在京的汉学家，以及多家新闻媒体的记者参加了本次咨询会。从那时开始，我们将"汉学史书系"裂变为多个"丛书"，如此变化，完全是为了能将书系编撰得更科学、更广阔。这个"大系"就像一个"汉学研究超市"，如此分法，就是为了便于更多的学者能将自己的作品加入这个"超市"之中，也便于更多的读者走进这个"超市"选购自己需要的精神食粮。

冬天到了之后是春天，接着便是收获的季节。这套富有创意和价值的书系工程几乎涵盖了汉学研究的一切领域，它将对中外文化交流和汉学的发展以及比较研究产生深远影响。

在人类的文化长廊里，无论是中国还是外国，各种书写异国文化的著作琳琅满目，这其中有外国人写中国各类历史的，也有中国人写外国的各类著作。历史，是往事，是记录，是选择，并有相对独立的评论和褒贬。但是，事实上任何一部历史都不是最后的历史，历史随着时光的流逝而演进，修史很难一步到位，它需要一代代的学者"积跬步"才能"至千里"，只有"积土成山，积水成渊"，才会有"风雨兴""蛟龙生"。学问之事非一夕之功，非得有前赴后继者敢于赴汤蹈火"流血牺牲"，才会达至光明顶峰。

开拓者也许会在某个时候将自己的真诚劳作化为欢乐，因为在以后的岁月里，定会有人踏着自己的肩膀攀上高峰，以鸟瞰美丽风光。21世纪是经济的大空间，对汉学来说也是一个"大空间"。但是，要探索这个"大空间"，需要有个和谐的"太空站"，需要大家联袂共建。当然，世界需要多元文化和谐相处的历史语境，共同创造彼此接近、认识、理解、尊重、沟通、借鉴与融合的机会，这个机会，就是汉学研究发展的机会。

时间在行走，历史在行走。人类创造过历史，书写过历史，但这尚不是最后的历史。汉学有历史，而且还正在创造新的历史，汉学及其研究将以自己的品格和个性在人类文化的世界里放出异彩。

阎纯德
2019年3月3日
于北京半亩春秋

# 译者前言[*]

学术史研究要考镜源流、追本溯源,这对日本汉学史的研究史梳理而言,尤为重要。日本汉学的研究对象当然是中国的,但是真正对日本汉学史进行现代意义上的研究却非始于中国,而是首先由日本人开始的。日本汉学与西方汉学是国际汉学的两大系统,两者都取得了显著的成就,但由于历史地理、文化背景等原因,两者又各具特色。与西方汉学相比,日本汉学具有历史悠久、影响深远等显著特点。汉文化的影响几乎渗透到古代日本社会的各个方面。这既是日本汉学的特色,也是日本汉学的传统。

## 一、日本汉学传统回顾

众所周知,日本文化深受中华文化之影响,那么,这种影响究竟起于何时呢?宽泛而言,应从中日之间的人员往来开始,特别是中国人移民日本开始;严格而言,则应从汉籍传入日本开始。中国历代移居日本者,大多都在战乱时期。从最早的春秋战国,就有部分吴越地区的移民到了西日本一带,秦汉之际,又有徐福东渡之说,到汉末魏晋南北朝,由于战乱的持续,形成了一次大规模的移民。这些移民,当包括部分知识阶层,他们东渡所带之物中,当有汉籍。而一般认为,见诸史籍的最早的有关汉籍东传的记载也正是此时,不过不是由东亚大陆直接传入日本,而是从朝鲜半岛传入,即西晋太康五年(284),百济王子阿直岐荐博士王仁携《论语》《千字文》赴日。由此可知,汉籍东传从最初开始,就有从东亚大陆直接传入日本和经由朝鲜半岛传入日本两条不同的路线,这种传播路线基本保持到近代以前。

从中国传来的先进文化和技术,给当时尚处于蒙昧未开阶段的日本带

---

[*] 本书是国家社会科学基金冷门"绝学"和国别史等研究专项项目"日本丝路学文献整理与研究"(项目批准号:19VJX104)的阶段性成果。

来的刺激和影响是可以想见的，因此，从汉魏开始，日本方面开始主动遣使到东亚大陆，与中原王朝建立联系。日本来使的最早记载是东汉建武中元二年(57)，光武帝赐以印绶，后在日本发现"汉委奴国王"金印，证实了这一记载。曹魏时期，邪马台女王卑弥呼前后两次遣使曹魏，曹魏封卑弥呼为"亲魏倭王"，并遣使回访。到南朝宋时期，日本来使更为频密。而隋唐时代，日本派出的遣隋使、遣唐使、留学僧，则更是广为人知。

由此，从大化元年(645)开始，日本掀起了一场历史上称为"大化改新"的改革运动，标志着日本开始进入封建社会。大化改新在日本历史上是一场可以与明治维新前后呼应的具有根本性意义的改革运动，其在政治、经济、文化、教育等各方面都模仿隋唐制度，"一个国家如此全面地仿效另一个国家进行制度建设，这在世界历史上应该是绝无仅有的"①。汉籍大规模传入日本，日本传统汉学逐渐形成，此后直到明治维新为止，汉文化一直在日本占据上层和主流地位。

历史悠久的日本传统汉学，对日本产生了极为深远的影响，大体可分为三个时期：飞鸟至平安时代(7世纪至11世纪)为第一期，镰仓·室町时代(12世纪至16世纪)为第二期，江户时代(又称德川时代，17世纪至19世纪中叶)为第三期。②

第一期是全盘吸收汉文化的时代。汉籍传入日本时，日本尚无文字，因此，当时日本的各种典籍或用纯汉文记录，或假借汉字来记录，如《日本书纪》《古事记》《万叶集》等。后来借用汉字草书和笔画创造了日本文字，但被称为"假名"，汉字才是"真名"，史书等正统典籍当然仍用"真名"记录，"假名"多为女性使用，因此也被称为"女文字"。这一时期的汉文化对日本的影响，主要是在文学方面，日本人开始用汉字创作文学，作者多是贵族、朝臣等。

到了第二期，汉学、汉文化在日本已有相当的基础，日本已经出现了用汉字创作和用假名创作的文学作品并存的局面，开始呈现出日本文学与汉文学争一日之长的趋势，而以五山文化为代表的佛学开始独擅大场，宋明理学也

---

① 汪高鑫《东亚三国古代关系史》，北京工业大学出版社2006年版，第95页。
② 日本传统汉学分期有不同说法，但差异不大，本文综合了牧野谦次郎《日本汉学史》(世界堂书店1938年版)、石崎又造《近世日本中国俗语文学史》(弘文堂书房1940年版)、仓石武四郎《日本中国学之发展》(二松学舍大学2006年版)、严绍璗《日本中国学史稿》(学苑出版社2009年版)等书的分法。

开始传入日本。这一时期汉学对日本的影响，已经逐渐从文学领域扩大到学术和宗教思想等领域，但汉字作为日本学术著作的主要文字和中日文化交流的主要媒介的地位没有改变。对日本学者而言，"汉字是第二国字或不可或缺的重要辅助文字，因此，汉字与其他外文相比，有根本性质之不同"①。

第三期又有新变化。江户德川幕府对外实行锁国政策，只对中国、荷兰等国开放长崎一港。对内主张以文教治天下，儒学遂成为江户时代的指导思想，日本儒学由此盛极一时，形成了以林罗山为中心的朱子学派，以中江藤树为中心的阳明学派，以伊藤仁斋为中心的古义学派和以荻生徂徕为中心的古文辞学派等。另一方面，随着市民阶层的兴起，庶民教育空前普及，作为汉语教材的中国小说戏曲等俗文学作品也大量输入，这是前两个时期未曾有过的现象。江户时代是日本传统汉学集大成的时代，汉学的各个方面都在日本产生影响，"横亘千余年的日本传统汉学呈现出了空前绝后的黄金时代"②。

到了江户末期的天保时代，随着日本与西方的联系逐渐增多，西学逐渐取代汉学成为日本学术的主流。日本汉学从19世纪中叶开始近半世纪间显现出明显的衰微，其在日本的再兴，要等到近代学术转型后的19世纪末20世纪初。

## 二、西学的传入与日本近代学术体系的转变

江户时代的日本社会是一个相对封闭保守的社会，长期以来只与中国、荷兰保持通商，其受到的外国文化的影响，主要是中国文化；其学术体系虽也包括"兰学"，但其影响是极为有限的。近代以来西学的大规模传入，彻底改变了这种格局，西方学术体系和学术制度取代传统汉学成为日本学术的主要范式。

近代学术转型以前，日本的学术体系包括国学、汉学、洋学。国学是指日本固有的学术文化；汉学是一个涵盖范围极广的学术领域，包括几乎一切和中国传统文化相关的内容，这些都是近代以前汉学家们皓首穷经的研

---

① 石崎又造《近世日本中国俗语文学史》，弘文堂书房1940年版，第5页。
② 石崎又造《近世日本中国俗语文学史》，弘文堂书房1940年版，第6页。

究对象;洋学则是指以(荷)兰学为主的西方学术文化。其体系可图示如下：

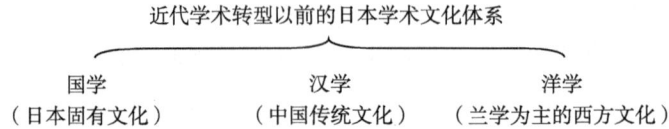

近代学术转型以前的日本学术文化体系

| 国学 | 汉学 | 洋学 |
|---|---|---|
| （日本固有文化） | （中国传统文化） | （兰学为主的西方文化） |

三者之中,汉学处于主导地位。汉学的中心是儒学,日本儒学家用的是中国传统的注疏、章句等治学方法,他们不仅能引经据典,还能吟诗作赋,但他们缺少西学知识,没有掌握现代学术的研究方法,因此,他们的研究成果也往往不以现代论文形式面世。如小说、戏曲等俗文学,在江户时代虽然已经广泛流传,甚至作为学习汉语的教材,并给江户文学带来较大较深的影响,但如果从学术研究的角度而言,大体与20世纪初以前中国的情况类似：

> 对小说(戏曲)的评点与解说虽然也不乏精彩之论,但只能说是个别现象,出自少数人的兴趣和爱好,且大多是浅尝辄止,以残章短制出之,既没有人愿意将其当作一种学术事业来看待,同时这种研究也没有得到社会的广泛认同以及学术制度的保证。①

但到了近代学术转型以后,情况就完全不同了。从19世纪末到20世纪中叶,差不多50年的时间,日本汉学研究者完成了从传统汉学老大家到现代学者的转型。随着新式大学成为培养学术人才的主要机构,大学分科、分专业的教育也使得原先的涵盖一切中国学问的汉学,开始分化为文学、史学、哲学等专门学科。随着近代学术转型的进一步深入,学科、专业间的分化越发细化,最后甚至出现有些学者只做专书研究的情况。新汉学研究者再也不是包揽一切的百科全书式的硕学鸿儒,而是术业有专攻的某一领域的专门研究者。他们自幼当然也受到了传统汉学的教育,有较为深

---

① 苗怀明《近代学术文化的转型与中国古代文学学科的生成》,韩国《中国学报》第61辑,2010年6月。

厚的传统汉学功底,在此基础上,他们又在新式大学里接受了各个学科领域的通识教育,掌握了运用现代科学的研究方法进行研究并以论文形式呈现研究成果的学术能力。

近代学术转型以后的日本学术文化体系可图示如下:

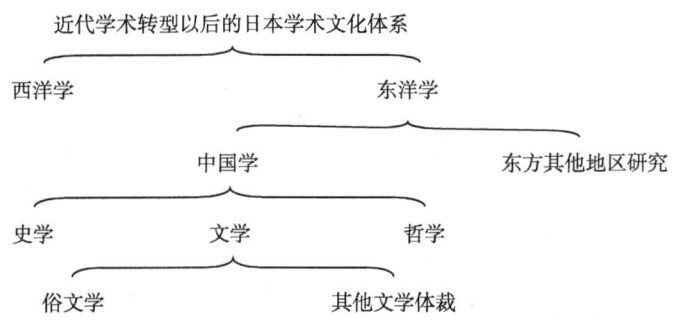

以"文学"的概念为例,今天看来已经是常识,但在近代西方文学观念传入以前的日本并非如此。近代以前日本的文学观念来自中国,而古代中国的"文学"的概念大体与"文章学"相同,即把所有用文字书写的书籍文献统称为"文学",日本在长期与中国的文化交流中无形地接受了这种文学观念,直到明治中前期都是如此。① 明治十五年(1882)出版的末松谦澄的《中国古文学略史》,是日本第一部以"中国文学史"为题的专书,但其内容则完全是先秦诸子,连诗词歌赋都排除在外,遑论小说、戏曲。该书本是末松谦澄留学英国时演讲的讲稿,虽然其体例也仿照西方学术概念中的"文学史",但内容中的"文学"无疑是东方的,准确地说,更像是一部先秦学术史,而非真正的中国文学史。而早于末松谦澄的《中国古文学略史》两年出版的俄国瓦西里耶夫(Васильев Василий Павлович,1818—1900)的《中国文学史》,虽然也是以介绍先秦诸子为主,但却以相当的篇幅介绍了中国古代小说、戏曲。由此可见,同一时期的东西方学者对"文学"的理解之不同。

一位身处西方的日本留学人员对文学认识尚且如此,可以想见当时东

---

① 关于中国和日本的"文学"概念的变迁,可参看铃木贞美著,王成译《文学的概念》,中央编译出版社2011年版,第41—100页。

方以及日本国内的情况又会是如何。据一位明治时代的学者回忆,明治中期以前的情况大体是这样的：

> 在不是汉文就不认为是文学的时代,所有的戏作者的作品一概受到贬斥。而当时的社会对西方的所谓文学,又几乎一无所知。①

在这种情况下,本属下流作品、为士人所不齿的中国小说戏曲,又如何能成为严肃的学术研究对象? 这首先就要提高小说、戏曲的社会地位,但这种提高首先并不是在中国、由中国人自己先意识到的,而是由日本人首先将原本在西方就已经具有颇高社会地位的小说、戏剧观念引到东方。而这场文学观念进口运动的发起者就是坪内逍遥：

> 阐明西方文学为何物,对世人进行启蒙的,就是坪内君的《小说神髓》。书中阐述的道理,现在当然已是尽人皆知的了,但在当时,却的确是回答时代要求之作。小说之所以受到重视,说它是发端于这部著作的问世,也绝非过言。②

坪内逍遥对小说戏曲等通俗文学的提倡不遗余力,除《小说神髓》外,从理论角度进行宣传的论文尚有《关于历史小说》《历史小说的尊严》《日本史剧》《论梦幻剧之弊》《三论梦幻剧》等。③ 不仅如此,为了配合相关理论,他还现身说法,亲自创作了小说《当世书生气质》④。堪比今日博士的堂堂文学士,竟然去写在社会上都不值得议论的小说,这确实是出乎人们意料的。⑤"这是新文艺的第一声,天下青年翕然景从,一齐开始了文学的

---

① 市岛谦吉《明治文学初期之回忆》,译文据刘振瀛《小说神髓·译本序》,上海译文出版社 2010 年版,第 12 页。
② 市岛谦吉《明治文学初期之回忆》,译文据刘振瀛《小说神髓·译本序》,上海译文出版社 2010 年版,第 12 页。
③ 以上诸文俱收入稻垣达郎编《坪内逍遥集》,《明治文学全集》16,筑摩书房 1969 年版。
④ 关于《当世书生气质》的具体创作、出版过程等情况,也可参见稻垣达郎《当世书生气质·解题》,载《坪内逍遥集》,《明治文学全集》16,筑摩书房 1969 年版,第 393—395 页。
⑤ 早稻田大学编《稿本早稻田大学百年史》第一卷下,早稻田大学出版部 1974 年版,第 396 页。

冒险。"①"逍遥以《小说神髓》和《当世书生气质》声名远播，是敲响明治新文学破晓晨钟之人。"②

坪内逍遥的学生大村弘毅将"小说革新""演剧革新"与"教育革新"并列为坪内一生的三大业绩，而这三大业绩中，通俗文学占了其中两项。③ 而受坪内逍遥的影响而从事文学创作，并在中国俗文学研究领域取得重要业绩的幸田露伴，则将坪内氏的意义做了更为具体地说明：

> 此前的近松、马琴等人以惩恶主义、俚俗教育为文学之第一条件，而逍遥却不然。其立足于西洋文学论、美学论，其在当时之反响绝不会小。彼时尚无今日之文学概念，更无人将文学作为终生之事业，文学不过是余兴、余技罢了。（中略）自《小说神髓》出，文学逐渐成为专门爱好者之话题，更有人因受其影响而爱好文学，逐渐产生文学意识。毋庸置疑，全赖逍遥之功，无人可以否认他是最初使"文学"拨云见天者。④

### 三、日本汉学的复兴与近代学术制度的形成

明治十六年（1883），日本自明治维新以来的欧化主义达到极端化。⑤ 然而，物极必反。极端的欧化主义也刺激了日本国粹主义的复苏，

---

① 内田鲁庵《回忆中的人们》，译文据刘振瀛《小说神髓·译本序》，上海译文出版社2010年版，第12页。
② 早稻田大学编《稿本早稻田大学百年史》第一卷下，早稻田大学出版部1974年版，第385页。
③ 大村弘毅《坪内逍遥》，吉川弘文馆1958年版。
④ 幸田露伴《明治二十年前后的二文星》(《明治二十年前後の二文星》),《早稻田文学》第232号，1925年6月，第2—4页。
⑤ 《大隈重信回忆》："日本人的大部习惯在西方看来是偏僻之陋习，他们知道在西方眼里，这是一种劣等文明的表现，于是以西方为标准进行急切地改变。法庭、政府各部门、社会集团等都介绍外国习惯与做法，规定星期天为法定休息日，法庭采用外国法衣，最新流行的时尚风迅速刮来，诸如舞会的流行等。对学习和利用英语者大加奖励，甚至借政府之力介绍、宣传基督教。这是极端欧化时代。"outlook, No.104, June 4, 1913, p.335，转引自早稻田大学编《稿本早稻田大学百年史》第一卷下，早稻田大学出版部1974年版，第393—394页。

汉学由此复兴;另一方面,日本近代学术制度在西方学术持续影响下逐渐形成,为汉学研究提供了制度保障;此外,图书馆、学术团体、期刊等也为这一领域的研究起到了推动作用。日本汉学迎来了前所未有的变化。

(一)日本近代汉学的复兴

明治维新以来,日本效仿西方制度进行改革,综合国力逐步上升,民族自信心随之高涨,积极谋求修改不平等条约。明治十年(1877),西南战争结束后,自由民权论在日本兴起,"自由民权"成了和"文明开化"一样的流行语,其中也包括一些过激言论,于是,作为对欧化主义反拨的国粹主义开始抬头。文部省作为日本教育的主管部门,开始意识到要改变此前西洋式的认知方式和功利性的教育方式,代之以东洋式的道德教育。文部卿福冈孝悌上任之后,神宫皇学馆、皇典讲习所、曹洞宗大学林、真宗大学寮等一批包括日本国学、佛学等东方传统文化在内的教育机构纷纷设立。汉学方面也毫不逊色,除在东京大学①设立古典讲习科外,斯文会等汉学会,二松学舍等汉学塾一时也隆兴起来。

然而,随着明治十五年(1882)伊藤博文内阁成立,以明治十六年(1883)鹿鸣馆②的修建为标志,日本的欧化主义达到极端化。森有礼出任文部大臣,积极主张"废除国语、采用西语"的理论,此外,更有人提倡改良人种论,"欲以高加索人种改换大和民族"③。在此期间,对欧美一切文化、风俗的模仿和吸取都受到鼓励,基督教也曾因此在日本兴盛起来,汉学随之衰微。东京大学古典讲习科于明治十八年(1885)暂停招生,到明治二十年(1887)又将学制由四年缩短为三年,并于明治二十一年(1888)正式废止,总共不过两届毕业生。

以鹿鸣馆为代表的欧化主义并没有为日本的修约运动带来好运,明治

---

① 东京大学校名屡有变迁:明治十年(1877),定名东京大学;明治十九年(1886),更名帝国大学;明治三十年(1897),因在京都又设一所帝国大学,故更名东京帝国大学;第二次世界大战后,昭和二十二年(1947),正式定名东京大学。故本文统称"东京大学","京都大学"亦同,但在译著正文中,则为尊重原著语境起见,保留当时的校名。

② 日本政府的高官、华族、富商和各国的外交官员及商人等,经常参加鹿鸣馆交谊厅举办的西洋式舞会。这种取悦外国人的活动,被称为"鹿鸣馆外交",标志着欧化风潮逐渐趋向极端,鹿鸣馆交谊厅也成为日本极端欧化的象征。

③ 近代日本思想研究会著,李民等译《近代日本思想史》第 2 卷,商务印书馆 1992 年版,第 5—6 页。

政府在随后与西方国家进行的修改条约进程中遭遇了重重困难,而政府所采取的顺从迁就的外交政策也遭到知识界人士的抨击。明治十九年(1886),西村茂树发表《日本道德论》,提倡以皇室为中心的国民道德,成为国粹主义的先驱。到明治二十年(1887)以后,日本的民族主义和国粹主义开始全面抬头,一场保存国粹的运动在全国范围内展开,日本进入所谓的国粹主义时代,政教社、大八洲会、日本弘道会、日本国教大道社等国粹主义团体纷纷出世。就在进步与保守、欧化与国粹之间的思想混乱之时,《帝国宪法》于明治二十二年(1889)颁布,由此奠定了基本国体;《教育敕语》也于次年颁布,规定了基本教育方针①。由此,日本在政治和教育两方面确立了国粹主义的基调,作为日本传统文化不可分割的一部分,汉学于此复兴。日本明治时代欧化、国粹主义消长形势可图示如下:

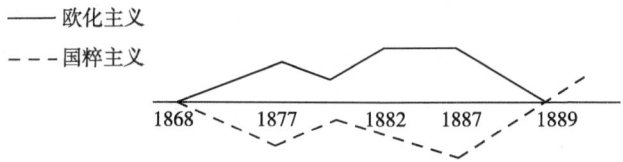

随着国粹主义的复苏,民族意识逐渐加强,日本知识阶层对世界的认识逐渐清晰,要求打破"西洋"一统天下、建构"西洋""东洋"②二元体系的呼声日益强烈,反映到学术领域,就要求构建与"西洋学"相对的"东洋学"。他们常将两者相比较,追本溯源,如果说西洋学的源头在希腊、罗马,那么,东洋学的源头就在中国。这在末松谦澄的《中国古文学略史》中说得非常清楚:

---

① 《教育敕语》的核心内容是强调传统伦理道德在教育乃至天皇制国体中的极端重要性。1891年6月,文部省又规定了小学校庆祝日、大祭日仪式规章,将原来只是限于宫中仪式及只要求华族和官员参加的一些祝祭日等,一并要求在各学校举行,由校长以下教职员、学生以及市町村的官吏、学生家长和当地居民参加。在仪式中要礼拜天皇像,山呼陛下万岁,由校长捧读《教育敕语》,并做"涵养忠君爱国之气"的训话。

② 日文"东洋"与中文"东洋"词义有别,中文"东洋"一般指日本,而日文"东洋"则以日本、中国为主,包括西亚、北非在内的广大地区。两者词义的差别也体现了当时中日两国不同的世界观。

中国古文学之于东洋文学之必要，犹希腊拉丁学之于西洋文学，以之足极文化之渊源也。①

前文已述及，末松谦澄的这部《中国古文学略史》实际上是一部先秦学术史，因此，他在这里虽然用的是"文学"一词，但实际指的是整个学术，即先秦学术是东洋学术的源头。要探讨东洋学，首先就要阐明先秦学术，就像研究西洋学，必要追溯到希腊、罗马一样。这种认识并非个别的，而是普遍的，比如藤田丰八《先秦文学》出版前的广告也宣称：

先秦汉文化之于东洋，比之古希腊文化之于西洋可也，其以璀璨陆离之光彩射人眼，风流余韵，至今不绝。②

如果说甲午战争以前，日本知识界还只是将东洋与西洋并列，更多是用中国学术与西洋学术相抗衡的话，那么，随着甲午战争后日本"民族自信心"的空前高涨，已不满足于此。他们开始有意突出日本和日本人在东洋学体系中的地位，认为当时之世，唯有日本才能成为东洋的代表，以振兴东洋学为己任，并无形中以东洋学盟主自居。他们宣称：

西欧自有西欧之文明，东亚岂无东亚之文明？十九世纪末期，实此东西二文明相抵冲之时也。将此东亚文明之光彩大力宣扬于宇内，以抗衡西洋文明，乃东洋人民之天职也。③

在这样一个对膜拜西洋大胆反拨，而对东洋学术思想大力宣扬的国粹主义复兴时代，日本社会重新掀起了一股"汉学热"。当时传统汉学出身的东京大学教授皆有用汉文撰写的著述或遗稿，④用汉文作序跋、作汉诗

---

① 末松谦澄《中国古文学略史》，文学社1882年版，第1页。
② 载笹川临风《中国小说戏曲小史》后附《新著月刊》，东华堂1897年版。
③ 藤田丰八等《东亚说林》第2号，1894年12月9日。
④ 东京帝国大学编《东京帝国大学学术大观·总说篇·文学部篇》，东京帝国大学出版部1942年版，第276页。

更成为一时之时尚,"高等学校(预科生)自不用说,中学生作汉诗也是极为普遍的事"①。在这种形势下,加之西方传入的文学观念,作为新生物的"文学史"应运而生。19世纪末20世纪初,日本相继出版了多种国别的文学史,其中当然也包括了中国文学史:

  明治时代社会日益复杂化,熟读各家文学全集等,了解文学变迁之要领,已成为必要之教养知识,故编撰文学史成了社会之愿望。随着汉学复兴,《中国文学》杂志于1891年创刊,并有人讲说中国文学史,然尚不甚成熟,古城贞吉所著《中国文学史》(1897)是为第一部完整体系之文学史。甲午战争后,打败清朝的日本开始对文化进行再认识。作为大国国民教养之必要内容,从1898年开始,博文馆出版《帝国百科全书》,其中收有《中国文学史》,显示了对汉文化再认识乃是当然之事。②

当然,19世纪末20世纪初日本出版的中国文学史远不止上引的这两部,以下仅据笔者所知,将其列表如下:

**19世纪末20世纪初日本出版的中国文学史**

| 序号 | 著者 | 题名 | 出版时间 | 出版社或出处 |
|---|---|---|---|---|
| 1 | 末松谦澄 | 《中国古文学略史》 | 1882 | 文学社 |
| 2 | 儿岛献吉郎 | 《中国文学史》 | 1891 | 《中国文学》 |
| 3 | 森槐南 | 《中国小说讲话》 | 1891—1892 | 《早稻田文学》 |
| 4 | 斋藤木 | 《中国文学史》 | 1892—1893 | 手写本 |
| 5 | 儿岛献吉郎 | 《文学小史》 | 1894 | 《中国学》 |
| 6 | 森槐南 | 《小说史》 | 1894 | 《中国学》 |
| 7 | 森槐南 | 《戏曲史》 | 1894 | 《中国学》 |
| 8 | 藤田丰八 | 《中国文学史》 | 1895—1896 | 东京专门学校 |
| 9 | 古城贞吉 | 《中国文学史》 | 1897 | 东京经济杂志社 |

① 东方学会编《追忆前辈学者》第2册,刀水书房2000年版,第121页。
② 三浦叶《明治时代的汉学》,汲古书院1998年版,第309—310页。

（续表）

| 序号 | 著者 | 题名 | 出版时间 | 出版社或出处 |
|---|---|---|---|---|
| 10 | 藤田丰八 | 《中国文学史稿·先秦文学》 | 1897 | 东华堂 |
| 11 | 藤田丰八、笹川临风等 | 《中国文学大纲》 | 1897—1904 | 日本图书株式会社 |
| 12 | 笹川临风 | 《中国小说戏曲小史》 | 1897 | 东华堂 |
| 13 | 笹川临风 | 《中国文学史》 | 1898 | 博文馆 |
| 14 | 岛村抱月 | 《中国文学史》 | 1898—1901 | 手写本 |
| 15 | 中根淑 | 《中国文学史要》 | 1900 | 金港堂 |
| 16 | 久保天随 | 《中国文学史》 | 1903 | 人文社 |
| 17 | 久保天随 | 《中国文学史》 | 1904、1910 | 早稻田大学出版部 |
| 18 | 高濑武次郎 | 《中国文学史》 | 1905 | 哲学馆 |
| 19 | 久保天随 | 《中国文学史》 | 1907 | 平民书房 |
| 20 | 狩野直喜 | 《中国文学史》 | 1908 | 京都大学讲义 |
| 21 | 儿岛献吉郎 | 《中国大文学史》 | 1909 | 富山房 |
| 22 | 森槐南 | 《作诗法讲话》 | 1911 | 文会堂书店 |
| 23 | 森槐南 | 《词曲概论》 | 1912—1914 | 《诗苑》 |
| 24 | 儿岛献吉郎 | 《中国文学史纲》 | 1912 | 富山房 |
| 25 | 狩野直喜 | 《中国小说史》 | 1916—1917 | 京都大学讲义 |
| 26 | 狩野直喜 | 《中国戏曲略史》 | 1917—1918 | 京都大学讲义 |
| 27 | 盐谷温 | 《中国文学概论讲话》 | 1919 | 大日本雄辩会 |
| 28 | 日下宽 | 《中国文学》 | 不详 | 不详 |
| 29 | 松平康国 | 《中国文学史谈》 | 不详 | 早稻田大学出版部 |
| 30 | 儿岛献吉郎 | 《中国文学史》 | 不详 | 早稻田大学出版部 |

注：同书再版者未列在内，久保天随四部《中国文学史》内容有所不同，并非同书再版。第6、7项不题撰人，但很可能是森槐南。

上表中尤其值得注意的是笹川临风。他不仅著有《中国文学大纲》中的《李笠翁》《汤临川》《元遗山》三卷，还撰有日本第一部中国小说戏曲专史——《中国小说戏曲小史》、日本第一部将俗文学与诗文并列的中国文学史——《中国文学史》。他的《中国文学史》是作为帝国百科全书的第九编（全三十编）由当时以出版日本国粹主义图书闻名的最大出版社博文馆出版的，这无疑具有权威性质。该书在中国影响较大，是当时众多文学史中最早被译成中文的一部,更重要的是,它成了林传甲为当时的最高学府——京师大学堂——编撰中国文学史讲义的参考书①。

日本汉学界之所以在短短一二十年间掀起了中国(俗)文学研究的热潮,出版了这么多的文学史,正是因为中国文学(文化)与日本文学(文化)的特殊关系:

> 日本既融合中国文化,亦吸收印度文化,又汲取西洋文化,熔三者为一炉,即为日本文化。故中国文学之研究,非徒恋旧物,实因中国文学乃日本之第二国文学,探究中国文学之精髓,以阐明中日文学之关系,以新眼光而做新研究,为研究中国文学初学者之资,并为研究日本文学及将来文学取舍之参考也。②

(二)日本近代大学的设立与学术制度的形成

19世纪末20世纪初,日本在中国文学研究方面涌现出来了一大批专业的新汉学研究者,他们中的代表有森槐南、儿岛献吉郎、藤田丰八、笹川临风、狩野直喜、久保天随、铃木虎雄、盐谷温等,这些新汉学研究者大都撰写过中国文学史或中国小说史、中国戏曲史,并在高等学府讲授中国文学,掀起了日本中国文学研究的热潮。

上述新汉学研究者有一个共同的学术背景,即都出自东京大学这一日本近代学术大本营。可以毫不夸张地说,离开了东京大学,近代日本汉学就无从谈起,中国俗文学研究也无从谈起。东京大学的建立,不仅开启了日本近代学术制度的范式,也成为日本近代汉学家的渊薮。但现代大学制度源于西方,作为亚洲第一所现代大学——东京大学完全是在西方学术的冲击下催生的。

高度评价日本近代教育,并不是否定明治以前的教育,相反,江户时代日本教育的普及程度,不仅给了明治维新在教育改革上的便利,更为日本

---

① 林氏称其所著之《中国文学史》是"仿日本笹川种郎(号临风)《中国文学史》之意以成书",而事实上,林氏不仅没有"仿"其意,甚至是"反"其意。林氏的《中国文学史》不仅没有戏曲小说部分,相反,他对笹川临风《中国文学史》收入戏曲小说的做法大为不满。林传甲、笹川临风二氏《中国文学史》之关系,可详见拙文《20世纪上半叶的日本中国俗文学研究之译介》,载台湾《汉学研究通讯》2014年第3期。

② 藤田丰八等《中国文学大纲·序》,日本图书株式会社1897年版。

的迅速近代化积蓄了充分的知识能量。① 江户时代的日本也有相对完全的教育体制：

> 以幕府官学、诸藩藩校、各乡的乡校为主体，再加上从中世延续下来的寺院主办的世俗教育学校——寺子屋，私人兴办的私塾和家塾，形成遍及全国的教育网络。②

日本近代学校体制其实就是在此基础上改制而成的。藩校、乡校、寺子屋、私塾等被改制成近代中小学，而设立在江户（东京）的全国最高学府昌平校，则就是日后东京大学的前身之一。明治政府迁都东京，以儒学和国学为主的昌平校，将洋学为主的开成学校、西洋医学为主的医学校并入，于明治二年（1869）成立"大学校"，并于明治十年（1877）正式定名为东京大学，明治十九年（1886）改制成为当时日本唯一的一所帝国大学。

不过，东京大学与江户时代的昌平校有本质不同。虽然东京大学在成立之初，就设立了和汉文学科，但传统汉学的主导地位已经被否定，取而代之的是各种新学科并存的局面，汉学只是各学科中的一科。随着19世纪80年代以后日本国粹主义的复苏，东京大学于明治十五年（1882）设立古典讲习科，明治十八年（1885）在文学部分设哲学科、和文学科、汉学科三科。这里的古典讲习科、汉学科讲授的都是作为日本文化一部分的汉文典籍，用的是汉文训读法，目的是为了强化儒教思想。

明治三十年（1897），日本又在京都设立第二所帝国大学——京都大学。京都大学文科大学③于明治三十九年（1906）正式设立，明治四十一年（1908）开设文学科，东京大学毕业的狩野直喜成为文学科"中国语中国文学讲座教授"④。京都大学的举动对东京大学的刺激是相当明显的，东京

---

① 可参见臧佩红《日本近现代教育史》第一章《日本近代教育的基础》，世界知识出版社2010年版，第1—17页。
② 李庆《日本汉学史》第1部，上海外语教育出版社2002年版，第65页。
③ 东京大学最初实行学部制，后改用分科大学制，后又改用学部制；而京都大学成立较晚，最初即是分科大学制，后亦改用学部制，本文为尊重史实起见，按照不同时期，分别使用"文科大学"和"文学部"。
④ 日本的大学最初沿用西方大学的讲座制，某个讲座即相当于一级学科，一个讲座只设一位讲座教授。"中国语中国文学讲座教授"，即相当于中国语言文学一级学科负责人，且是该学科唯一的教授。

大学不得不做出相应的改革以应对挑战：将原先哲学、国文学、汉学、史学、英文学等九个学科整合为文、史、哲三个学科，下设十九个讲座，汉学科分为"中国哲学"和"中国文学"两个讲座，史学科内也单设"东洋史学"讲座。① 至此，在科系和专业的设置上，东京大学完成了从原先的"汉学"到现在的"中国学"的转变。

明治三十二年（1899），森槐南开始在东京大学讲授中国小说、戏曲等俗文学，成为在日本帝国大学讲授中国俗文学的第一人。继森槐南之后在东京大学主讲中国俗文学的是他的学生盐谷温。明治三十九年（1906）十月至明治四十五年（1912）八月，盐谷温作为东京大学"中国文学讲座"预备教授，被派往德国、中国留学。需要指出的是，在盐谷温留学期间，东京大学虽然已经有了"中国文学讲座"，但事实上并未和"中国哲学讲座"分开，讲座教授由研究中国哲学的星野恒兼任（1901 年 7 月至 1917 年 9 月）。星野恒认为的"文学"仍是传统的经史诗文，他对盐谷温出身于汉学世家却去研究俗文学表示不解和愤慨，曾亲口指责盐谷温。直到大正六年（1917）星野恒去世后，"中国文学讲座"才由盐谷温和治中国哲学的宇野哲人两位助教授分担，②自然地分化为"中国文学"和"中国哲学"两个讲座。盐谷温虽然对星野恒等老一辈汉学家不把小说、戏曲算作"文学"的观念表示理解，但并不赞同：

> 在汉学科时代，文学确实只需要唐宋八大家文、唐诗选等就足够了，但既然已经设置了与英文学、德文学等讲座并列的"中国文学讲座"，岂能少了与像莎士比亚、席勒等人相抗衡的小说戏曲作品呢？因此，舍弃传统的汉文学观念，将汉文、唐诗、宋词、元曲以至明清小说都囊括在中国文学的范围内。③

盐谷温那部广为人知的《中国文学概论讲话》也是在大正六年（1917）夏季演讲讲稿的基础上修订而成的，因此，可将 1917 年视为中国俗文学被纳入

---

① 东京帝国大学编《东京帝国大学学术大观·总说篇/文学部篇》，东京帝国大学出版部1942 年版，第 187—188 页。
② 东京帝国大学编《东京帝国大学学术大观·总说篇/文学部篇》，东京帝国大学出版部1942 年版，第 275 页。
③ 盐谷温《天马行空》，日本加除出版株式会社 1956 年版，第 60—61 页。

日本最高学府的"正统"学术体系的起始之年。结合早稻田大学、京都大学的情况，可以说中国俗文学学科作为一门现代学科已经在日本得以确立，并得到了现代学术制度的保障。此后，不仅没有人再把小说、戏曲作为不齿的小道，相反，到第三代汉学家吉川幸次郎读大学时（20世纪20年代），"日本的中国文学研究是小说、戏曲的全盛时代，那时候大体的风气是，谁都不会把诗文作为研究对象，要研究的话必须是研究作为新领域的戏曲小说"①。

（三）日本汉学研究的研究载体

随着近代学术制度的形成与西方技术的传入，日本近代报刊业和出版业也逐渐发展并繁荣起来。报刊、出版物不仅成为近代化社会生活不可或缺的组成部分，其对学术研究的转型"也起到了较为积极的催生作用，为研究者们发表学术意见及相互交流提供了新的空间和平台，并改变了学人传统的著述撰写、刊行及传播方式"②。

19世纪80年代以来，日本就已经出现了很多汉诗文杂志③，尽管这些杂志大多发表诗文作品，但却成为以后专门学术杂志的先声，如明治十四年（1881）七月创刊的《斯文一斑》，就是后来著名的汉学杂志《斯文》的前身。进入19世纪90年代以后，专门性学术杂志开始出现，其中有不少成为汉学研究的重要阵地，其中创刊时间较早、影响较大的是《早稻田文学》。今日的《早稻田文学》以纯粹的文学刊物闻名，但在明治二十四年（1891）十月创刊之初却非文学杂志，而是半月刊的文学科讲义，并受到当时舆论的高度评价。《国民之友》这样评论刚刚出版的《早稻田文学》："负《早稻田文学》之奇名而面世之讲义，其目的及志望甚大。"《早稻田文学小史》说："（创刊）当时专门致力于讲义与报道。"④《同攻会杂志》也说："《早稻田文学》……选拔东京专门学校文学科讲义之精粹。"⑤直到明治二十七

---

① 东方学会编《追忆前辈学者》第2册，刀水书房2000年版，第127页。
② 苗怀明《近代学术文化的转型与中国古代文学学科的生成》，韩国《中国学报》第61辑，2010年6月。
③ 可参见李庆《日本汉学史》第1部，上海外语教育出版社2002年版，第190—191页。
④ 《早稻田文学小史》，《早稻田文学》第3期第9号，1898年6月。《早稻田文学》曾多次停复刊，本文所论之《早稻田文学》指第一次《早稻田文学》，即1891年10月之第1号至1898年10月号外，其间亦曾两停两复，故其细分为第1期（1891年10月20日至1895年12月20日）、第2期（1896年1月5日至1897年9月1日）、第3期（1897年10月3日至1898年9月3日、10月8日号外）。由于本文所引资料多出自第1期，故只注明"第某号"，如非第1期，则注明"第某期第某号"。
⑤ 《同攻会杂志》第8号，1891年10月，第32页。

年(1894)9月,《早稻田文学》才增设创作栏,到了明治二十九年(1896)1月的第2期第1号开始,才改以创作为主,"废讲义栏以置评论栏,或诗文月旦,或古今学说,如作家之介绍、文学现象之观察,渐次扩大"①,逐渐变成了文学杂志。这主要是因为新成立的出版部承担了专门出版讲义的任务。

《早稻田文学》创刊第1号上有《发行宗旨》,明确指出该刊之宗旨:

> 《早稻田文学》为文学之圆满,第一方便乃是和、汉、洋三文学之调和,故不问东西古今,选拔文学之精粹而释义评注之,以供三文学参照之便。(中略)又周密精确记载文学史、文学者传记等项。凡例:(中略)释义、讲述、评注等,皆出斯道名家之手,勿与寻常之讲义笔记同视。(中略)此外,时时另设"杂录"一栏,登载记叙、论评、翻译、随笔、寓言、小说。②

第1号的讲义中就包括了和、汉、洋三文学的内容,与发行主旨吻合,其中各国俗文学的内容占了绝对优势。森槐南和他的学生们就在《早稻田文学》上发表了不少著述,这些在当时都属开山之作。如森槐南的《中国小说讲话》7篇与《红楼梦论评》等所勾勒的历史脉络,则成为以后中日两国的小说史相关著述的总体框架,其所选论的作品也成为日后中国小说史论述的主要作品,而这正体现了《早稻田文学》之于中国俗文学学科史的意义。他的学生柳井絅斋在《早稻田文学》连载《桃花扇梗概》,野口宁斋在《早稻田文学》连载《吟风阁词曲谱》。

20世纪90年代重要的汉学杂志还有《中国文学》《中国学》《帝国文学》《江湖文学》《城南评论》《文章世界》等。特别是《中国文学》和《中国学》,发行时间虽然不长,但在汉学研究上有相当重要的地位。如儿岛献吉郎于明治二十四年(1891)在《中国文学》上发表《中国文学史》,虽然只发表了先秦部分即遭停刊,但这是目前所见日本第一部(篇)使用"中国文学史"题名的著述,这一命名方式被后来的学者所沿用,影响及于今日。《中

---

① 《早稻田文学小史》,《早稻田文学》第3期第9号,1898年6月。
② 早稻田大学编《稿本早稻田大学百年史》第一卷下,早稻田大学出版部1974年版,第478页。

国文学》也刊载中国文学讲义,并专列"小说戏曲门",森槐南于创刊号起就连载《西厢记读方》,是为近代日本《西厢记》研究的滥觞。《中国学》也一样,不仅刊载了儿岛献吉郎的《文学小史》,还发表了《小说史》《戏曲史》,是为最早的中国小说戏曲分体专史①。而稍后的藤田丰八、笹川临风、久保天随等赤门文士的早期论文则多在《帝国文学》《江湖文学》发表。

当然,这一时段的杂志还存在内容相对杂芜、体例不够完善、发行时间不长等缺点,进入20世纪后,则进一步专业化、规范化、稳定化。如京都学派创办的《艺文》《中国学》等刊物,不仅是专门的学术杂志,而且办刊持续、稳定,影响较大。

《艺文》是1910年京都大学文科大学创办的综合性学术期刊,是京都学派发表学术成果及交流学术信息的重要平台。狩野直喜早期的中国俗文学研究论文,如《〈水浒传〉与中国戏曲》《元曲的由来与白朴〈梧桐雨〉》等均发表于该刊;他在欧洲调查敦煌文献期间,及时向国内发回信息,并在《艺文》发表,回国后又在该刊分三次介绍欧洲学研究的历史与现状,题为《续狗尾录》;其后又专门就中国俗文学研究新材料撰文发表,是为《中国俗文学史研究的材料》。铃木虎雄则在该刊上发表了不少译介王国维戏曲研究的文章,如《王国维〈曲录〉及〈戏曲考原〉》《古剧脚色考》;还以"王木酬唱"为题发表了他与王国维往来唱和的诗作。王国维去世后,《艺文》还为他连续出了两期的纪念专号。

《中国学》是青木正儿等人于大正九年(1920)创办的,与前述《中国学》杂志同名异刊。该刊创办之初,一方面邀请京都学派前辈学者赐稿助阵,如狩野直喜的《读曲琐言》系列文章,铃木虎雄的《采桑传说》《关于桑树的传说》《李卓吾年谱》等,另一方面则积极关注当下的学术最新动态。青木正儿发表的《以胡适为中心翻涌着的文学革命》《读胡适〈红楼梦考证〉》《读新式标点〈儒林外史〉》,对中国国内学术动态做了及时的介绍。

---

① 《中国学》所收五种讲义目录,分别是儿岛献吉郎的《文学小史》、森槐南的《诗学史》、长尾槙太郎的《古今诗变》和不题撰人的《戏曲史》《小说史》,目录见三浦叶《明治时代的汉学》,汲古书院1998年版,第292页。惜笔者未见原书,无法进一步求证,但这里收录的"小说史""戏曲史",既是作为"中国学"讲义,无疑都是指中国小说史、中国戏曲史。联系到森槐南此时正在东京专门学校讲授的诗学、小说、戏曲等课程,而他的《作诗法讲话》也包含了上述三种文体的结构体系来看,此两种讲义很可能都是森槐南所著,当时似乎也只有他有条件完成。若此推论成立,日本第一部正式出版的中国小说史、戏曲史都应该提前到1894年4月,而森槐南在日本中国俗文学研究史上将再记上浓墨重彩的一笔。

《中国学》还在同期(1927年第3号)刊发了青木正儿的《关于敦煌遗书〈目连缘起〉〈大目乾连冥间救母变文〉及〈降魔变押座文〉》和仓石武四郎的《〈目连变文〉介绍书后》,引起了中国学界的关注,并由汪馥泉译成中文。

此外,如《斯文》《书志学》《东亚研究》《满蒙》《文字同盟》《东洋》《东洋学报》《中国文学月报》《中国文学》《汉学会杂志》《东方学报》等杂志,都是以汉学研究为主的专门性刊物。

报纸方面。《大阪朝日新闻》在早期的中国俗文学研究上扮演了较为重要的角色,发表过不少中国俗文学研究著述。如狩野直喜的《关于中国小说〈红楼梦〉》《关于〈琵琶行〉题材的中国戏曲》,铃木虎雄的《蒋士铨〈冬青树传奇〉》等,西村天囚翻译的《琵琶记》也最先在该报上连载。但总体而言,随着专业学术杂志的纷纷问世,报纸作为学术成果载体的功能基本上被取代了。

随着近代出版业的发展,除单篇论文形式外,系统的学术专著也开始出版,成为学人展现学术成果的另一种重要形式。近代日本的汉学研究专著不少最先是以讲义形式出现,这种传统的形成首先要归功于早稻田大学。在出版部成立之前,《早稻田文学》杂志曾一度扮演过讲义的角色。随着办学规模的扩大,校外教育逐渐被纳入早稻田大学的常规发展中来,同时也为了在校生可以更为自由地学习第二专业,校方决定设立出版部,专门出版各科讲义。① 出版部设立之后,作为东京专门学校主要科系之一的文学科就开始发行讲义录,第一号是在1895年1月20日② 。"此次编辑文学讲义以资校外笃志者,(中略)讲义据最新学说,广泛参酌先哲所论,力避杜撰独断,行文力求评议明晰,使初学者能解。若夫和、汉、洋三文学之注释,弃普通烦琐而用一种创新之法,一读而会三文学之精髓。所诠三文学之大纲,是本讲义发刊之主旨也。"③

出版部成立后,讲义的形式由过去的在期刊连载改为以单行出版为

---

① 早稻田大学编《稿本早稻田大学百年史》第二卷上,早稻田大学出版部1977年版,第62—63页。
② 此前的《早稻田文学》第74号(1894年10月)"新刊"一览中曾报道文学科讲义录的出版,或系预告。
③ 早稻田大学编《稿本早稻田大学百年史》第一卷下,早稻田大学出版部1974年版,第432页。

主,这种改变不单单是形式上的,更是内容上的。单行本使得讲义的篇幅大为增加,一般少则一二百页,多则三四百页,这样的篇幅不仅能使论述更为详尽,而且能使讲义结构更为完整,许多单行本讲义往往就是一部完整的教材或专著。早稻田大学出版的讲义,不仅包括了该校讲师,如斋藤木、藤田丰八、岛村抱月、盐谷温、宫崎繁吉、松平康国等的讲义,也包括了未在早大任教的中国文学研究者,如久保天随、儿岛献吉郎(《中国文学史》)等①的专门著述。其中既有中国文学通史,也有像宫崎繁吉的《中国近世文学史》《中国戏曲小说文钞释》这样以俗文学为主的专门讲义。"从此后早稻田大学出版部出版了多部《中国文学史》来看,可知早稻田大学认为文学专业者具备中国文学史知识是十分必要的。"②以上所举不过是今日仍能见到的,应当还有一些已经散佚的讲义,可以推测,早稻田大学出版部自1895年设立以来的十余年间,仅出版的中国文学史相关讲义至少在20部以上。

此外,富山房、博文馆、东华堂、日本图书株式会社等出版社都在19世纪末20世纪初出版过不少中国文学史专著。如富山房出版古城贞吉的《中国文学史》、儿岛献吉郎的《中国大文学史》《中国文学史纲》;博文馆出版笹川临风的《中国文学史》;东华堂出版笹川临风的《中国小说戏曲小史》、藤田丰八的《先秦文学》;日本图书株式会社出版藤田丰八等人的《中国文学大纲》。进入20世纪后,出版业取得长足发展,以专著形式呈现研究成果更为普遍,大日本雄辩会(讲谈社前身)、弘文堂书房、文求堂书房、创元社、弘道馆、汲古书院、美箮书房等出版社都出版过重要的中国俗文学研究专著,如大日本雄辩会出版盐谷温的《中国文学概论讲话》、弘文堂书房出版青木正儿的《中国近世戏曲史》等。

(四)日本藏书机构与汉学文献的收藏

学术研究离不开基本文献,人文学科尤其如此。随着西学传入带来的社会制度的变迁,公共图书馆逐渐成为学术研究所需文献的重要收藏形式。近代以来日本汉学研究的长足发展,与日本各大图书馆藏有大量的稀见文献有着密不可分的关系。以小说戏曲为例,"其收藏的丰富甚至超过

---

① 虽未见久保天随、儿岛献吉郎曾在早稻田大学及其前身东京专门学校任教的记录,但根据二人的讲义录被该校出版部多次再版来看,二人极有可能曾在校任教。若如此,则又可为早大的中国俗文学学科初创再记一功。

② 三浦叶《明治时代的汉学》,汲古书院1998年版,第309页。

中国本土"①，因此，胡适在给孙楷第《日本东京所见中国小说书目》一书所作的序中不无感慨地说：

> 我们可以说，如果没有日本做了中国旧小说的桃花源，如果不是靠日本保存了这许多的旧刻小说，我们绝不能真正明了中国短篇与长篇小说的发达演变史。②

这里说的是小说的情况，戏曲方面，"日本藏有从中国传来的戏曲刊本，数量不算很多，但含有中国今日已经散佚的珍稀本"③。正因为日本藏数量多、价值高的中国俗文学文献，不仅使近一个世纪以来的中国学者前赴后继东渡访书，也为日本的中国俗文学研究提供了坚实的文献基础。

日本的汉学文献收藏形式主要有两类：一是公共图书馆收藏，一是私人收藏。公共图书馆收藏又可分为公立和私立两类。

公立图书馆的汉学文献以内阁文库（今日本国家公文书馆第一部）、宫内省图书寮（今宫内厅书陵部）、国会图书馆、东京都立图书馆、大阪府立图书馆、神户市立图书馆等为最。私立图书馆以东洋文库、静嘉堂文库、日光山轮王寺天海藏为最，其次为成篑堂文库、无穷会图书馆、大仓集古馆等。此外，日本各大高等学府也藏有不少汉学文献，其中，公立大学以东京大学、京都大学为最，其次为名古屋大学、东北大学、大阪大学、九州大学、山口大学、东京外国语大学等；私立大学以早稻田大学、天理图书馆（与天理大学共用）为最，其次为大谷大学、庆应义塾大学、拓殖大学、大东文化大学、立命馆大学、龙谷大学等。④

私人收藏当以长泽规矩也最富，他曾前后七度来华访书、搜书，所藏中国俗文学文献之多为学界所熟知，其藏书现存于东京大学双红堂文库。与

---

① 苗怀明《二十世纪戏曲文献学述略》，中华书局2005年版，第26页。
② 胡适《日本东京所见中国小说书目提要·序》，《胡适古典文学研究论集》，上海古籍出版社1988年版，第1272页。
③ 田仲一成《日本所藏中国戏曲文献研究·序》，高等教育出版社2011年版。
④ 关于日本各大藏书机构所藏中国俗文学文献的具体情况，可参看孙楷第《日本东京所见中国小说书目》，人民文学出版社1958年版；严绍璗《日本藏汉籍珍本追踪纪实》，上海古籍出版社2005年版；黄仕忠《日本所藏中国戏曲文献研究》，高等教育出版社2011年版；苗怀明《二十世纪中国小说文献学述略》，中华书局2009年版；苗怀明《二十世纪戏曲文献学述略》，中华书局2005年版。

双红堂文库相似,其他藏书较富有的学者,如盐谷温、狩野直喜、神田喜一郎、青木正儿、石崎又造、森槐南、古城贞吉、奥野信太郎、宫原民平等,他们的藏书后来都以各种形式归于上述几所大学,成为这些大学中国俗文学文献收藏的重要来源。

当然,不少大学的汉学文献是相关学者在该校任教期间特意购置的,最典型的如京都大学的中国戏曲小说文献,其间藏书中多有珍品,狩野直喜实功不可没。狩野直喜深厚的文献功底,使他能够迅速而准确地判断文献的学术价值;他在京都大学的特殊地位,也使得他在文献的搜集与复制上有不少便利。在狩野直喜的主持下,京都大学文科大学从明治四十年(1907)就开始购藏中国戏曲小说文献,以后几乎每年连续不断,王国维寓居京都之后,文科大学购藏戏曲小说文献数量更为明显增长。狩野直喜还通过抄录等方式获得不少文献,如世德堂本《荆钗记》《还带记》,就是他从阿波文库抄录的,清钞本《传奇汇考》则是他托人在东京抄录的,还有王国维抄录后赠予狩野氏的《录鬼簿》等。狩野氏还安排覆刻了《元刊杂剧三十种》。狩野氏本人的藏书,则在其去世后也归于京都大学。① 狩野直喜搜集的这些文献,对京都学派的后学者如青木正儿等人早年的研究产生了很大的影响。此外,今东京大学文学部所藏的中国小说戏曲文献,大部分也是在盐谷温在任时期购置、抄录的。盐谷温还安排影印出版了家藏元至治新刊《全相平话三国志》三卷、斯文会藏明万历刊本《杨东来先生批评杂剧西游记》六卷、九皋会藏明宣德刊本《新编金童玉女娇红记》二卷、九皋会藏明万历刊本《橘浦记》二卷等稀见元明刊本,在学界有相当的影响。

公共图书馆之于学者的意义毋庸多言,这里仅举一例。后来以中国戏曲研究闻名,并成为当时台北帝国大学东洋文学第一任讲座教授的久保天随,虽然早在大学期间就已经闻名于文坛,但大学毕业后,由于没有固定教职,缺乏研究资料,竟然过了将近二十年的卖文生涯,直到他大正五年(1916)供职于大礼记录编纂委员会,才有机会开始学术生涯。该会附设于内阁文库,故久保天随得以在公务之余,广泛阅览文库藏书,他在编委会任职的三年间,利用余暇时间抄录的戏曲相关资料卡片达数寸之厚。此后,他就任宫内省图书寮编修官,又得到饱览该馆图书的良机。他的学术

---

① 关于京都大学及狩野直喜本人所藏中国戏曲文献部分目录,可参见黄仕忠《日本所藏中国戏曲文献研究》,高等教育出版社 2011 年版,第 57—59 页。

代表作、博士论文《西厢记研究》的主要部分就是在此期间完成的。前文已述及,内阁文库、宫内省图书寮都是日本收藏中国俗文学文献最丰富的图书馆。试想,如果没有这样的学术资源,久保天随能否完成博士论文、能否在台北帝国大学开宗立派、能否在近代日本中国俗文学研究史上留下浓墨重彩的一笔,都会成为疑问。

作为久保天随的反例,可以举笹川临风。他在19世纪最后几年连续发表大量的中国俗文学研究著述,但于明治三十四年(1901)离开东京到地方任中学校长后,"求一见中国小说不可得,此项研究无奈作罢,其后便与之绝缘矣"①。由此可见公共图书馆之于学术研究的重要性。

(五)研究团体、师承谱系构成的汉学研究学术群体

随着汉学复兴,日本再次掀起了一股汉诗文创作的热潮,文人墨客们为了切磋交流,不仅创办了许多杂志期刊,还联合志同道合之士,组成汉诗文社团,这些也成为后来专门的学术研究团体的先声。②

到了19世纪末20世纪初,随着近代学术研究的逐步兴起,这些汉诗文的主持者或参与者的身份也开始发生变化,其中有不少是兼有学者和作家双重身份的"两栖型"汉学家,较为著名的有森槐南、久保天随、铃木虎雄。他们一方面以汉诗闻名、领袖诗坛,一方面以中国文学研究成一代之宗师。

尤其是森槐南,他能言善辩、应接从容,除了在课堂授课以外,还常参加一些由各种团体举办的演讲会,演讲的内容也以中国俗文学为主,这也客观上促进了中国俗文学在课堂外影响力的提升。如森槐南于明治二十四年(1891)3月14日在东京文学会上以"中国戏曲一斑"为题做演讲,同月16日,《报知新闻》以"中国戏曲之沿革"为题概述了其演讲内容。这是日本第一个关于中国戏曲的专题演讲,虽未冠以"史"名,实际上即是一篇简要的中国戏曲发展史,森槐南以后的《作诗法讲话》和《词曲概论》中有关戏曲史的部分,皆在此基础上进一步生成。其与《中国小说讲话》等文一起,构成了森槐南最初的中国小说戏曲史体系。

由于森槐南的特殊魅力,不少学生因他的影响而走上中国俗文学研究的学术之路,形成了一个以森槐南为中心的中国俗文学研究谱系,在东京

---

① 笹川临风《琵琶记物语·例言》,博多成象堂1939年版。
② 可参见李庆《日本汉学史》第1部,上海外语教育出版社2002年版,第191—195页。

专门学校有柳井絅斋、野口宁斋、宫崎繁吉,在东京大学有盐谷温、久保天随。可以说,东京专门学校明治二十三年(1890)以后、东京大学明治三十二年(1899)以后的毕业生中从事中国俗文学研究的,其师承关系都可以追溯到森槐南。

继森槐南之后在东京大学主讲中国俗文学的是盐谷温。盐谷温在主持东京大学中国文学讲座的二三十年间,以学术地位和政治地位两方面的巨大影响,培养了一大批后学者,东京大学中国文学讲座的历任教授、助教授、讲师皆出盐谷之门。其门下弟子中除仓石武四郎、竹田复、小野忍等后来曾在东京大学任教授、助教授,辛岛骁任日据时期京城帝国大学教授外,较为著名的尚有内田泉之助、长泽规矩也、增田涉、鱼返善雄、八木泽元、足立原八束等。此外,中国学者郭虚中、孙俍工等在日本求学、任教期间,也都曾受到盐谷温的指导和提携。

东京大学中国文学科师生在日常教学之外,还经常利用东洋史谈话会、中国哲文学学生会、汉学会等东大校内的学术团体为平台,展开主题演讲、座谈会等多种方式的学术交流,主讲者既有盐谷温这样的讲座教授,也有该专业的普通学生,营造了师生互动、课内外互动的良好氛围。

再看京都大学方面。京都大学文科大学设立不久,中国哲学、东洋史学、中国文学三个专业的师生便联合校外同好者,成立中国学会。这是一个综合性的东洋学研究机构,每年定期举行一次大会,在京都学派的学术活动中曾发挥过重要的平台作用。① 如狩野直喜刚从欧洲调查敦煌文献回国,便在第一次大会上(1913年11月27日)做了题为"敦煌发掘物视察谈"的调查报告,其后又分别在第四次(1917年12月2日)、第十二次(1925年6月13日)大会上两次发表题为"关于敦煌遗书"的讲演。

和盐谷温一样,狩野直喜也在二十余年的教学生涯中培养了众多后学。除仓石武四郎曾先后受教于盐谷温和狩野直喜,后又兼任东京大学、京都大学两校教授外,在中国小说戏曲研究领域饶有成就、堪称一代之领袖的还有青木正儿和吉川幸次郎,他们分别是狩野直喜早期和晚年的得意门生,后来都继承了乃师的衣钵,相继出任京都大学讲座教授,成为京都学派的支柱。就个人成就和影响而言,青木正儿和吉川幸次郎胜于节门(即盐谷温之门)弟子,京都大学成立虽晚于东京大学,但京都学派日后的声势

---

① 京都帝国大学文学部编《京都帝国大学文学部三十周年史》,1935年版,第34—35页。

更胜于东京学派,与上述原因是分不开的。

以上所述不过是中国文学研究方面,这在日本近代汉学中只是重要的一部分,而不是全部。随着西方哲学观念及东西国际形势的突变,中国哲学、边疆史地等研究也成为日本汉学研究的重头戏,如岛田重礼、井上哲次郎、那珂通世、服部宇之吉、内藤湖南、根本通明、宇野哲人、津田左右吉、大谷光瑞、高瀬武次郎、小岛祐马、武内义雄、桑原隲藏、羽田亨、小川琢治、新城新藏、藤田丰八、滨田耕作、鸟居龙藏、神田喜一郎、诸桥辙次等,都在各自的领域取得令世人瞩目的业绩,并培养了一大批后学,成为日本汉学各系统里的一代宗师,今天日本汉学研究者的师承谱系大多可以追溯到他们。本文限于篇幅,不能一一展开,姑俟后日。

### 四、日本汉学史的研究史

甲午战败以后,清末掀起了一股"以日本为师"的热潮,不仅派出了大量的留日学生①,聘请了为数甚多的日本教习,就连京师大学堂也是仿造日本的大学而建,其总教习也是日本人服部宇之吉,由此可见日本对清末文教事业影响之一斑。张之洞主持的《奏定学堂章程》中的"学科程度章第二"首次列入了中国文学课程,并制定了具体的研究法,直言不讳地指出:"日本有中国文学史,可仿其意,自行编辑讲授。"中国最早的《中国文学史》②就是在这样的背景下由林传甲编写并作为京师大学堂讲义的。除了模仿,当然也译介了不少日本的研究成果。对日文原著的译介虽然最为直观,但毕竟多是某一学者的某一部著作,既无法了解该学者的全部成果,更无法鸟瞰整个日本汉学界的成果,因此,有关日本汉学通论通史性著作就显得尤为重要。

较早研究日本汉学的通论性著作是 1936 年出版的王古鲁著《最近日人研究中国学术之一斑》。王古鲁具备完成这一工作的条件:他 19 岁赴日

---

① 清末留日学生虽众,似未有以研究日本汉学为专业者,亦未闻有相关译介。参见实藤惠秀著,谭汝谦等译《中国人留学日本史》,北京大学出版社 2012 年版。
② 关于究竟哪一部才是中国最早的《中国文学史》,学界有争议,认为也有可能是黄人的《中国文学史》或窦警凡的《历朝文学史》,可参看苗怀明《国内第一部中国文学史著作究竟何属》,《古典文学知识》2003 年第 2 期;周兴陆《窦警凡〈历朝文学史〉——国人自著的第一部中国文学史》,《古典文学知识》2003 年第 6 期。

本留学,后毕业于东京高等师范学校研究科,"语言文字,尽通症结"①,1931年以后翻译了大量与日本汉学相关的著作,如《中国近世戏曲史》(青木正儿著)、《甲午战前日本挑战史》(田保桥洁著)、《塞外史地论文译丛》(白鸟库吉著)、《西人研究中国学术之沿革》(田中萃一郎著)、《六国表订误及其商榷》(武内义雄著)、《目录学概说》(服部宇之吉著)等。其论文除了有关小说戏曲外,几乎全部和日本有关,如《最近日本各帝大研究中国学术之概况》《日本之中文图书》《中日关系的将来:从日人研究中国问题的趋势来观察》《白鸟库吉及其著作》《东洋文库的全貌》等。

由这样一位留日多年、精通日语,又对日本汉学持续关注与研究的学者所著,该书的深度与广度是可想而知的。全书分为四章:学校;学术机关及图书馆;公私机关的研究中国问题;利用庚子赔款等款所办之文化事业。后有附录一篇:明治维新以来日人研究中国学术的趋势。该书所据资料多为第一手材料,可靠性较强,尤其是书中所引用的有关中国俗文学的课程表、讲座讲演题目、学生毕业论文题目等,极具参考价值。该书出版后,当时有一则书评是这样评价的:"我们对于此书当然不能说是已经将日人研究中国学术及中国问题的活动情形,搜罗完备,不过就目前而论,此书确是一册另辟一个园地的巨著。"②然而,就是这样一部巨著,却是由作者自印,且至今未整理再版。而同类著作的再面世,要等到近半个世纪后的1982年,黄福庆发表的《近代日本在华文化及社会事业之研究》③,但该书的"参考书目"却没有列王古鲁的任何一种论著,亦可知王著湮没已久,知之者不多。黄著也分四章:东亚同文会的文化活动;同仁会的医疗保健服务;日本庚款的处理政策;新闻传播事业。黄著侧重于日本在中国的活动,而王著侧重于日本本土的活动,除庚款部分有些相同以外,两书正好可以互为补充。

1949年后的前30年,由于特殊的历史环境,国内获取国外学界的信息较难,对国外学界最近成果的了解也十分有限,因此这一时期大陆学界似未有专门介绍日本汉学的通论通史性的著作。1980年出版的严绍璗编著的《日本的中国学家》一书给学界打开了一扇窗户。该书共收入有关学者1105人,辑入他们的著作10345种,并详列其字号、籍贯、学家、师承、学历、

---

① 吴梅《中国近世戏曲史·序》,中华书局2010年版,第4页。
② 刘百闵《〈最近日本研究中国学术之一斑〉书评》,《日本评论》1937年第3期。
③ 黄福庆《近代日本在华文化及社会事业之研究》,台湾"中央研究院"近代史研究所专刊(45)》,1982年11月。

游历、职历等,所收绝大部分是当时尚活动于学界的学者,但活动于第二次世界大战以前的汉学家如狩野直喜、盐谷温等人则未收入,这与本书编著的出发点有关:

> 我国学术工作者近二十年来对日本学术界的状况不大理解,(中略)我们希望通过这一千余名研究家的介绍,不仅提供他们个人活动的资料,而且也能在大体上反映出近三十年来日本对中国问题研究的基本规模、研究课题及其研究成果。因此,在对这些研究家的学历和职历的介绍中,更侧重于他们参加的各种学术活动;在他们著作的介绍中,更侧重于自五十年代以来的成果。①

这是一部著者花了近四年时间编著的资料翔实、查找便利的工具书,在当时对海外汉学家几无所知的年代,这样一部资料书的问世,不啻为学者的福音。即使到了今天,互联网虽很发达,但是想从中查找几个不算太出名的汉学家,还是较为困难的,因此,该书仍然具有无可替代的作用。

严绍璗出版了《日本的中国学家》后,又开始编撰《日藏汉籍善本书录》《1900—1990年日本中国学论著目录》等两部资料性著作,在此基础上,又于1991年推出了一部《日本中国学史》②,这应是1949年后出版的第一部具有史的系统的日本汉学史专著,其意义不言自明③。该书煌煌46万言,俯瞰日本汉学全局,涵盖古代日本的"汉学"和近代日本的"中国学"④,其中对近代日本中国学的形成及其学术流派进行了较为详细地介绍。该书认为近代日本中国学形成的条件有三:日本近代文化运动与传统汉学的终结;欧洲Sinology的传入;20世纪初中国文化遗物的重大发现。而近代日本中国学形成的标志也有三:从"经学"向"中国哲学"的蜕变;"道学的史学"的没落与"东洋史学"的兴起;"中国文学"近代性研究的形成。认为"中国文学研究"在此时成为一门独立学科,是因为已经从对历

---

① 严绍璗《日本的中国学家·前言》,中国社会科学出版社1980年版,第4页。
② 严绍璗《日本中国学史》第1卷,江西人民出版社1991年版。著者在《前言》中多次言及该书是"100余万字的多卷本",但未见其他卷本问世。2009年学苑出版社将其再版,作为"列国汉学史书系"之一,并更名为《日本中国学史稿》,章节有所调整,篇幅增至60万字。
③ 莫东寅曾著有《汉学发达史》一书,文化出版社1949年版,但此书多以日人石田干之助的《欧人之中国研究》为主,参用了张星烺的《中西交通史料汇编》,并非日本汉学史。
④ 关于"汉学"和"中国学"的含义及其异同,参看该书前言。

代个别作家作品的注释品评发展为以历史演进为线索的总体研究,并把中国古代戏曲小说等俗文学提高到与传统古典并列的地位。总之,该书作为俯瞰全局的汉学史著作,使读者可以沿着本书所指引的方向,按图索骥,进行更进一步的专题深入研究。

到了新的世纪之交,随着国际学术交流的空前展开,海外汉学逐渐成为学界注目的一个新领域,并呈现了持续升温的态势。进入21世纪以来,各种汉学期刊、汉学史相继问世,其中与日本汉学史有关,先是何寅、许光华主编的《国外汉学史》。该书结构宏大,从古代到近代,从日本到欧美,无所不至,分为三编:国外汉学的滥觞和酝酿(从古代至18世纪)、国外汉学的确立与发展(19世纪至20世纪初)、从传统到现代中国学(20世纪20年代以来)。值得注意的是,本书对"汉学"和"中国学"的分期和定义都与严绍璗有所不同。日本汉学只是其中一个组成部分,有上编第一章第二节"日本对中国文化的认识和受容"、第四章"日本江户时代的汉学研究",中编第八章"明治大正时代的日本汉学",下编第八章"昭和时代日本的中国学"。但正因本书将日本汉学置于整个世界汉学体系中,东西汉学相参照,可以了解日本汉学在世界汉学发展史上的位置、特点与不足,相比于这时期出版的较多的国别汉学史而言,这或许是本书特有的意义。

目前为止最为详细、系统的日本汉学史当是李庆所著的五卷本《日本汉学史》,总字数达300万。章培恒认为该书的出版对"中国的文史研究者实在是一项福音",并说:

> 这部大著在当前——也许还包括以后的一段较长时期——都是我们在这方面的唯一一部翔实的书籍。而且,他在日本任教二十余年,《日本汉学史》是长时期研究的积累,具有相当强的可信性,绝无疏漏之失和无根之言。(中略)此书对日本的汉学发展——特别是从明治维新直到现代的汉学研究——做了深入的探讨,其搜罗范围之广,对研究对象考察的细致,及其授受渊源的明辨,论断的审慎,都显示了前无古人的、令人惊叹的成就。因此,就日本汉学史本身的研究来说,都具有重要的开拓性,在理清中国文学之学的进程与日本汉学发展的关系也具有重大的开创作用。[①]

---

[①] 章培恒《日本汉学史·序》,上海人民出版社2010年版。

说这部大著"绝无疏漏之失",或许过于绝对,但只要细读过该书,便可知章序并无虚美之词。该书体大思精,分为起源和确立(1868—1918)、成熟和迷途(1919—1945)、转折和发展(1945—1971)、新的繁盛(1972—1988)、变迁和展望(1989—)等五部。每部在介绍主要学者前,都对整个国际和日本的社会环境、国际汉学情况、中日学者交流等做一个交代,尽可能地将这一时期学者的活动还原到历史语境中去。在学者列传部分,不仅列有重要学者的传记,还对其主要著作进行介绍和评述,并在文末指出其师承、交游等情况,这样就很有利于读者去查找除该学者本人以外的其他资料,也可以由此看出整个日本汉学家极重家学师承的传统,且学者间常互为姻亲,往往有一家族或一师门数代薪火相传者。

刘正的《京都学派》(中华书局 2009 年版)专题详论京都学派源流,对狩野直喜等八位京都学派各领域创始者进行了较为详细地介绍,并配有多帧图片。著者后来又在此书基础上修改、扩充,改书名为《京都学派汉学史稿》,作为学苑出版社"列国汉学史书系"(2019 年改名"汉学研究大系")之一出版,删去了原有的图片,而增补扩充的部分占了全书的一半,主要是每个领域自创始者之后的继承与发展情况,体现了史的脉络。

## 五、牧野谦次郎及其《日本汉学史》

与中国学者对日本汉学史的研究相比,日本本土学者更早一步。就笔者目力所及,牧野谦次郎的《日本汉学史》是最早、最为系统而全面的一部日本汉学史。

牧野谦次郎(1863—1937),字君益,号藻洲、宁静斋、爱古田舍主人,生于高松藩(今香川县),日本汉学家。牧野谦次郎自幼受到良好的教学熏陶,祖父牧野默庵是江户高松藩邸的教授,父亲牧野松村为高松藩校教授。明治十年(1877)起,牧野谦次郎在泊园书院从姑父藤泽南岳求学近一年。明治二十六年(1893),牧野谦次郎执笔于国华社,明治三十年(1897),创办《曙光》杂志,明治三十四年(1901),任《日本新闻》周报主笔,"藻洲"之号,名动四方。明治三十九年(1906),与松平康国共同创办《中国》杂志。虽然《曙光》《中国》不久皆废刊,但从大正十三年(1924)起直至去世,东洋文化学会机关杂志《东洋文化》每一期都有他的作品,是横亘百数十回的有关经籍讲释的连载。

牧野谦次郎在明治末年的日本南北正闰问题及大正年间的宫中某重大事件等争论上,力正彝伦道德,因其汉学修养,成为平沼骐一郎男爵的顾问。牧野谦次郎又得大隈重信之知遇,成为"早稻田汉学"的中心人物,历任早稻田大学文学部教授、高等师范部教授,昭和四年(1929)起,任早稻田大学高等师范部部长,直至去世。此外,还任斯文会常议员、东洋文化学会理事、大东文化协会理事,大东文化学院的创立也与他有关,并担任首任教务长等职。牧野谦次郎致力于培养后学,多年以来一直是汉学振兴运动的领袖,有横亘明治、大正、昭和三代的文章大家之称,以其渊雅之学问与卓越之识见,而有恭敬、谦让的君子之美誉。

牧野谦次郎谥号文毅,著述有《日本汉学史》、《庄子国字解》、《墨子国字解》、《讲经新义》及续编、《维新传疑史话》及文集五册等。他主编的《先哲译著汉籍国字解全书》是战前的畅销书。其子牧野巽(1905—1974),即《日本汉学史》序作者,中国家族研究专家、东京大学教授、社会学先驱。毕业于东京帝国大学文学部社会学系。昭和四年(1929)起,历任东京帝国大学社会学研究室副手、东京文化学院研究所员、东京高等师范学校教授。昭和二十二年(1947),以博士论文《礼仪及〈礼记〉中的家族与宗教》获东京帝国大学文学博士。昭和二十四年(1949),任东京大学教育学部教育社会学教授。昭和四十年(1965)退休,为东京大学名誉教授,并任大阪大学教授。1968年起,任早稻田大学教授。著述有《牧野巽著作集》七卷(御茶水书房1979—1985年版,第一、二卷《中国家族研究》、第三卷《近世中国宗族研究》、第四卷《云南民族史研究》《东亚农耕民族研究》、第五卷《中国移民传说》《广东原住民族考》、第六卷《中国社会史诸问题》、第七卷《〈家族论〉及书评》)、《社会教育论》(福村出版1971年版),编著有《社会学概论》(与冈田谦合著,金子书房1948年版)、《现代社会学》(诚信书房1957年版)。

牧野谦次郎的《日本汉学史》是他从20世纪20年代起在早稻田大学的讲义。因学年之不同,讲义或侧重于江户以前,或侧重于江户时代,又或侧重于明治时代,多少存在差异,但该讲义以概览上古至近世为宗旨,是一部由古至今、首尾连贯的完整的日本汉学史。每到学年之末,牧野谦次郎都会把讲义誊写并油印出来,且考虑将这讲义稿整理成正式教材出版。他在生命的最后一二年间,招请早稻田大学毕业生、时任其助手的三浦叶,为其口述江户或明治汉学史的部分内容做笔记,与同样毕业于早稻田大学并经营书店的拔井哲夫约定出版本书。因此,本书的编纂工作是由牧野谦次郎本人开其端绪的,但遗憾的是这个夙愿在他生前始终没有实现。

牧野谦次郎去世以后,有关本书的材料,除他每年为授课所准备的讲义及誊写油印版外,仅有前述三浦叶的笔记及其他片段资料,因此,本书得以整理出版,主要是得力于三浦叶。三浦叶,生于明治四十四年(1911),早年毕业于早稻田大学,后又在日本大学、无穷会东洋文化研究所研究科深造。先后任早稻田大学教授牧野谦次郎助手、东洋文化学会委员、《东洋文化》编辑、就实女子大学教授、无穷会理事、西大寺文化资料馆馆长等。除整理《日本汉学史》外,还著有《明治时代的汉学》《明治汉文学史》《近世汉文杂考》《近世备前汉学史》《备前的汉学》《冈山的汉学》《西大寺今昔物语》《木莲舍漫笔》等。

三浦叶以为乃师的《日本汉学史》只讲述到明治中前期,故他又另著《明治时代的汉学》(汲古书院1998年版)、《明治汉文学史》(汲古书院1998年版)两书以补续之,基本上涵盖了日本近代汉学转型期的各方面情况,特别是《明治时代的汉学》,尤其侧重于近代学术转型与汉学研究的关系。该书分为三部:明治的汉学论;汉学者的研究与活动;汉字汉文教育。其中,第二部第七章专谈明治时代的中国文学史研究[①],较为详细地介绍了明治后期日本出现的多部中国文学史。由于这些文学史后来较少再版,日本的各大图书馆即使有藏,一般也已经当作明治时代的古籍保护,能寓目者实不多。这些文学史,或是作者为早稻田大学教员,或是作为早稻田大学讲义丛书出版,而三浦叶早年毕业于早稻田大学,又曾作为牧野谦次郎的助手,所据多为第一手资料,这对于了解明治后期的整个中国文学史研究情况具有较为重要的参考价值。

继牧野谦次郎的《日本汉学史》之后,有仓石武四郎的《日本中国学之发展》,是他昭和二十一年(1946)在东京大学的讲义。全书分十三讲,分别是:大陆文化的接受;平安朝中国学艺的接受;博士家的学问与训读法的发达;遣唐使废止后及镰仓幕府的中日交流;宋学新注与五山文学;藤原惺窝新注、林罗山与山崎闇斋训点;伊藤仁斋与荻生徂徕;蘐园学派与唐通事;江户时代学

---

① 三浦叶《明治时代的汉学》,汲古书院1998年版。该书为专题论述形式,部分章节在成书前曾陆续发表过,该章部分内容发表于《斯文》,1967年。

艺之发展与小说戏曲;幕末明治时期的汉诗文与学艺;汉学与东洋史学;京都中国学;各帝国大学的中国学与东洋史学。原书颇简略,仅数十页,经大岛晃等整理、注释,由二松学舍大学于平成十八年(2006)出版①。

最后,说明一下本书的翻译和注释情况。由于近代以来日文书面语体有较大的变化,不同语体体现不同的时代风貌,为保留原貌,译文亦据原文语体译出。该讲义用古朴典雅的文言写成,译文亦用浅易文言,但其间又有不少从西方引进来的新词语,夹在文言句式里;加之该讲义来源复杂,语体亦颇多样,大体而言,叙事以文言,议论以白话,译文为尊重原著起见,时或文白杂用,有不协调之感,尚祈读者诸君见宥。原著中作者以日本人的语气所用的词语,如我朝、我国、我邦等,则酌情改动。原著中的时间,全用日本年号纪年,为方便阅读,译文在保留年号的同时,以括号夹注公元纪年。牧野巽的序文和三浦叶的例言用白话写成,译文则也用白话。

本书作者原有的注释、按语等,皆在正文中以括号形式夹注,而页下注均为译者所加。译者注原则上不对原著的观点做评价,仅对日本方面的词语和概念做背景知识性的补充,或对原著中某些问题稍做考证。译者注的初衷是为了更好地展现原著的思想内涵,但由于译者水平有限,或有漏注、误注之处,尚请大方不吝教正为幸。

翻译过多部日本汉学著作的隋树森先生曾说:"我们对于日本的研究,比起日本研究中国的成绩来实在差得太远了。文学如此,别的方面也是一样。"②这话虽是70年前说的,但今天听来仍有敲警钟的意味。

夜未央,秋雨绵长,而我仍期待黎明的曙光。

---

① 该书有杜轶文中译本《日本中国学之发展》,北京大学出版社2013年版。
② 盐谷温著,隋树森译《元曲概说·译者序》,商务印书馆1947年版。

# 目 录

序 ……………………………………………………………（Ⅰ）
例言 …………………………………………………………（Ⅰ）
再版小引 ……………………………………………………（Ⅰ）

序说 …………………………………………………………（1）
第一期　上古、平城朝、平安朝（1192年以前）…………（3）
　第一章　上古 ……………………………………………（3）
　　一、汉文学东渐 ………………………………………（3）
　　二、汉学传来之初 ……………………………………（7）
　　三、佛教传来与汉学之必要及《十七条宪法》之制定 …（9）
　　四、与隋唐交通及派遣留学生 ………………………（10）
　　五、大化革新与汉学 …………………………………（11）
　　六、上古之汉文 ………………………………………（12）
　第二章　平城朝（710—781年）…………………………（15）
　　一、平城朝之汉学 ……………………………………（15）
　　二、汉文学与国文学成立之关系 ……………………（20）
　　三、汉文学于国文学之影响 …………………………（22）
　　四、汉文及诗赋 ………………………………………（25）
　　五、汉文著作 …………………………………………（30）
　第三章　平安朝（794—1192年）…………………………（33）
　　一、概说 ………………………………………………（33）
　　二、诗文集 ……………………………………………（39）

第二期　镰仓、南北朝、足利、织丰时代（1192—
　　　　1603年）………………………………………（42）

一、概说 ……………………………………………… (42)
二、宋学之传入 ……………………………………… (43)
三、五山文学 ………………………………………… (45)
四、训点 ……………………………………………… (48)
五、镰仓时代之汉文章 ……………………………… (50)
六、五山以外之汉学 ………………………………… (54)

## 第三期　德川时代(1603—1868年) …………………… (62)

序论 ……………………………………………………… (62)
时期之划分 ……………………………………………… (64)

### 第一章　庆长八年至享保二十年(1590—1735年) …… (65)

一、概说 ……………………………………………… (65)
二、德川家康之好学 ………………………………… (67)
三、德川家康与藤原惺窝 …………………………… (70)
四、林罗山 …………………………………………… (74)
五、松永尺五 ………………………………………… (76)
六、德川秀忠、德川家光、德川义直与林罗山 …… (77)
七、南学(崎门学) …………………………………… (81)
八、中江藤树 ………………………………………… (82)
九、熊泽蕃山 ………………………………………… (84)
十、山崎闇斋、山鹿素行、熊泽蕃山 ……………… (86)
十一、洛儒、关儒之对立 …………………………… (88)
十二、德川纲吉之好学 ……………………………… (89)
十三、德川家宣时代之汉学 ………………………… (92)

### 第二章　元文元年至天明八年(1736—1788年) ……… (94)

一、德川吉宗时代之汉学 …………………………… (94)
二、古学派(伊藤仁斋、伊藤东涯) ………………… (96)
三、荻生徂徕 ………………………………………… (97)
四、关东、关西之学者 ……………………………… (99)
五、水户学 …………………………………………… (101)

### 第三章　宽政元年至明治元年(1789—1868年) ……… (102)

一、概说 ……………………………………………… (102)

二、菊池五山、市河宽斋 …………………………………（105）

三、山本北山 ……………………………………………（107）

四、林述斋及宽政三博士 …………………………………（108）

五、宽政异学之禁及学制改革 ……………………………（110）

六、佐藤一斋、松崎慊堂 …………………………………（112）

七、文久三博士 …………………………………………（114）

八、幕末汉学书生气质 ……………………………………（118）

九、水户学与幕末 …………………………………………（120）

十、幕末词坛 ……………………………………………（125）

十一、西日本之文学 ………………………………………（129）

十二、诗文之变迁 …………………………………………（133）

## 第四期　明治时代（1868—1912 年）……………………（135）

明治初年之儒教 ……………………………………………（135）

### 第一章　明治时代第一期 ………………………………（136）

一、汉语词、汉文、汉学书生 ……………………………（136）

二、汉学者与国学者之轧轹 ………………………………（141）

三、国汉学者与洋学者之对抗 ……………………………（145）

四、私塾、藩学、地方学者 ………………………………（147）

五、学制颁布与汉学 ………………………………………（148）

六、学制颁布至明治十年前后之汉学 ……………………（151）

七、西南之役与汉学 ………………………………………（153）

八、废刀令与汉学 …………………………………………（154）

九、修史局之内讧 …………………………………………（156）

十、诗文杂志之刊行 ………………………………………（158）

### 第二章　明治时代第二期 ………………………………（161）

一、概说 …………………………………………………（161）

二、帝国大学文学部和汉文学科 …………………………（166）

三、帝国大学附属古典讲习科 ……………………………（166）

四、斯文学会 ……………………………………………（168）

五、大同学馆 ……………………………………………（171）

六、《幼学纲要》 …………………………………………（172）

第三章　明治天皇与侍讲 …………………………………（172）

第四章　明治初期之汉诗 …………………………………（176）

　一、诗家 ……………………………………………………（177）

　二、诗坛 ……………………………………………………（177）

　三、吟社 ……………………………………………………（179）

　四、诗人 ……………………………………………………（181）

第五章　明治初期之汉文 …………………………………（186）

　一、文运 ……………………………………………………（186）

　二、文格 ……………………………………………………（187）

　三、文会 ……………………………………………………（188）

　四、文人 ……………………………………………………（190）

**译后记**……………………………………………………（198）

# 序

本书是在先父授课讲义的笔记基础上整理而成的。自昭和（1926—1989）初年起，先父每年都在早稻田大学高等师范部讲授"日本汉学史"，但因学年之不同，讲义或侧重于江户以前（1603年以前），或侧重于江户时代（1603—1868），又或侧重于明治时代（1868—1912），多少存在差异。不过，这门课程本来就是一周一课时，贯穿一学年的，讲义以概览上古至近世为宗旨，因此，想要很详密的笔记固不可能。按照惯例，每到学年之末，先父都会把讲义誊写版油印出来，此功固然要归功于参与其事的学生们，但往往又难免出错。因此，先父每年都考虑将这讲义稿整理成正式教材出版。

先父希望这部教材以口述的方式讲述，多引用深奥难解的古文，以助学生品读原典之妙味，某些部分任由学生自习，也可以自由地选择其中一部分来详细讲解。他在生命的最后一二年间，招请早稻田大学高等师范部毕业生、时任其助手的三浦叶氏，为其口述江户或明治汉学史的部分内容，这是比课堂上更为详细的内容，大概就是在为编辑教材做准备吧。去年一月，又与同样毕业于高等师范部并在早稻田大学正门前经营书店的拔井哲夫约定出版此书。因此，若非去年三月病魔夺走先父的生命，且出版之事又能顺利开展的话，或许他可以亲眼见到本书的问世。由此言之，则编纂本书的端绪已由先父亲手开始，然而，却只是仅仅开了个头，未及半途而中辍。

先父去世以后，有关本书的材料，除他每年为授课所准备的讲义及誊写油印版外，仅有前述三浦叶氏的笔记及其他片段资料，因此，本书的出版曾一度使人颇感绝望。若非拔井哲夫氏的热心劝诱，加之三浦叶氏爽快地承担本书的整理工作，本书或将永无现世之日。拔井哲夫氏曾数次亲来劝说出版本书，而三浦叶氏又迅速推进复杂繁难的编辑工作，此外，又幸蒙松平康国、川田瑞穗、佐藤仁之助诸先生校阅书稿。因此，本书得以顺利出版，全得力于上述诸位的辛勤付出。反观以琐事繁杂为由而未对本书尽毫末之力的不肖子，实在是汗颜无地。

今书稿已成，只是不知其内容是否合乎先父的本意，而以先父名义出版，亦不知对他的名誉究竟是增还是损。整理出版前人口述遗著，缺佚之处在所难免。三浦叶氏言，如非先父亲口所述，绝不妄加。我信斯言，并对三浦叶氏综合剪裁各种片段式材料而始成本书的能力与精力深表敬佩。本书终于付梓刊行，作为儿子，我难以抑制内心的狂喜。

时光如白驹过隙，仿佛真在梦中，先父离我而去，恍惚一年有半了。秋风之渐起，唯草木察其微。每念手捧此书献于先父墓前之日渐近，悲从中来，不能自已，将何以处之？

男牧野巽　记<br>昭和十三年（1938）九月上旬

# 例　　言

一、本书编纂的来龙去脉，牧野巽氏在序文中已有交代。

二、本书题为"日本汉学史"，但实际内容不止于此，涉及日本文学、政治、经济、教育等各方面文化与儒教之关系，因此，部分原稿题作"日本汉学文化史"。

三、时代的分期，多数原稿与本书一样，分作四期。至如章节的分类、排列等，则据鄙见安排。

四、本书第一期、第二期以油印本或原稿为基础，第三期、第四期以口述笔记为基础。其间，也有因需要而加注说明之处，但绝无滥加鄙见之事。

五、因整理者才疏学浅，加之匆匆之速记，未能尽传先生之真意，或误闻，或误记，且或有鲁鱼之误，亦未可知。凡此种种，文责皆归整理者。

三浦叶

# 再版小引

  本书再版之际，对初版中的误记误植之处悉数订正。其中，应对特别详细赐正的台北帝国大学教授神田喜一郎氏、关西学院大学教授三宅光华氏致以诚挚的谢意。

牧野巽

昭和十八年（1943）九月二十日

# 序说

## 一、汉学之范畴

日本汉学源远流长。今日统称为"汉学"之学问,其间有儒教、道教、兵学、法学,尚有其他各学问。佛教虽源于印度,然经由中国、朝鲜半岛传入日本,且其教义、经文等亦是汉译本,因此,由文字形态观之,亦不免要归于汉学之范畴。而应神天皇①以后渐次采用汉文、汉学,包括日本史籍在内的法制、政治、教育、经济等各方面文化,或多或少皆受汉学之影响。

## 二、汉学传入以前之日本文化

然则汉学传入之前,日本文化究竟如何?盖日本历代天皇肇国之宏远,树德之深厚,良风美俗,虽无儒教,实已有之。今若举其例,则如天祖授神器于天孙,国祚誓与天地共无穷,故神武天皇②始奠都大和,在橿原宫行登基大礼之时,奉神器于正殿,又于鸟见山之灵畤特祭皇祖大神,垂大孝之范;如景行天皇③征伐熊袭部落之时,市乾鹿文以杀父之罪被诛;又如在此之前,事代主命劝其父大国主命奉国土于天孙;如木华咲耶媛待父命而结婚,后因橘媛之贞烈而殉难。凡此种种,皆与儒教根本教义之五伦五常之道相吻合,虽无文字记载,然事实则不言而喻。然上古侄侗颛蒙,文运未

---

① 应神天皇(200—?),日本第十五代天皇,270—310 年在位。一般认为,自应神天皇起,日本天皇的在位时间及事迹可信度较高。

② 神武天皇(约公元前 711—约公元前 585),传说中日本第一代天皇,天照大神后裔,于公元前 660 年建立大和政权。

③ 景行天皇(公元前 13—公元 130),日本第十二代天皇,公元 70—130 年在位。

开,致使上述之事亦淹没不显。

### 三、汉文之效果

日本国体之尊严,冠绝宇内,不容置疑,因此,神武天皇恭临实位,然后兼六合以开都,掩八纮以宣宇;崇神天皇①,临诸天皇宸极之光,岂是为一己之身?盖为司牧神人,经纶天下,其所以为世人景仰。汉文传入以后,日本书籍笔法始注意修辞技巧,宏远之皇猷,深厚之睿旨,岂非赖汉文而使千万年之下仍得奉窥耶?

### 四、汉学之必要

汉学于日本而言,乃有不可忽视之存在,以上所列数事,不过沧海之一粟而已,故余以为,厘清日本二千余年汉学消长盛衰之传播变迁史,绝非无益之事。后文为讲述之便,暂将日本汉学史分为四期:上古、平城朝、平安朝(1192年以前)为第一期;镰仓至战国时代(1192—1603)为第二期;江户时代(又称德川时代,1603—1868)为第三期;明治时代(1868—1912)为第四期。

---

① 崇神天皇(约公元前148—约公元前29),日本第十代天皇,公元前97—公元前30年在位。他是目前考古上最早可考的天皇,也有人认为他才是大和政权的建立者。

# 第一期
# 上古、平城朝、平安朝(1192年以前)

## 第一章　上　　古

### 一、汉文学东渐

**汉学之传入**

汉学传入日本,就文字之记载而言,可追溯到应神天皇时百济王子阿直岐进贡经典,皇太子稚郎子尝从其问学。寻又有王仁赍《论语》《千字文》来献。然阿直岐、王仁渡来以前,日本果无文字?汉字、汉文果未传至日本?凡事时有例外,大抵并非猝然突发,必先有其前兆或先声。且人类之交通,自古便有契约印信之事,由今日蒙昧落后民族亦可观之。

**神代文字**

日本古来已有大己贵命神所作之字,即所谓"神代文字"是也。如一二三四等记数之文字:

셔 ㄲ 미 ㅍ ㅍ ㅁ 나 갸 갸 ㄷ

然此种符号果由神代传至今日,抑或是后人伪造,已难知其详,尚存争议。然中国在有文字之前,亦有结绳记事等记载,则余以为日本亦必有某种文字符号之存在欤。上代文字之有无，考之古书，则《日本书纪》①钦明天皇②二年（540）本注有"帝王本纪，多有古字，撰集三人，屡经迁易，后人习读，以意刊改，遂致舛杂"，由此可知上代之有文字。然《古语拾遗》③中有"上古之世，未有文字，贵贱老少，口口相传，前言往行，存而不忘"云云，此又是上代无文字之意。

**语部**

传诵古事之人，已有用所谓"语部"者，唯用文字者尚不多，此或可推而知之。世间所传"日文""天名地镇""秀真"等文字，果否神代文字，今已无由知之。

**汉字之传入**

汉字之传入，相传在应神天皇时。由上古历史考察之，其具体传入时间虽难以确定，然必远在应神天皇之前，此不容置疑之事也。

**日本与朝鲜半岛之交通**

何以言之？中土文明早已波及朝鲜半岛，而日本与朝鲜半岛之交通早在神代之时既已有之。我方有素盏鸣尊④往来新罗之地；彼方则有王子天日枪率其宗族来日本之事（原注：其后裔散居播磨、但马、河内之间，常与其母国有所往来）。由此观之，当时或已有汉字传入，亦未可知。何况新罗号称神武天皇之弟稻饭尊之后。降及崇神、垂仁天皇⑤之时，日本与朝鲜半岛之交通越加频繁，朝鲜半岛住民渡来日本亦渐多，因此，有查清渡来人户口之必要。由朝鲜半岛渡来之人，散居在壹岐、对马至西海各地，方言大抵相同，因其熟习文字，当时派遣使节、撰写外交文书，皆用彼等。然汉字之传入日本，盖亦在此时欤？

**日本与中土之交通**

日本与朝鲜半岛之交通并非止于此，而日本与中国本土之交通，上古

---

① 《日本书纪》，日本流传至今最早的正史，与《古事记》合称为"记纪"。全书用汉文写成，采用编年体，共三十卷，另有系谱一卷，已佚。

② 钦明天皇（509—571），日本第二十九代天皇，539—571年在位。

③ 《古语拾遗》，日本史书，平安初期学者斋部广成著，成书于807年。书中因载有不少未见于《古事记》《日本书纪》的历史材料而受到重视。

④ 素盏鸣尊，《古事记》中的三位主神之一。

⑤ 垂仁天皇（公元前69—公元70），日本第十一代天皇，公元前29—公元70年在位。《日本书纪》记载新罗王向日本进贡天日枪，就在垂仁天皇三年。这是日本史籍中记载的和朝鲜半岛最早的官方交往。

之时亦早已有之。中土典籍有关中日交通最早之记载,乃东汉王充《论衡》所言"周成王时,倭人贡鬯草"之事。所谓"周成王时",即当日本人皇以前。唯此事不见于后来的典籍,难以知其详情。至《后汉书·东夷传》,记"倭在韩东南大海中,依山岛为居,凡百余国,皆称王,自武帝灭朝鲜,使驿通于汉者三十余国,皆称王,世世传统,其大倭王居邪马台国"。汉武帝灭朝鲜,事在元封二年(公元前109),即日本开化天皇①四年。"邪马台国"即"大和国"之音译,故可推知日本与汉朝亦有交通,即在汉武帝时,日本列岛使驿通汉者有三十余国。日本西海岸各地与中土交通,始于汉武帝之时。熊泽蕃山②谓,吴太伯既至荆蛮,渔猎遇风,漂泊至日本,遂君临之,故日本文化在王仁渡来之前,已粲然可观。此说固诞妄不足信,然后世所传《野马台诗》中有东海姬氏国等,即出于此说。至汉光武帝之时,中日往来益加繁密。《后汉书》载日本曾来朝贡,而光武帝赐以印绶。天明③年间,"汉委奴国王"蛇钮金印在筑前国出土,可为此条记载之确证。此外,《崇神天皇本纪》载"十一年,异俗多归,国内安宁",十二年"异俗重译来,海外既归化",即指此时徐福率童男童女五百人东渡日本之事。欧阳修《日本刀歌》中有"徐福往时书未焚,逸书百篇今尚存"之句。日本与中土有如此之联系,则汉字不仅可由朝鲜半岛传来,亦可由中土直接输入。由此,日本西海岸各地畏服于中原王朝,又恃三韩为后援,而不从邪马台。至仲哀天皇④之时,西海屡有叛乱,阅二十余年犹未戡定,而天皇崩于征伐途中。

**征伐新罗**

于是,神功皇后⑤以为,若征服新罗,则西海可不战而定。遂征新罗,破其国都,封其府库,收其图籍文书而归。盖此一役,乃经籍入日本之滥觞,而日本得以进一步文明开化。是年,更遣荒田别等入百济,盖因当时日本未有能读经籍之人,特派人入百济征访能识经籍者。由此而考之,则在神功皇后末年,日本已有通汉字之人,能掌往来文书,此当是不争之事实。

---

① 开化天皇(公元前213—公元前98),日本第九代天皇,公元前158—公元前98年在位。
② 熊泽蕃山(1619—1691),日本江户时代前期阳明学派的主要代表人物,详见后文。
③ 天明,日本光格天皇年号,即1781—1788年。
④ 仲哀天皇(148—200),日本第十四代天皇,192—200年在位。
⑤ 神功皇后(170—269),仲哀天皇的皇后,第十五代天皇应神天皇的生母。她在仲哀天皇去世后长期执政,曾三征朝鲜半岛,是日本历史上首位女性执政者。

**阿直岐、菟道稚郎子**

至应神天皇之时，日本与朝鲜半岛交通逐年升温，外交日益频繁，愈感汉文汉字之必要，此系形势使然。应神天皇十五年（284），阿直岐入贡，以其能读经典，而为皇子菟道稚郎子之师，更遣荒田别、命巫别至百济，征访博学多识之士。

**王仁、辰孙王**

次年，王仁、辰孙王至日本，献《论语》十卷及《千字文》（原注：此系三国魏人钟繇所撰《千字文》，而非南朝梁人周兴嗣所撰之《千字文》）一卷等。日本之有汉籍，实始于此。如此，则皇子菟道稚郎子更以王仁、辰孙王为师，研读经典。

**高丽上表**

应神天皇二十八年（297），高丽遣使上表。皇子读其表章，见有"高丽王教日本国"之句，怒而破弃之。天皇免受高丽之凌辱，对皇子钟爱有加，同时领悟到不得不愈加重视文教，认识到以弘扬文教为当务之急。要之，高丽上表不过是在王仁来日本十二年之后，而皇子已通汉文，且能读其表文而责其文体不敬之处，实是惊人之进步。

**《难波津之歌》**

何况王仁《难波津之歌》乃其至日本后不久所作，而极为巧妙，世谓之日本和歌之祖，垂范后世，此岂容易之事耶？当今文明之世，学术研究方法周全而完备，日本能精读西学典籍原著者，仍寥若晨星；而移居日本之外国人，若欲熟练掌握日语，至少亦需二十年，何况能品味文学而吟咏诗歌，又是难中之难。然在数千年前之上代，此道尚未发达之日，皇子如此一朝而通，王仁如此巧于歌咏，皆可证汉字早在应神天皇之前既已传入日本，且颇有发展之势。然朝廷公开采用并研习汉字，则以应神天皇朝为最早。

**诵读之法**

最初诵读汉文之法果何如耶？或曰："以音直读，一如中土人士所为。至奈良朝，吉备真备[①]发明读法，并用音训，上下颠倒，前后回环，以国语助语尾。今日所传之汉文读法，实自吉备真备氏始。"荻生徂徕[②]等皆执此

---

[①] 吉备真备（695—775），日本奈良时代汉学家、政治家，曾两次出任遣唐使，为汉文化在日本的传播起了巨大的作用。详见后文。

[②] 荻生徂徕（1666—1728），日本江户时代著名汉学家，古文辞派（又称徂徕学派、蘐园学派）创始人，影响深远。详见后文。

说。又或曰："百济语言,先名词后动词,其语法与汉文相反。诵读汉文,皆须颠倒回环上下,始得通其义。又添注音按读之,如日本之弖尔远波(原注:てにおは),朝鲜之谚文,一如日本之假名,细书于汉字之下,音训相较,颠倒回环,即可以国语读之。王仁传汉籍,教日本人,即用此法。古代朝鲜亦如日本。王仁之咏《梅花歌》及《三国遗事》所载歌谣,皆属此类。"藤井贞干曰:"应神天皇朝,王仁咏难波津。此歌以三十一字出之,类《八云》以下之神咏。《八云》歌乃素尊之咏,则可知此三十一字皆韩辞也。王仁《难波津之歌》亦与之同,皆用百济之调也。然则此歌文字之多寡不问,其韩之古俗则不明。盖自后汉以降,三韩皆学汉土,其固有之俗则绝而不传矣。"此说虽颇失之穿凿,然亦有参考之价值。今日难以遽定孰是孰非,犹有考证之余地,故将以上两说,并揭于此。唯当时尚不甚用汉文,虽征百济博士研习之,然亦不过读而解之而已。

### 汉文东渐

至履仲天皇①朝,日本列岛诸国置国史记言事,并录官物之出纳。汉字之用,滥觞于此,实亦汉文东渐之征证。

### 佛教传入

佛教于钦明天皇十三年(551)传入日本。此时,佛教由印度传入中土已有三百年,由中土传入百济亦过百年,至此方传入日本。因传入日本之佛教经典皆为汉译本,故在佛教传播之同时,汉文亦渐行于世,从而知中土之政体,究中土之学术,方有大化之革新。日本向来朴素之风,一变而开华美盛大之新境,以至于衣冠、车马、宫室、器用等,天下耳目为之一新。

要之,上古之汉文,滥觞于神代,而三韩之役开其勃兴之端,至佛教传入,则其根基得以确立。

## 二、汉学传来之初

### 国体尊严

应神天皇皇子菟道稚郎子,师从王仁治儒学。应神天皇二十八年(297),高丽国王遣使朝贡,因其表文中有"高丽王教日本国"之语,皇子大怒,责其无礼,破其表文。天皇大喜,以为非皇子读之,朝中谁能知其失礼,

---

① 履仲天皇(336—405),日本第十七代天皇,399—405年在位。

因益钟爱皇子。前文已详述此事。至德川幕府时,朝鲜王朝轻日本武人多不学之人,使者由长崎奔赴江户途中,接朝鲜国王之命,令其竖清道旗①以为前驱。新井白石②责其不敬,收其清道旗,命其谢罪。此事与前述皇子破高丽表文相类。在日本尚未文明开化之时,皇子菟道稚郎子能有护卫国体尊严之远见卓识,此固然是天性使然,而王仁所授儒学之教训,亦与有力焉。

**归化人**

仁德天皇之时,百济弓月君(原注:秦始皇后裔)率所部之人归化日本,分置于诸国,事蚕桑之业,称"秦氏"。其通解文学者,皆赐姓"史人",使掌朝廷之文事。

先是,王仁之子孙居河内,世以文学仕朝廷,掌内藏之出纳,赐姓"文首",称"西文史"。汉灵帝曾孙阿知使主,率其宗族经由朝鲜半岛移居日本,亦以文学仕朝廷,子孙赐姓"汉书直",称"东文史"或"倭汉直"。先于王仁而来日本之阿直岐,其子孙亦以文学仕朝廷,赐姓"阿直岐史"。应神天皇朝,百济贵须王之孙辰孙王来日本,皇子菟道稚郎子师事之,传经籍,大开儒风。其子孙为"船长",掌船舶税,赐姓"船史"。雄略天皇③朝,秦之酒公以所造绢帛进贡,建大藏以藏之,命苏我麻智宿祢检校三藏。秦氏掌出纳,东西文史勘录簿册,东文史又赐姓"内藏大藏",与秦氏共主内藏大藏之管钥。三藏者,斋藏、内藏、大藏也。内藏纳外藩之贡献,大藏纳国内之庸调。盖当时东西文史与秦氏,分掌今宫内、大藏、外务三省之权。星野恒④曰:"汉学传来之初,我国官职皆世袭,襁褓中已立为大臣者,多愚呆之辈,大抵不学无术,不通政要,又暗于海外事务。百济归化人,学术明娴,政务练达,而悭于国务,然古尚门阀,不许归化人登高官显要之位,乃任文书、记录、计算等事,赐之'史'姓,世为相辅长官之职。由是,长官如木偶人,史官犹傀儡师。又,长官如宾客,史官如宰夫。归化人专管事务,居机要,为官局不可或缺之人。"

如此,则当时之汉文未见显著发展。王仁来日本后一百十八年,至履仲天皇朝,诸国始置国史,以记四方之言事,然担其任者,亦多为归化人。

---

① 清道旗,古代官员外出时仪仗所持的旗帜。
② 新井白石(1657—1725),日本江户时代政治家、诗人,博学多识,著述极富。详见后文。
③ 雄略天皇(约418—479),日本第二十一代天皇,456—479年在位。有学者认为,他就是《宋书·倭国传》所记载的倭王武。
④ 星野恒(1839—1917),日本近代史学家、汉学家,东京帝国大学教授。

继体天皇①朝，段杨尔、汉高安茂、马丁安等由百济所征访之五经博士，渐次渡来日本。钦明天皇朝，又有五经博士王柳贵，易博士王道良，历博士王保孙，医博士王有棱陀，采药师潘量丰、丁有陀、乐人三斤、己麻次、进奴、进陀等，先后入贡，各种学术随之传来。

### 三、佛教传来与汉学之必要及《十七条宪法》之制定

**佛教传入**

钦明天皇朝，百济始贡佛像、经论，佛教传入日本。佛教于东汉明帝永平八年(65)（原注：当日本垂仁天皇九十四年）传入中土，又经百济传入日本。汉地学者、僧侣以汉文译佛经，故欲读佛经者，不得不识汉文，不通汉文，则不能读佛经，故由佛教之盛行，汉学亦随之盛行，此乃自然之势。至推古天皇②之时，圣德太子摄政，尊佛教，又通儒教。由圣德太子所制定之《十七条宪法》，可以想见其汉学素养何等之深。或谓之："佛教盛行于中国南北朝（原注：北朝即指北魏，崇道教而大行之），儒、释、道三教之调和，即始于此。晋人孙绰论儒、佛一致，宋齐之间有张融《门论》。周颙难《门论》，论儒、佛、老一致；齐人顾欢又论道、佛同体异用。圣德太子当隋炀帝之时，此等论说，系由中土传来，抑或系太子之聪明与之暗合，亦未可知。"

**《十七条宪法》**

圣德太子考究中国历代政治制度，仿之以制《十二阶冠位》，定《十七条宪法》。圣德太子学佛于高丽僧惠慈，习儒于博士觉哿。其所学儒、佛经典，纯用汉文，以祖宗建国大义为主线，以儒、佛二教润饰之，而据儒家经典者甚多。今述其大略：

《十七条宪法》除第一条"以和为贵，上和下睦"用日语固有读法外，以下皆用汉文读法；而其内容除第二条"笃敬三宝"、第十条"绝愤弃嗔"为佛教思想外，其余皆据儒家经典及诸子、史籍等。

第一条"以和为贵"出自《礼记》，《论语》亦有"用和为贵"。"人皆有

---

① 继体天皇(450—531)，日本第二十六代天皇，507—531年在位。
② 推古天皇(554—628)，日本第三十三代天皇，592—628年在位。她是日本历史上第一位女天皇，在位期间，以圣德太子为中心，推行一系列政治改革，是谓推古朝改革。

党"出自《左传》。"上和下睦"见于《孝经》。第三条"四时顺行"出自《论语》,"君则天之,臣则地之""天覆地载"见于《孝经》。第五条"有财之讼,如石投水;乏者之讼,似水投石",由《文选》所收李萧远《运命论》"其言如以石投水,莫之逆也"句而来。第七条"人各有任,掌宜不滥,其贤哲任官",出自《书经·咸有一德》"任官惟贤材"。第八条"公事无鹽"出自《诗经》"王事靡盬,我心伤悲"。第十条"如环无端",出自《史记·田单传》。第十二条"国非二君,民无两主",由《礼记》"天无二日,土无二王"而来。第十六条"使民以时,古之良典",出自《论语》"节用而爱人,使民以时"。

考察以上用语出处,亦可感知其受儒教影响之大。此外,《十七条宪法》仅由文笔观之,有汉魏之遗风;而加训点于汉文旁,用训读方法读汉文,亦由此而始。

## 四、与隋唐交通及派遣留学生

圣德太子又与隋通好。其致隋国书有"东天皇敬白西皇帝",又有"日出处天子白日没处天子"等语,以示与隋朝平等相敬之态度,不因隋朝大国而稍有屈下。此外,圣德太子亲讲《胜鬘经》《法华经》,且著注疏,又编成《天皇记》《国记》《臣连》《伴造》及一百八十部《公民本纪》等史籍。

先是,应神天皇朝,儒教东来,大多只讲究经学之大旨,汉学不过是供外交文书、史官记录之用,至圣德太子,衣冠之制,文章之体,旧有之面目方为之一新,文物蔚兴,上下化之,靡然以向文教。于是,深感仅由朝鲜半岛输入之文明,尚不足以应时需,进而希冀亲就中国本土以补之。

**小野妹子**

钦明天皇十五年(554),遣小野妹子①使隋,小野氏所送国书中有"日出处天子致书日没处天子无恙"云云,此为日隋邦交之始。次年四月,小野氏随隋使裴世清归国。九月,小野氏又以大使身份送隋使回国,并有八名留学生从其入隋。

**八省百官、僧旻、高向玄理、国博士**

及孝德天皇②朝,初置八省百官,而在式部省建大学寮,以僧旻、高向

---

① 小野妹子(565—625),日本飞鸟时代政治家、遣隋使。详见后文。

② 孝德天皇(596—654),日本第三十六代天皇,645—654年在位。他在位期间,推行了著名的大化革新运动,影响极为深远。详见后文。

玄理为国博士,教授生徒,更遣求法僧、留学生赴中土求学。

**僧咏**

至天智天皇①朝,僧咏由百济归化而来,精于文学,擢为大学头②。佐平余自信、沙咤绍明通法律,达率谷那晋首、木素贵子、忆礼福留、答炑春初晓兵法,炑日比子、赞波罗、金罗金须、鬼室集信、达率德顶上、吉大尚精医药,角福牟习阴阳,许率母明五经,为日本文明开化,各出己力。

**大友皇子**

于是,生徒益滋,文运愈盛,大友皇子③才学并进,好文辞而善诗赋,日本诗人实以大友皇子为嚆矢。要之,上古草昧之世,由归化人传来之汉文,其初不过仅如一道熹光、一点爝火,渐明渐广,至此全呈冲天之势,赫赫之光,无所不及。

## 五、大化革新与汉学

**大化革新**

大化革新,由政治意义而言,上继神武之创业,下开明治之维新。神武天皇东征,奠都大和,创业之始,政治格局多因天造,而无多改。割据之群雄有降者,仍赦而用之;佐命之功臣,互错而置之,以为国造、稻置等职,因袭既久,又恰如封建之势。于是,地方有豪族飞扬跋扈,朝中则有物部、苏我二氏相继专权,王权益衰,兼并益行。此系催生大化革新之本因。当孝德天皇即位之时,天智天皇以皇太子之身辅政,谋之藤原镰足④,更扩张庶政。地方之行政,国设守、介,郡设大领、小领,布宣化之治,而以天子总而统之。民政,则仿中土均田制,定班田法,课租庸调。又仿隋唐之制,置太政官八省,制二十六位阶之冠。又设遣唐使,留学生先后渡海赴唐求学。文物制度盛于斯,汉学亦随之大兴。

---

① 天智天皇(626—672),日本第三十八代天皇,645年发动乙巳之变,661年开始摄政,668年正式即位。
② 大学头,明治维新以前日本最高学府的负责人。
③ 大友皇子(648—672),即弘文天皇,天智天皇长子,日本第三十九代天皇,671—672年在位。
④ 藤原镰足(614—669),日本飞鸟时代政治家,藤原氏始祖,他在大化革新前后起了重要作用。

**南渊请安**

　　天智天皇为皇太子时，与中臣镰足谋，灭苏我氏。其灭苏我氏之法，并其谋划之场所，皆在暗中从事。即以从南渊先生学周孔之教为名，而谋议于车中。南渊先生，即推古天皇朝留学生南渊请安。周孔之教，乃圣人经世之学问。天智天皇曾以孝德天皇皇太子之身辅政，而能在大化革新之后继续推行新政，由此亦可知其革新思想之本源。

**僧旻、高向玄理**

　　大化元年（646），僧旻（原注：入唐留学僧）、高向玄理（原注：入唐留学生）并任国之博士。彼等虽充任大学之教官，而实为创定制度之顾问，法律原案之起草者。彼等多由中土及朝鲜半岛归化而来，汉文化程度较高，故能为留学生、留学僧之选。留学中土之人，或十余年，或二十余年，甚或长达三十三年之久。其间，通中土道德、制度、教育等事，学成归国而与日本文化有力者，亦复不少。文学方面已呈如此隆盛之状态，政治亦颇得整顿，文艺虽尚未起，然其机运已生。

## 六、上古之汉文

　　上古汉文以史部之记录为最早。因佛教东传而生神、佛两派之轧轹，惹起物部、苏我两氏之一大争斗。物部氏败北，致使朝廷所藏文献尽付灰烬，史部之记录，亦只剩断简零墨。独于名山古刹所传之金石文，尚得窥上古文体之一斑，而其最古者，当属河内国古市郡古市村西琳寺之金堂阿弥陀佛像光背铭，然由其文字奇古驳杂且多佛语而观之，盖出当时归化僧侣等人之手。其次，尚有法隆寺金堂药师造像记［原注：推古天皇十五年（607）］、法隆寺金堂释迦佛像记［原注：推古天皇三十一年（623）］等。

**西琳寺金堂阿弥陀佛像光背铭**

　　西琳寺金堂阿弥陀佛像光背铭作于钦明天皇二十年（559），其铭文曰（原注：引自《西琳寺古记》）：

　　　　盖闻法身无相，非以色求；本性寂寂，非以生灭。得俱四生，殊果六道，各所以法藏比丘卌八愿上辈往生。是以书史阿斯、高君子支、弥高首修行佛法，草创西琳寺，以子栴檀高、土师长兄、高连、羊古首、韩会古首敢奉寺复塔。宝元五年己未正月，二种智识，敬造弥陀佛并二菩萨。愿以此功德,现在亲族,福延万世,七世父母,随意在,含灵之类,同斯福力。①

碑文之古者,当以伊豫道后温泉碑、山城宇治桥碑、船首王后墓志等为最。

## 道后温泉碑

道后温泉碑建于推古天皇四年(596),今亡不存。碑文引自《释日本纪》,原载《伊豫国风土记》。其文曰:

> 法兴六年十月,岁在丙辰。我法王大王、惠总法师及葛城臣,逍遥夷与村,正观神井,叹世妙验,欲叙意,聊作碑文一首。惟夫日月照于上而不私,神井出于下无不给。万机所以妙应,百姓所以潜扇。若乃照给无偏私,何异于寿国;随华台而开合,沐神井而瘳疢。讵升于落花池而化溺,窥望山岳之岩崿。反冀子平之能往,椿树相荫而穹隆。实相五百之张盖,临朝啼鸟而戏坐下。何晓乱音之聒耳,丹花卷叶映照。玉果弥葩以垂井,经过其下可优游。岂悟洪灌霄庭,意与才拙,实惭七步,后之君子,幸无嗤笑也。②

## 宇治桥碑

宇治桥碑文,作于孝德天皇二年(646),载《扶桑略记》。其文曰:

> 浼浼横流,其疾如箭。修修征人,停骑成市。欲赴重深,人马亡命。从古至今,莫知杭苇。世有释子,名曰道登。大化二年,丙午之岁。构立此桥,济度人畜。即因微善,爰发大愿。结因此桥,成果彼岸。法界众生,普同此愿。梦里空中,导其苦缘。③

## 船首王后墓志

船首王后墓志作于天智天皇元年(661),藏西琳寺。其文曰:

> 惟船氏故王后首者,是船氏中祖王智仁首儿那沛故首之子也。生

---

① 原汉文。
② 原汉文。
③ 原汉文。

于乎娑珥宫治天下天皇之世，奉仕于等由罗宫治天下天皇之朝，至于阿须迦宫治天下天皇之朝，天皇照见知其才异，仕有功勋，敕赐官位大仁品为第三。殒亡于阿须迦天皇之末，岁次辛丑十二月三日庚寅。故戊辰年十二月，殡葬于松岳山上，共妇安理故能刀自，同墓其大兄刀罗古首之墓，并作墓也，即为安保万代之灵，基牢固永劫之宝地。①

### 致隋国书

盖上古之文章，至圣德太子而一洗固陋之体，其典章制度亦远迈前代。先是，日本与中土往来，称"倭王"，而此时国书则自称"日出处天子"。其全文今日虽不传，然由致隋第二封国书观之，庄重谨严，能得国书之体。《日本书纪》卷二十二载其文曰：

> 东天皇敬白西皇帝："使人鸿胪寺掌客裴世清等至，久忆方解。季秋薄冷，尊如何？想清念。此即如常。今遣大礼苏因高、大礼乎那利等往。谨白不具。"②

### 《十七条宪法》

至圣德太子《十七条宪法》，则高古朴茂，其笔力之雅健，直可骈肩先秦美文，世比之《尚书·训谟》。

### 伊吉连博德纪行

纪行文之古者，以齐明天皇③五年（659）遣唐使伊吉连博德之海外纪行为最。今据《日本书纪》卷二十六录其一节：

> 十月十五日，乘驿入京。二十九日，驯到东京。天子在东京。三十日，天子相见，闻讯之："日本国天皇平安以不？"使人谨答："天地合德，自得平安。"天子闻曰："执事卿等好在以不？"使人谨答："天皇怜重，亦得好在。"天子问曰："国内平以不？"使人谨答："治称天地，万民

---

① 原汉文。
② 原汉文。
③ 齐明天皇（594—661），日本第三十七代天皇，655—661 年在位。她是一位女天皇，曾于 642—645 年在位，称皇极天皇，为日本第三十五代天皇。因中大兄皇子等发动政变，刺杀权臣苏我氏，皇极天皇让位于孝德天皇，孝德天皇死后，皇极天皇重新即位，称齐明天皇，并迁都飞鸟。

无事。"天子问曰:"此等虾夷国在何方?"使人谨启:"国有东北。"天子问曰:"虾夷几种?"使人谨答:"类有三种:远者名都加留;次者名粗虾夷;近者名熟虾夷。今此熟夷每岁入贡本国之朝。"天子问曰:"其国有五谷?"使人谨答:"无之。食肉存活。"天子问曰:"国有屋舍?"使人谨答:"无之。深山之中止住树本。"天子重曰:"朕见虾夷身面之异,极理奇怪。使人远来辛苦,退在馆里,后更相见。"①

此等纪行文,恐不止于此。今不过举其追忆之文而已。

# 第二章 平城朝(710—781年)

## 一、平城朝之汉学

**平城朝**

持统②、文武③两天皇三十年间,谓之藤原朝。元明天皇④和铜三年(710)迁都平城后,元正⑤、圣武⑥、孝谦⑦、淳仁⑧、称德⑨、光仁⑩六天皇七十余年间,谓之平城朝。今为讲述之便,姑将藤原朝亦统称在平城朝内。

**汉文与大化革新、大学寮、僧咏**

汉文与大化革新有极密切之关系。盖自孝德天皇置大学寮后,历朝皆

---

① 原汉文。
② 持统天皇(645—703),日本第四十一代天皇,686—697年在位。她原本是天武天皇的皇后,也是一位女天皇。
③ 文武天皇(683—707),日本第四十二代天皇,697—707年在位。他在位期间颁布《大宝令》。
④ 元明天皇(661—721),日本第四十三代天皇,707—715年在位。她也是一位有作为的女天皇。
⑤ 元正天皇(680—748),日本第四十四代天皇,也是日本第五位女天皇,715—724年在位。
⑥ 圣武天皇(701—756),日本第四十五代天皇,724—749年在位。他在位期间,大力提倡汉文化,出现了"天平文化"的盛景。
⑦ 孝谦天皇(718—770),日本第四十六代天皇,也是日本第六位女天皇,749—758年在位。
⑧ 淳仁天皇(733—765),日本第四十七代天皇,758—764年在位。
⑨ 称德天皇(718—770),即孝谦天皇,曾让位于淳仁天皇,后又重新即位,是日本第四十八代天皇,764—770年在位。
⑩ 光仁天皇(709—782),日本第四十九代天皇,770—781年在位。

益着力于文艺。天智天皇朝,有百济归化人僧咏,还俗而为大学头。如此,则有才学者,或自汉土、朝鲜半岛归化者,必用以为官,虽佛门弟子,登科举者,令其还俗,并赐姓,且或授官职,或赐田地,或与封户,以此奖掖劝诱。

## 大学、国学

至文武天皇朝,颁布大宝律令,始完善大学、国学制度,并于大学行释奠之礼。大学、国学由式部省管辖,大学设于京都,国学设于诸国之国都。其学生凡才学兼优者,不论大学、国学,皆可入贡式部省。

## 学人、贡人

由大学入贡者,谓之学人;由国学入贡者,谓之贡人。学人、贡人入贡式部省之后,由式部省统一考试,其考试及第之士,皆可授相应之官职。

## 大学

以下就大学制度做概述。科目有研究经书之明经、研究法律之明法、研究史学纪传及算术等四道(原注:即四科目)等,每科各置主任,另置文章博士、音博士等,颇具规模,粲然可观。

## 明经道

明经道,即专攻经学之学科。经学分大、中、小三类:《礼记》《左传》为大经;《毛诗》《周礼》《仪礼》为中经;《周易》《尚书》为小经。至于《论语》《孝经》等,则无论专攻何科,皆须兼通。《周易》并用汉郑玄、魏王弼注,《尚书》并用孔安国、郑玄注,《三礼》《毛诗》用郑玄注,《左传》用汉服虔、晋杜预注,而《公羊传》《谷梁传》则废而不用[原注:然至桓武天皇①延历十七年(798),又用《公羊传》《谷梁传》,属小经]。《论语》用汉郑玄、魏何晏注,《孝经》用孔安国、郑玄注。

大、中、小三经之别,不惟品位之不同,亦由字数而定之。各经字数如下:《毛诗》,三九一二四字;《尚书》,二五七〇〇字;《周礼》,四五八〇六字;《礼记》,九九〇二〇字;《周易》,二四二〇七字;《左传》,一九六八四五字;《论语》,一二七〇〇字;《孝经》,一九〇三字;《孟子》,三四六八五字。合计:四八四〇九五字②。以每日诵三百字计,则需四年有半始毕。若以每日诵一百五十字计,则需九年。

---

① 桓武天皇(737—804),日本第五十代天皇,781—806 年在位。他在位期间,迁都平安京,开创平安时代。

② 原文如此,经合计,当是 479990 字。

### 明法道

明法道，即专攻法令之学科，习当时通行之法律条令。

### 纪传道

纪传道，乃专攻史书之学科，兼习文章，修《史记》《汉书》《文选》《尔雅》等。

### 算术道

算术道，即专攻算术之学科，修《孙子》《五曹》《九章》《海岛》《六章》《缀术》《周髀》《九司》《三开重差》等。

### 生徒

大学生徒定额四百人，五位以上官员之子孙、东西史部之子、八位以上之子、国学生徒之贡举者，方有资格入学。国学因国而异，大国国学定额五十人，上国国学四十人，中国国学三十人，下国国学二十人，收各国长官之子孙，若定员未满，则以庶民子弟补充之。年龄须在十三岁至十六岁之间。如此看来，学制虽完备，教育虽盛行，然拘于门阀，得入大学、国学就读者，皆官大夫之子弟，如系庶民出身，即有俊才，亦不得入学，于是有"高才未必贵种，贵种未必高才"之论。至圣武天皇天平二年（730），乃以明法生十名、文章生二十名，杂任白丁之子孙，苟聪慧，不问年纪，可取入大学就学。由此，则汉文有长足之发展，尚文辞之风益盛。至神龟三年（724），玉来（原注：伴信友①谓，玉来乃玉英之误）生于内里，敕令朝野文士作诗赋庆贺，应制者达一百二十人之多。由此一事，亦可详见当时文华如何之盛。

### 音博士

音博士教授字音，凡入学者，必先学字音。字音分汉音、吴音两种（原注：吴音乃中国正雅之古音，汉音乃唐朝之方音。今日所谓汉音者，所传非古音），桓武天皇时，命儒者以汉音读。然今日多混有吴音者，乃佛教于镰仓时代盛极一时，学校教育亦由佛教掌握，佛经所用多为吴音，故学校仍教授吴音，降及江户时代，则因吴音与日本人之发音更合，故至今尚存。

### 私学

诸国有国学，王公贵族则有私学。和气广世（原注：和气清麻吕之子）创弘文院、藤原绪嗣建劝学院、橘氏公（原注：右大臣）设学馆院、在原行平

---

① 伴信友（1773—1846），日本江户时代后期学者。

开奖学院等是也。于是，无论京都与藩国，学校教育皆大行其道。

## 《孝经》

孝谦天皇天平宝字元年(757)，诏令天下，每家藏《孝经》一部。诏曰："古者治民安国，必以孝以理。百行之本，莫先于孝。于兹宜令天下每家藏《孝经》一部，精勤讲习。"[原注：唐玄宗天宝三年(744)，亦曾诏令天下每家藏《孝经》一部，见《唐书·玄宗本纪》]。

当时汉文隆盛之事，大体如上所述，其所以如此，盖亦必有他因。

## 律令、格式

律令、格式，乃国家法典、政治之准则。不通律令、格式，则难居仕途之要路。而当时自大宝律令以下，皆用汉文汉字记之，其立法之主脑，乃日本固有之精神，然亦有取诸中土者，故有为之士，皆力攻汉文。所谓当时之各大臣，必有学问，善文笔，通政典。有起自书生，升位台品，而为帝王师者，如吉备真备；又有忠直秉义，侃谔正论，以挫妖僧心胆，而保社稷者，如和气清麻吕。

## 模仿唐制、研究佛教

先是，推古天皇朝，以小野妹子为遣隋使，并遣高向玄理、僧旻、南渊请安等留学以来，专务吸收中土之文物。至平城朝，则模仿唐制，研究佛教，相得益彰。平城朝上下百年，学生才学兼备、文质彬彬者辈出，而平城朝文学因之而大盛，终成"平城文学"之盛景。其间最有名者，当属粟田真人、阿倍仲麻吕、藤原清河、吉备真备等人。

## 粟田真人

粟田真人，姓粟田，名真人。好读经史，能属文。大宝元年(701)，持节使唐。时唐高宗既崩，武则天登基，改国号大周。粟田真人至，武则天赐宴麟德殿以劳之。粟田真人行至楚州盐城县地界，唐人见其风采而叹曰："闻日本国人民丰乐，敦行礼仪。今见使者，仪容高洁，君子国之名，名不虚传。"庆云元年(704)七月，粟田真人归国。天皇诏赐粟田氏田二十町，谷千斛，以赏使节之功。粟田真人官至中纳言、太宰帅，灵龟(715—717)中，升正三位，参议朝政，历事文武、元明、元正三朝。

## 阿倍仲麻吕

阿倍仲麻吕，姓阿倍，本名仲麻吕，中务大辅上船守之子。元正天皇灵龟二年(716)，年十六，从遣唐使入唐留学。性聪敏，好读书，唐太宗爱其才而遇之。阿倍氏遂留唐，而仕于玄宗朝，改名晁衡。官经秘书监而至左补阙。孝谦天皇天平胜宝五年(754)，阿倍氏将乘遣唐大使藤原清河之船归国。其友王维、李白辈，皆作诗以送之。既抵明州海岸，将登舟，惜别入夜。阿倍氏乃作歌曰：

天の原ふりさけ見れば春日なる三笠の山に出でし月かも。①

译而示唐人，皆大叹赏。不意阿倍氏所乘之船在海中遇飓风，漂至安南。然当时有阿倍氏已葬身海中之流言，李白闻之，作诗以哭。诗曰：

日本晁卿辞帝京，征帆一片绕蓬壶。
明月不归沉碧海，白云愁色满苍梧。

而阿倍氏复由安南归唐，仕肃宗朝，位至北海国开国公，遂留唐。殁于大历五年(770)，年七十九岁。唐代宗大历五年，当日本光仁天皇宝龟元年。天皇追赠正二位。今录其所作名诗《衔命使本国》(原注：引自《文苑英华》及《全唐诗》)一首。诗曰：

衔命将辞国，非才忝侍臣。
天中恋明主，海外忆慈亲。
伏奏违金阙，騑骖去玉津。
蓬莱乡路近，若木故园邻。
西望怀恩日，东归感义辰。
平生一宝剑，留赠结交人。

## 吉备真备

吉备真备，本姓下道，名真备。元正天皇养老二年(718)入唐，留唐凡二十年，研览经史，赅涉众艺，名高于唐土。及归国，天皇授正六位，任大学助，学生四百人，各以所习科业，从其学五经、三史、明法、算术、音韵、篆籀等六道。先是，大宝(701—704)初年，释奠之仪制未备，及吉备真备归国，细稽礼典，修其器物，大改礼容。盖吉备真备氏之学，博涉深造，无所不至，其振铎之力，能起平城朝之文学。天皇恩宠甚渥，赐姓吉备，官由中纳言而升右大臣。

---

① 此句汉译为：犹是当年春日月，曾在三笠山顶明。

### 片假名

世传日本之片假名,即孝谦天皇天平胜宝中(749—757)由吉备真备所创。吉备真备取日本通用之假字四十五个(原注:即假用真字,如《古事记》所用之字),省略其偏旁点画而作[原注:见正平中(1347—1370)右大将藤原长亲所著《倭假字反切义解序》及卜部廉俱《神代卷钞》]。然此事绝不可能成于一人之手,恐系多人共同之作。片假名始于何时,已不得知其详,姑附识于此,俟考。

### 《野马台诗》

俗传吉备真备氏所作之《野马台诗》,系后人之伪作。《野马台诗》以回文锦字所作,回文锦字始于前秦,须凭读者之学力由中央向周边诵读。

## 二、汉文学与国文学成立之关系

### 口口相传

追溯国文学①之发展脉络,其最古者,当属歌谣、寿词、祝词及宣命等。歌谣、寿词、祝词兴于太古,宣命始于上古。然因日本当时尚无通行文字,其言辞不便记录,遂成口口相传之风,故其传承发展亦限于某一范围内。尤因口传之形式,后世以一己之偏好而随意删改,固为自然之势。

### 汉字之用法

然至应神天皇朝,汉字传入日本。履仲天皇朝,诸国置史官,始初见成文。自推古天皇朝始,汉学稍盛,渐次习惯于汉字之用法。汉字运用逐渐自如,遂有假借汉字读音而记歌谣之事。然以汉字读音而记日语,不免陷于冗长繁难之困境。其读音又混杂汉音、吴音,以此种方法记日语,其佶屈聱牙不难想见,难以卒读,甚为不便。弃当时既盛之汉文不用,而用不便之日文,固无此必要。故平城朝以后,除和歌有一定程度之发展外,总体而言,国文学颇不振。

### 日汉混合文

纯粹用汉字读音记日文外,上古以来尚有一种日汉混合文。即一句之中,大体为汉文,然亦夹有借汉字读音而记之日文。此恐系日本最早之文

---

① 国文学,指日本本国文学,这是出于作者作为日本人的语气,可以译成"日本文学",但后文还有诸如"国学者"等,如译成"日本学者",则与原意差别较大,且表意不清,故都沿用原词。

体。履仲天皇朝之史官,亦有用此文体者。

### 药师佛光背铭、天寿国曼陀罗绣帐、释迦佛铭、《古事记》、《风土记》、《姓氏录》、《东鉴》

现存最早者,当属作于推古天皇十五年(607)之法隆寺药师佛光背铭、推古天皇二十九年(621)之法隆寺天寿国曼陀罗绣帐及推古天皇三十一年(623)法隆寺释迦佛铭等。平城朝以后,有《古事记》《风土记》等。降及平安朝之《姓氏录》、延喜以后之记录、镰仓时代之《东鉴》,亦属此系统。

### 《万叶集》

然如此之文体,日文抑或汉文,均不能作为一种文学而发达,此固不必多论。唯和歌至平城朝颇隆盛,《万叶集》素有日本《诗经》之称,即出于此时。此固有多种原因而致,然和歌较之散文,其用字之困难相对较少,汉字之用法与汉文学之进步可同步发展。和歌多短篇,且有韵律,与散文用字相同,其难度自然就少。《万叶集》以前,和歌以用字音为主,其记法甚为拙劣,以后逐渐进步,至《万叶集》之和歌,或用字音,或用字训,或音训并用。用字音则赖正音,即万叶假名,或赖略音;用字训则有正训,有略训,有约训,有借训,特用之于戏书法,颇为自由。此亦和歌发展之原因。

### 韵文时代

国文学在平城朝尚属韵文时代,除和歌外,尚有如祝词、宣命等,然此等不过因自然感情或自然必要而兴起之文学,除此而外,未见真正之国文学有何发展。小说、歌序、纪行、日记、随笔等,以朝阳之势而风行一时,乃在平安朝以后。然则,国文学为何在平安朝以后振兴一时,此问题不得不注意。概而言之,乃因万叶假名之进步及片假名、平假名之创造。先是,以汉字读音书写日文之法,拙笨不堪,后发明相对便利之万叶假名。然以万叶假名书写日文,仅记一语,便不得不连写数个笔画颇复杂之汉字,其不胜繁难,不言自明。于是,在书写万叶假名或一般汉文之时,省略笔画,或只借用部分偏旁,以重新创造一种用于记录日文之文字符号,势成必然。此种文字符号,起初固有各自随意之作,至平城朝末年方有固定之字形,最终形成片假名。世传片假名为吉备真备所作,此说缺乏确证。片假名既已创造,则平假名之发明又如何?片假名创造以后,书写大为便利,此后,又以汉字草书体写日文,称为草假名。用草假名不含同音之四十七音以记写和赞体歌辞,以体现标准之日语,以供女子习字之用,称之为"假名手本"。

相传草假名之字体为弘法大师①所制定。因"假名手本"为女子所习用,而汉字为男子所习用,故草假名又称为"女文字""女手",而汉字则称为"男文字"。女文字因其书写便易,故又称为"平假名",沿用至今。假名手本,后又称为"イロハ",取其歌辞之首字而命名之。要之,五十音图乃日语字母表,イロハ歌乃日语字体标准表。平安朝以后,和歌、国文学之所以勃兴,概因摆脱汉字而创造假名,得益于日语之自由书写。反之,谓和歌、国文学之发展乃汉文学进步之结果,亦无不可。而平安朝以后之国文学,伴随日本国运之发展,一时呈现振兴之势。国文学之确立与发展,既不外乎因汉文学之进步,故尚须就汉文学于国文学之影响做一陈述,详见下节。

### 三、汉文学于国文学之影响

国文学兴盛于汉文学大行其道之后,则国文学受汉文学之影响,便是自然之势。今稍做详论,先述汉文学于和歌之影响,再论其对散文之影响。

**《万叶集》与汉学**

读《万叶集》,其结构、素材及用语等,源于汉文学及佛经者甚多,不得不留意。是当时汉文学及佛教既盛,其间为汉学者或僧徒所作者颇多。

**柿本人麻吕**

今就汉学者之显著影响,举例而说明。歌圣柿本人麻吕在轻皇子(即文武天皇)游猎安骑野之时,作长歌一首、短歌四首,玩味其意义及顺序,可知其结构甚是巧妙,首尾承应,恰如律诗之起承转合。此盖汉文学间接影响之结果。

**山上忆良**

山上忆良,山边赤人也,柿本人麻吕以外第一流大家。其歌咏有关道义伦理者甚多,且如其风调之雄健,思想之奇警,结构布置皆类汉文。其歌词与其余诸家相比,眼界稍大,皆因汉文学之影响。殊不如《思子等歌》,有论者以为似韩愈所作之《原道》。要之,山上忆良歌作可贵之处,在于异彩灿然,别出一机轴,而此亦由汉文学而来。山上忆良通汉文学,不仅可由大宝元年(701)随粟田真人使唐之事察知,亦可由《万叶集》第五卷载其所

---

① 弘法大师(744—835),法号空海,日本真言宗开山祖师,日本佛教史上的著名僧人,著有《梵字悉昙字释》《文镜秘府论》等,在中日文化交流史和日本历史上具有很高的地位。详见后文。

作《沉疴自哀文》及"悲叹俗道假合即离易去难留诗"等得知。除上述外，山上忆良歌作之题材、用语，出自汉文学者尚有不少。

## 大伴旅人

大伴旅人所作《赞酒》十三首中，如"酒ノ名ヲヒジリトオホセシ古ノオホキヒジリノコトノヨロシヤ"之句，即由汉籍典故而来。三国魏人鱼豢所作《魏略》有"太祖（原注：曹操）时禁酒，而人窃饮之，故难言酒，以白酒为贤者，清酒为圣人"之句。其"古ノ七ノ贤キ人ドモ欲リスルモノハ酒ニテアルラシ"之句，亦由据竹林七贤之事而作。此外，"ナカナカニ人トアラズバ酒壶ニナリニテシカモ酒ニシミナン"，亦源于《三国志》裴松之注引《吴书》郑泉之事："郑泉临卒时，语同辈曰：'必葬我陶家之侧，庶百岁之后，化而成土，幸见取为酒壶，实获窃心矣。'"凡此种种，皆借用汉籍典故。

## 反歌

在《万叶集》所收和歌、长歌结尾处添短歌一首，谓之反歌。此反歌，既非《古事记》所载之歌，亦非《万叶集》上代之歌。就此反歌，虽有诸种说法，然亦源于汉文学。木村正辞①谓："汉土之赋，其末有一段总括之文，荀子谓之反辞。《荀子》杨倞注曰：'反辞，反复叙说之辞，犹《楚辞》之乱曰。'日本之反歌，全拟此而作。日本之长歌，如汉土之赋。《万叶集》卷十七即有记长歌为赋者。又，同卷载大伴家持赠池主之文后有诗一首、短歌二首，谓之式拟乱。推古天皇始，凡事皆必仿隋唐之风，长歌既拟赋，亦拟反辞而作反歌。"其说最是。

## 书名之出处

《万叶集》书名之出处，乃在《文选》所收颜延之《曲水诗序》"驿统固万叶"之句，李善注曰："叶，代也。"意为可传万代之书。或以为出自《史记·魏世家》注："万，满也。《左传》云：万，盈数也；叶，歌义也。汉刘熙《释名》云：'人声云歌。歌，柯也，如草木有柯叶也。'"二说虽未知孰是，然其出处定在汉籍（原注：今日大体定为《文选》"万代"之说）。汉文学于《万叶集》时代和歌之影响大略如上所述。

---

① 木村正辞（1827—1913），日本近代国学者、文学家，帝国学士院会员。明治维新以后曾任政府官员，后辞去供职，对《万叶集》有独到的研究，著有《〈万叶集〉字音辩证》《万叶歌百首讲义》。

## 《竹取物语》

平安朝以后兴起的各种文体之国文学中,最早且最主要者乃小说,即物语,是最早之假名文学,而物语文学之最早者,当属《竹取物语》。有关此书之作者及成书时间,古来诸说不一,但其成书大体略早于延喜年间(901—923),作者当为才学兼优之人。此书之女主人公细竹辉夜姬,如月宫之仙子,下凡人间,现于竹节之中。长成后亭亭玉立,五位贵族公子求婚,连皇帝亦欲凭借权势强娶,均遭拒绝,最后升天。由此种情节观之,此物语之框架源于汉籍及佛经,不言而喻。契冲①亦有摘选《宝楼阁经》《汉书·西南夷传》及其他诸种佛经与汉籍,与日本旧有之传说杂糅而成之作。

日本汉文小说,平城朝初年有《浦岛子传》,《风土记》中有天女羽衣故事,至平安朝初年,如《日本灵异记》与小说相类似。且《搜神记》《续齐谐记》《游仙窟》等中土小说,当时均已传入日本,作《竹取物语》者,盖受此等小说之启发并从中取材。《竹取物语》一出,各种物语续出,延喜以前有《伊势物语》,以后有《宇津保物语》《大和物语》《落洼物语》等,自一条天皇②起,《源氏物语》《狭衣物语》《住吉物语》《滨松中纳言物语》等相继而出。此外,尚有《唐物语》等翻译小说应运而生。

## 《源氏物语》

物语中最优绝,堪称千古典范之作者,当属《源氏物语》,然亦不得谓无汉文学之影响。相较于日本小说之祖《竹取物语》,《源氏物语》则有大进步,其素材非如《竹取物语》般取自汉籍及佛经中之奇异故事,而以曲尽人情世态为主眼,并无直接来源于汉文学之处。

斋藤拙堂③谓:"此《源氏物语》之体,本《南华经》之寓言,其说闺情之事,固由《汉武内传》《飞燕外传》《长恨歌》《霍小玉传》等而来,然并未见直接之影响。然至《源氏物语》之文法,则由汉文而来明矣。若通读全书,可知有记之体,有论之体,有序之体,有书之体,俱尽抑扬顿挫、波澜曲折之妙。"

安藤为章《紫家七论》论《源氏物语》之文谓:"整体纪传,又自有序,有跋,有记,有书,诸体皆备。(中略)有论破、论承、论腹、论尾。由粗如细,

---

① 契冲(1640—1701),日本江户时代初期真言宗僧人、国学者、歌人,著有《万叶代匠记》,其复古思想和对学问的态度,对后来日本国学的发展影响很大。
② 一条天皇(980—1011),日本第六十六代天皇,986—1011年在位。
③ 斋藤正谦(1797—1865),号拙堂,日本江户时代后期学者。

由俗趋雅,由繁归简,波澜顿挫,照应伏案,文法俱备。其气脉悠扬而宽裕,其文势圆活而婉曲。唯《史记》《庄子》、韩、柳、欧、苏之文可见之。"

盖作者写五十四帖之长篇,为避免单调,有用诸体汉文之必要,以使全书宏大优婉。作者紫式部通汉文学,少有才学,兄习《史记》而旁听,较兄更为先觉,其父藤原为时叹其非男子之身,晚年又应召于上东门院讲授《白氏文集》。

**歌序**

歌序乃物语之后兴起之文体,以成于延喜五年(905)的纪贯之①《古今和歌集序》为始。《古今和歌集》除一篇以假名所作之序外,尚有纪贯之养子淑望所作之汉文序。两序内容全同,只是假名和汉文之别。两序孰先孰后,古来素有争论。然《万叶集》所收和歌,有汉文序者亦不少,《古今和歌集》以前之歌序大抵皆以汉文而作,因此,《古今和歌集》盖亦先有汉文序,后译为假名。《古今和歌集序》一出,集序及小序相继而出。小序最早亦出自纪贯之之手,即大井川行幸和歌之序。总而言之,此等歌序,表面上看似以纯粹日文写成,然其内容则纯是汉文之语气文法。如大井川行幸和歌序,仿汉文骈俪体,极尽婉丽之能事。此后之歌序,亦多与此类似。

**《枕草子》**

歌序之后,纪行、日记、随笔及史书等文体相继兴起,以纪贯之《土佐日记》、道纲之母《蜻蛉日记》、清少纳言《枕草子》及《大镜》等为始。上述诸作虽未直接受汉文学影响,然如《枕草子》,旧说以为其体例酷似唐人李商隐所作之《杂纂》,或为仿作,亦未可知。如上所述,可知汉文学于国文学之影响亦复不少。

### 四、汉文及诗赋

天智天皇始创学校,文武天皇大宝元年制定《大宝令》,至元正天皇养老二年(718)复颁布《养老律令》,至此,学制大备。且自推古天皇始与隋唐交通以来,舒明、孝德、齐明、天智、文武、元正、圣武、孝谦、光仁诸朝都曾派遣唐使、留学生,学业益进,诗文渐巧。然因名家之诗文或已不传,或大都散佚,难以知当时日本汉文学之详情。今举现存诗文中较为重要者而

---

① 纪贯之(872—945),日本平安时代初期的随笔作家、和歌圣手。

言,如以四六骈体文所作之太安麻吕《古事记序》、伊预部马养《浦岛子传》、对策文等,散文有律令文、《日本书纪》等,日汉混合文有《古事记》《风土记》等。赋之现存者,仅见二三篇。

## 《古事记序》

《古事记序》,文辞粲然,乃骈体文之名篇。文笔之盛,凌驾中土,而气象之雄大庄重,固亦过之。节录数句如下:

> 臣安万侣言,夫混元既凝,气象未效,无名无为,谁知其形?然乾坤初分,参神(原注:天之御中主,高御产巢日、神产巢日)作造化之首,阴阳撕开;二灵(原注:伊邪那岐、伊邪那美)为群品之祖(原注:下略)。①

## 《浦岛子传》

《浦岛子传》乃《日本书纪》编纂之时以骈体文所作之口传小说。虽系不满千字之短篇,然由文笔观之,却是日本小说之嚆矢。对策文多华丽,可观者不少。

## 《日本书纪》

《日本书纪》仿中土史书,以庄丽之汉文而作日本国史,足可夸耀中土,其采《史记》《汉书》《文选》等汉籍之成语亦复不少。此书叙事有法,字句亦能合乎文格。

## 《古事记》

《古事记》大抵从汉文之格,言词之尽则记之以字音之处甚多,其所用汉文又多古雅,难读之处颇多,然亦不无文质兼美之处。以作者安麻吕之能文,而用如此之杂体,深可怪也。盖为尽记古老之传说,不得已而为之。

## 《风土记》

《风土记》大抵为汉文,《地志》以下少有文辞之修饰,亦有以日语尽口传旧闻之处。

## 《怀风藻》

日本汉诗之兴稍晚于汉文,至平城朝始初见之。《怀风藻》一卷,成书于天平胜宝三年(751),乃日本诗集之嚆矢。剖析现存之《怀风藻》,可以追溯日本各体汉诗之渊源。《怀风藻》所收汉诗一百二十首之中,多五言

---

① 原汉文。

绝句、五言律诗及排律,七言诗仅八首。

**五绝之祖**

日本五言绝句之祖,乃天智天皇皇太子大友皇子所作之《侍宴》《述怀》二首。

《侍宴》曰:

皇明光日月,帝德载天地。
三才并泰昌,万国表臣义。①

《述怀》曰:

道德承天训,盐梅寄真宰。
羞无监抚术,安能临四海。②

此即首见于书册之汉诗。

**五律之祖**

日本五言律诗之祖,乃是天武天皇之子大津皇子③所作之《春苑言宴》《游猎》二首。

《春苑言宴》曰:

开衿临灵沼,游目步金苑。
澄澈苔水深,晻暧霞峰远。
惊波共弦响,哢鸟与风闻。
群公倒载归,彭泽宴谁论。④

《游猎》曰:

朝择三能士,暮开万骑筵。

---

① 原汉文。
② 原汉文。
③ 大津皇子(663—686),天武天皇之子,擅诗,《万叶集》《怀风藻》收有他的诗。
④ 原汉文。

> 吃陶俱豁矣,倾盏共陶然。
> 月弓辉谷里,云旌张岭前。
> 曦光已隐善,壮士且留连。①

**五言排律之祖**

日本五言排律之祖,乃纪麻吕②所作之《春日应诏》一首。诗曰:

> 惠气四望浮,重光一园春。
> 式宴依仁智,优游催诗人。
> 昆山珠玉盛,瑶水花藻陈。
> 阶梅斗素蝶,塘柳扫芳尘。
> 天德十尧舜,皇恩霑万民。③

此后作排律者续出,然无长篇之作。

**五言古诗之祖**

以上诸体之外甚少,可称日本五言古诗之始者,乃文武天皇所作之《述怀》一首。诗曰:

> 年虽足戴冕,智不敢垂裳。
> 朕长夙夜念,何以拙心匡。
> 犹不师往古,何救元首望。
> 然毋三绝务,且欲临短章。④

**七言古诗之祖**

日本七言诗发端于大津皇子《述志》:"天纸风笔画云鹤,山机霜杼织叶锦。"然此不过一联句。完整之七言古诗,以纪麻吕之子古麻吕所作之七言长篇《望雪》为始。此即七言古诗之祖。诗曰:

---

① 原汉文。
② 纪麻吕(659—705),日本飞鸟时代官员、诗人,《怀风藻》收录其汉诗。
③ 原汉文。
④ 原汉文。

无为圣德重寸阴,有道神功轻球琳。
垂拱端坐惜岁暮,披轩褰帘望遥岑。
浮云皑䕸萦岩岫,惊飙萧瑟响庭林。
落雪霏霏一岭白,斜日黯黯半山金。
柳絮未飞蝶先舞,梅芳犹迟花早临。
梦里钧天尚易涌,松下清风信难斟。①

## 七言绝句之祖

日本七言绝句之祖,乃古麻吕之子男人②所作之《游吉野川》。诗曰:

万丈崇岩削成秀,千寻素涛逆折流。
欲访钟池越潭迹,留连美稻逢槎洲。③

## 七言律诗之祖

日本七言律诗始于藤原宇合④所作之《秋日于左仆射长王宅宴》。诗曰:

帝里烟云乘季月,王家山水送秋光。
露兰白露未催臭,泛菊丹霞自有芳。
石壁萝衣犹自短,山扉松盖埋然长。
遨游已得攀龙凤,大隐何用觅仙场。⑤

## 咏物诗

咏物诗始于中臣大岛所作之《咏孤松》。诗曰:

陇上孤松翠,凌云心本明。

---

① 原汉文。
② 古麻吕之子名"男人",非作为性别之"男人"。
③ 原汉文。
④ 藤原宇合(694—737),本名藤原马养,作为遣唐使出使唐朝后,改名藤原宇合,日本奈良时代政治家,藤原式家的始祖。
⑤ 原汉文。

余根坚厚地，贞质指高天。
弱枝异万草，茂叶同柱荣。
孙楚高贞节，隐居脱笠轻。①

**和韵**

和韵始于大津首所作之《和藤原太政〈游吉野川〉之作(仍用前韵)》。然此和韵，在元稹、白居易、刘禹锡酬和之前，亦颇奇之事。藤原太政，即藤原不比等②，其《游吉野川》一诗收入《怀风藻》，然大津首之作于原作并非同韵，盖藤原氏之原韵今已不传。此外，日本联句始于五山文学之时，然可追溯至大津皇子《述志》诗中一联。如此，则各种诗体大都始于《怀风藻》时代。而如上引《望雪》《游吉野川》等诗不拘平仄，大体至平安朝初期之前，不拘声律之作甚多。盖因当时日本汉诗专尊《文选》之古诗，未接受唐诗格律严正之作。

**赋**

现存日本汉文赋，仅见于《经国集》第一卷所收二三篇。其最早者，乃藤原宇合《枣赋》，石上宅嗣③《小山赋》次之。贺阳丰年④有《和石上卿〈小山赋〉》一篇，盖亦作于此时。文辞与当时流行之文学相似，极为华丽。

要之，平城朝汉文学，专仿六朝，贵华丽，以骈体文最为可观，汉诗虽亦有之，然由后世观之，未免有瑕瑜互见之感。

## 五、汉文著作

此一时期汉文著作大抵已在上文述及，今姑且分为两大类，略以年代为序而列表如下：

---

① 原汉文。
② 藤原不比等(659—720)，日本飞鸟时代至奈良时代初期的政治家，中臣镰足之子、藤原宇合之父，曾参与编纂《大宝令》。
③ 石上宅嗣(729—781)，日本奈良时代贵族、汉诗人，历任大纳言、文部大辅等官职，授正三位。诗作收入自编的《经国集》。
④ 贺阳丰年(751—815)，日本奈良时代汉诗人。

## 第一期　上古、平城朝、平安朝(1192年以前)

### (一)诗文类

| 题名 | 作者及时间 | 出处 |
| --- | --- | --- |
| 《对策》(二首) | 百济倭麻吕，庆云四年九月八日 | 《经国集》卷二十 |
| 《浦岛子传》 | 伊预部马养（原注：养老年间以前之人） | 《群书类从》卷百三十五 |
| 《对策》(二首) | 刀利宣令 | 《经国集》卷二十 |
| 《对策》(二首) | 下毛野虫麻吕 | 《经国集》卷二十 |
| 《对策》(二首) | 葛井诸会，和铜四年三月五日 | 《经国集》卷二十 |
| 《对策》(三首) | 葛井广成 | 《经国集》卷二十 |
| 《药师寺东塔檫铭》 | 舍人亲主 | 《古京遗文》 |
| 《枣赋》 | 藤原宇合 | 《经国集》卷一 |
| 《东大寺造立金铜牌文》 | 圣武天皇 | 《群书类从》卷四百三十五 |
| 《对策》(二首) | 船沙弥麻吕，天平三年五月八日 | 《经国集》卷二十 |
| 《对策》(二首) | 藏伎美麻吕，天平三年五月九日 | 《经国集》卷二十 |
| 《对策》(二首) | 大神虫麻吕，天平五年七月廿九日 | 《经国集》卷二十 |
| 《东大寺愿文》 | 孝谦天皇 | 《东大寺献物帐》 |
| 《赞佛》(一首) | 孝谦天皇 | 《经国集》卷十 |
| 《对策》(二首) | 纪真象，天平宝字符年十一月十日 | 《经国集》卷二十 |
| 《衔命使本国》(一首) | 阿倍仲麻吕 | 《唐诗品汇》 |
| 《私教类聚》 | 吉备真备 | 《拾芥抄》中卷 |
| 《三月三日于西大寺侍宴应诏》(一首) | 石上宅嗣 | 《经国集》卷十 |
| 《小山赋》 | 石上宅嗣 | 《经国集》卷一 |
| 《和石上卿〈小山赋〉》 | 贺阳丰年 | 《经国集》卷一 |
| 《于内道场观虚空藏菩萨会》(一首) | 淡海三船 | 《经国集》卷十 |
| 《扈从圣德宫寺》(一首) | 淡海三船 | 《经国集》卷十 |

(续表)

| 题名 | 作者及时间 | 出处 |
|---|---|---|
| 《听〈维摩经〉》（一首） | 淡海三船 | 《经国集》卷十 |
| 《和藤六郎出家之作》（一首） | 淡海三船 | 《经国集》卷十 |
| 《赠南山智上人》（一首） | 淡海三船 | 《经国集》卷十 |
| 《大安寺碑文》 | 淡海三船 | 《好古杂志》四编上 |
| 《怀风藻》（一卷） | 传淡海三船撰，天平胜宝三年 | / |

## （二）史传地志及律令类

| 题名 | 作者及时间 | 出处（备注） |
|---|---|---|
| 《古事记》（三卷） | 太安麻吕，和铜五年 | / |
| 《常陆风土记》（一卷） | 和铜六年？ | / |
| 《播磨风土记》（一卷） | 和铜六年？ | / |
| 《令》（十卷） | 藤原不比等，等，养老二年 | 见《令义解》。全部三十篇，然《仓库令》第廿二、《医疾令》第廿四两篇有缺。 |
| 《律》（十卷） | 藤原不比等，等，养老二年 | 全部十二篇，其中现存《名例》第一（失后半），《卫禁》第二（失前半），《职制》第三、《盗贼》第七（各失一条）四律。 |
| 《日本书纪》（三十卷） | 舍人亲王太安麻吕纪清人等，养老四年 | 另有《天皇系图》一卷，今不传。然或云《释日本纪》所收者即此。 |
| 《出云风土记》（一卷） | 天平五年二月三十日 | / |
| 《肥前风土记》（一卷） | / | / |
| 《丰后风土记》（一卷） | / | / |
| 《白山缘起》（首缺） | 释泰澄 | 《续群书类丛》卷七十四 |
| 《唐大和上东征传》（《鉴真和尚东征传》） | 淡海三船 | 《群书类丛》卷六十九 |

# 第三章　平安朝(794—1192 年)

## 一、概　　说

**桓武天皇**

自桓武天皇奠都京都,至源赖朝开幕府于镰仓,谓之平安朝,其政治中心在京都。桓武天皇即位之前,封山部亲王,因通儒学,而任大学头。即位后,改革政治,除圣武、孝谦两朝之弊,奠都平安京(原注:即京都),为百代不易之都。

**劝学田**

因大学经费不足,乃设劝学田(原注:越前①水田一百二十町步②),大力奖励学问。

**汉音、吴音**

又诏诸学士学汉音,以正当时杂乱之发音,而最终诏敕佛教以吴音、儒教以汉音。

桓武天皇之后,平城③、嵯峨④、淳和⑤三天皇皆好文,嵯峨天皇尤以学问诗赋著称于世,小野篁、释空海并以诗赋文艺得帝宠。以下略述空海之事。

**空海**

空海,赞岐人也。以书生起,后有所悟,十八岁入沙门,从遣唐使留学两年。归国传真言秘密之法,又与最澄⑥先后倡本地垂迹说、两部习合说,于是佛教大行于日本。

---

① 越前国,古代日本令制过之一,属北陆道,又称越州。
② 町步,日本面积单位,一町步约 1 公顷。
③ 平城天皇(774—824),日本第五十一代天皇,806—809 年在位。
④ 嵯峨天皇(786—842),日本第五十二代天皇,809—823 年在位。擅书法、诗文,其书法与空海、橘逸势并称"三笔",为日本平安时代初期最著名的书法家。
⑤ 淳和天皇(786—840),日本第五十三代天皇,823—833 年在位。
⑥ 最澄(767—822),日本天台宗开山祖师。804 年入唐,学天台宗,次年回国,创立日本天台宗。866 年,追谥"传教大师",是日本佛教史上第一位谥号"大师"的僧人,也称为"叡山大师""根本大师""山家大师"。

初，儒学由百济传入日本，恰当汉末之时，经学唯训诂，而欲潜心思索以阐发哲理，除佛教外，殆无可求也。故如和气清麻吕等人，亦不免倾心于佛教。而吉备真备甘心合掌膜拜，众人观之，亦不足为怪。佛门有传教大师最澄、弘法大师空海等杰出僧人，在唐两年，兼综内外两典，归国后倡本地垂迹说。

**本地垂迹说**

盖佛教传入日本之初，物部守屋主张国神说，圣德太子与苏我马子等于此说不相容。及太子灭物部守屋，而佛教盛行，然仍忧国神与佛教之不相容者亦复不少。于是，最澄、空海倡本地垂迹说，以调和所谓神佛之争。此后，除伊势神宫外，神社多成祭祀浮屠之所，至明治维新始废止之。

**综艺种智院**

至平安朝，虽有弘文院、劝学院、学馆院、淳和院、奖学院等诸私学之创设，然其招生限于上流社会。于是，空海为贫贱子弟开学校于京都，名曰综艺种智院。空海著有《三教指归》《文镜秘府论》，此外，传《伊吕波歌》及平假名亦皆空海所作。

**小野篁**

小野篁，参议小野岑守之子也。少喜弓马，不事学问，嵯峨天皇诘之，小野篁惭悔，始有志于学。后为遣唐副使，有才气，与正使参议常嗣不合，称病归国，而作《西道谣》，以刺遣唐使。嵯峨天皇大怒，流于隐岐。小野篁于路赋《谪行吟》七十韵，奇丽优倡，人人争而诵之。明年得赦，回京仕朝。

**三笔**

当时之文章，小野篁称无双。小野氏又工草隶书。嵯峨天皇尝出榜，令改殿阁诸门之题号。北玄武门之额由天皇御笔题写，东门由橘逸势[①]题写，南门及应天门出自空海之笔。皆当时最工书者，世谓之三笔。空海题书之处甚多，小野篁尝诽之曰："美福田广，朱雀饱米。"

**《白氏文集》**

此时《白氏文集》初传日本。当时唯御府藏有一部。嵯峨天皇欲试小野篁之才，尝幸河阳馆，赋"闭阁唯闻朝暮鼓，上楼遥望往来船"之诗，以示

---

① 橘逸势（782—842），日本平安时代著名书法家。曾与空海入唐，汉文化水平极高。

小野篁。小野篁奏曰："如'遥'改'空',则圣作更妙。"天皇惊曰："此乃白氏之句,本作'空',卿之诗思已同白乐天矣。"感叹不已。此系著名之逸话也。

### 良岑安世

盖当日文章隆盛一时,而学问承六朝之浮华,非骈四俪六,即训诂章句,徒劳于雕琢记诵,甚乏实用之处,然亦不得谓无实学笃行之君子也。大纳言良岑安世,桓武天皇之子,赐姓良岑。少好鹰犬,事骑射,及长,始读《孝经》,叹曰:"名教之极,其在兹乎?"遂专勉学,而为名臣。

### 山田古嗣

山田古嗣为阿波守。天性笃行,母殁,事后母,又遭父丧,哀哭过礼。尝读书,至"树欲静而风不止,子欲养而亲不待矣"之句,流涕不能禁,卷帙为之沾濡云。

### 《白氏文集》之流行

《白氏文集》在平安朝盛行一时,若单称"文集",即指《白氏文集》,由此可见一斑。如菅相公之诗,亦学白乐天之作。乐天诗有"遗爱寺钟倚枕听,香炉峰雪拨帘看"之句,菅相公①亦有"都府楼才见瓦色,观音寺只听钟声"之句。此不过举一例以证之。降及一条天皇朝,清少纳言②改"香炉峰雪拨帘看"为"卷帘",此又是一逸话。高仓天皇③时,又有使丁因"林间暖酒焚红叶"之句而焚红叶之逸话。此外,后村上天皇④御制文中有"露浓缓语园花底,月落高歌御柳阴"之句。此系天皇亲笔所作,当属可信,可与菅文时⑤之作"西楼月落花间曲,中殿灯残竹里音"相比照。菅文时答天皇之问曰:"自谓臣诗犯帝座升一等(原注:盖客星犯帝座,乃东汉严子陵之故事也)。"因逃席而去。若如此,则当时君臣均熟习白氏之作也。

---

① 菅相公,即菅原是善(812—880),平安时代贵族、学者、诗人,菅原清公之子,菅原道真之父,官至参议。著有《东宫切韵》《集韵律诗》《菅相公集》等。
② 清少纳言(约966—约1025),日本平安时代歌人、作家,与紫式部、和泉式部并称平安时代三大才女,《枕草子》是其代表作。
③ 高仓天皇(1161—1181),日本第八十代天皇,1168—1180年在位。
④ 后村上天皇(1328—1368),日本第九十七代天皇,也是南朝第二代天皇,1339—1368年在位。
⑤ 菅文时(899—981),即菅原文时,日本平安时代文人,右大臣菅原道真之孙、大学头菅原高视之子。《扶桑集》《和汉朗咏集》《拾遗和歌集》中收有其作品。

［原按：如前述"汉文学于国文学之影响"一节中所引《拙堂文话》论当时之文："物语草纸之中，《枕草纸》其词多沿李义山《杂纂》，《伊势物语》由唐本事诗《章台杨柳传》（唐人小说）而来，《源氏物语》之体本《南华》寓言，其闺情则由《汉武内传》《飞燕外传》及唐人《长恨歌传》《霍小玉传》诸篇而来。其余如和文之云序、记、论、赋等，既用汉文之题目，虽有真假名之别，仍依汉文之体裁也。"］

### 《古今集序》

纪贯之《古今集序》有真名、假名两篇，其假名序既已冠绝古今，真名序亦足可观。其六歌仙体格之妙，由宋临川王刘义庆所撰《世说新语》而来。

### 橘直干

善骈俪文者，如学者橘直干。橘直干初任文章博士，文章博士按例不得兼任他职，橘直干乃作不满现状之申诉文。由著名书法家小野道风①眷清，上呈村上天皇。

### 村上天皇

村上天皇②见其有不平之气，颇不悦，然读至"瓢箪屡空，草滋颜渊之巷；藜藋深锁，雨湿原宪之枢"一节，叹曰："一世之文士，乃穷至此，亦朕之过也。"即擢橘直干为民部大辅。

天皇尝游冷泉院，以"花光水上浮"为题，命菅原文时作诗。菅原文时熟思不得，天皇屡催促之，乃赋诗一首。诗曰：

谁谓水无心，浓艳临兮波变色。
谁谓花不语，轻漾激兮影动唇。③

时天皇将回驾，见而大喜，再开盛宴，以至天明。

### 三善清行、菅原文时

当时诗文之流行，殆极盛一时，然流于浮华轻薄，人心亦颇堕落。然亦有经国之文章，如三善清行、菅原文时之《意见封事》等，亦传之后世。三

---

① 小野道风（894—966），日本平安时代中期书法家，小野篁之孙。其墨迹称为"野迹"，与藤原佐理的"佐迹"、藤原行成（官居正二位、权大纳言）的"权迹"，并称为"三迹"。
② 村上天皇（926—967），日本第六十二代天皇，946—967 年在位。
③ 原汉文。

善清行之《意见封事》,论大学之情状,其论有"坎壈之府,冻馁之乡"之句,意即大学乃贫穷者寄居之所。盖藤原氏以外戚之亲,极专横,以门阀专权,虽有才学者,亦不用。如菅公之贤,而亦不免遭其贬斥。学士皆坎坷不遇,沉滞下流。此句之所以出。

### 当时之学者

然此时代亦不得谓全无学者。唯因藤原氏专权,以至不许原属贵族如源、平二氏升殿。学者亦为此塞途。如菅公之贬谪,即其一例。其余虽属博学之士,其位不过博士。

### 大江匡房、清原赖业

后有如大江匡房者出,仕三代天皇,后三条天皇①为太子时,尝师事之。太子即位后,大江匡房于天皇抑制藤原氏之专权,颇有翼赞。再如高仓天皇侍读清原赖业,在朱熹由《礼记》中选《大学》《中庸》两篇与《论语》《孟子》共为"四书"十数年之前,既已预言世必有达悟之士能表彰《大学》《中庸》二篇者。如大江、清原等人,可谓儒者。

### 藤原赖长、藤原信西

如大江、清原等人,事不可能一一例举,大体因门阀政治,而平民学者甚不振。然作为门阀之藤原氏内部,如有藤原赖长等非同寻常之学者。藤原赖长有"恶左府"之称,藏书亦极富。再如藤原信西(原注:原名通宪),博学多识,所读之书亦颇多。保元、平治之乱起,二人先后丧命,然确好学,尤好韩非子刑名之学,而二人之性格亦残忍酷薄。

### 平重盛

如平重盛,以君子著称,学问亦颇通达,由其谏父之言可明见之。其中如"闻以王事辞家事,不闻以家事辞王事"之语,出于《春秋公羊传》。

### 藤原道真

先是,日本派送留唐学生,至宇多②、醍醐天皇③朝,藤原道真以唐乱奏罢留唐学生之派遣。日本与中土之交往由此中断,而汉学亦稍衰。

### 文章

自文章用日汉混合体,而后世诸文体并存。明治初,学者榊原芳野在

---

① 后三条天皇(1034—1073),日本第七十一代天皇,1068—1072年在位。
② 宇多天皇(850—?),日本第五十九代天皇,887—897年在位。
③ 醍醐天皇(885—930),日本第六十代天皇,897—930年在位。

其所著《文艺杂纂》论之曰：

> 上古无文章，唯古传祝词之类，以口传口，临祭祀，每唱之，故传不佚焉，然失其人则不能传，故须重置言词，其言词乃颇洗练。云有言灵之国，其语婉丽，灿然成章，其为辞对偶，自然与中土之骈体相似。可见于《古事记》《风土记》之所载。

汉学于应神天皇时传入日本，流行于仁德天皇之时，文章之重要性逐渐为日本人所知，而始以汉文做文章。自圣德太子始，公文大抵以汉文做，唯行大礼时用日本旧有之语言，以汉文或借汉字读音连缀。

### 宣命体

此事起于何时，已不得其详，据云始于文武天皇之时。《续日本纪》中有此事。后世称之为宣命体①。《日本书纪》成书于元正天皇养老四年（720），纪事始于神代，用纯粹之汉文记录，并无似宣命体之处（原注：仅《文武纪》有类宣命体之处）。

### 诏敕、官府文、往来书简文

历朝之诏敕，悉用汉文。至《续日本纪》，乃用当时日常文体，恐失诏敕之真，然此正是宣命体之所以起。除此之外，公文用汉文，且在大学之学生，亦以习汉文为主。其所学为初唐联体，故彼等所作之诗序、书简、纪事文等，皆用对偶，此种对偶又生发出一种日文，即日汉混合文中之对句日文。及宇多、醍醐天皇时，菅公废遣唐使，息留学生，故汉文不能直接由中土而来。与中土交往中断后，生出另一种文体，其文形仍为汉文体，然其文法则为日文。以汉文文法观之，其文不免颠倒错置。于是文法渐乱，以至又生一种新文体，即后世之官府文、往来书简文。

### 女子文体

文章体大致如上所述。然由古日文生发出女子所用之文体，其间有漫长之岁月。先是，朝廷以文学取士，士皆学汉文，能汉文者得任官。贵族虽有不学汉文者，其日用之文字亦不能不从汉文之体。或命人代作，或自模仿，皆以用日本固有之言语而为愧。然女子处深闺，多不修文字，而学中古所制之假名，故其法虽异于古，然其趣味即同，以录事实，以通

---

① 宣命体，记录天皇口述命令的一种汉日混合文体。

音信。至醍醐天皇延喜(901—923)中,纪贯之见其雅驯,其《古今集序》《大井和歌序》等,皆以此女子文体而作。因汉文流行既久,读汉文已成习惯,而颇以用日语为劳,故命养子纪淑望以汉文撰之,更译为日文,以日汉对照体出之,《古今集序》是也。纪贯之后任土佐守,任满将归,始以散文作《土佐日记》(原注:先是,有《竹取物语》《宇津保物语》等,因作者不详,从略)。

自王仁传汉籍以来,日本官府之文皆用汉文。《上〈古事记〉表》及历朝诏敕(原注:圣德太子宪法亦如是)、《古语拾遗》以下,其文体皆然。然及废派留学生,汉文遂黯淡,后世之官府下行文(原注:如《朝野群载》《政事要略》等)、御家日记(原注:除文学家所记之外的日常记录)等,如前所述,用一种异于向来汉文之新文体。其文法错乱,难以卒读。而如《东鉴》《贞永式目》等,文法益乱,后遂成近来通用之书简文。

**文体**

由汉文与日文所生发之各文体及其关系,可图示如下:

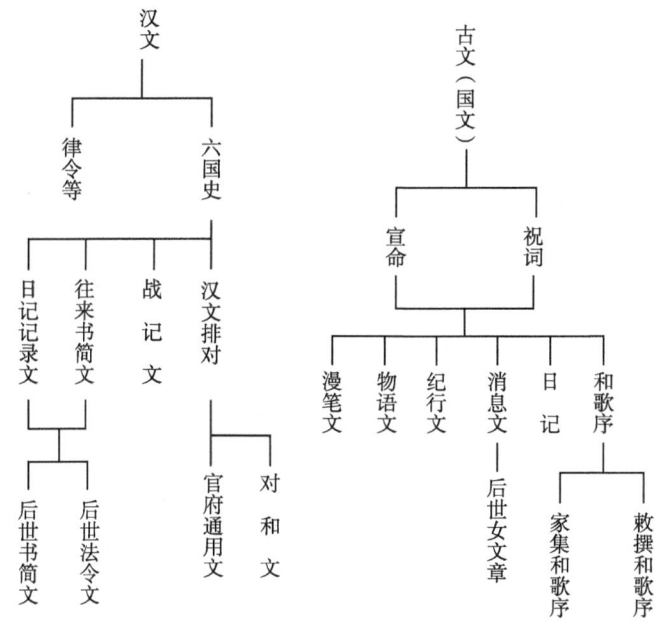

## 二、诗 文 集

平安朝所出之诗文集如下:

| 题目 | 备注 |
| --- | --- |
| 《凌云集》 | 小野良岑撰。 |
| 《文华秀丽集》 | 收仲雄王、嵯峨天皇、淳和天皇及其他之作。原三卷,今存一卷。 |
| 《经国集》 | 良岑安世、滋野贞主等撰。原二十卷,今存六卷:卷一(赋)、卷二(策下赋)、卷十(诗、乐府)、卷十一(诗、杂咏)、卷十三(诗、十二杂咏)、卷十四(诗、十三杂咏)。卷首有东宫学士从五位下滋野朝臣贞主序。序为汉文,曰:"爰诏正三位行中纳言兼右近卫大将春宫大夫良岑朝臣安世,令臣等鸠访斯文也。词有精粗,滥吹须辩;文非一骨,备善维杂。(中略)自庆云四年,迄于天长四载,作者百七十八人,赋十七首,诗九百七首,序五十一首,对策三十八首。分为两帙,编成廿卷,名曰《经国集》。(中略)先入秀丽者,即不刊之书也。彼所漏脱,今用兼收。人以爵分,文以类聚。(下略)"① |
| 《扶桑集》 | 残缺 |
| 《本朝丽藻》 | / |
| 《本朝无题诗》 | 中多载藤原忠通(原注:九十首)、小纳言通宪之作。 |
| 《本朝文粹》 | 藤原明衡撰。十二卷。嵯峨天皇至一条天皇。 |
| 《续本朝文粹》 | 藤原季纲撰。十三卷,原十四卷云。 |
| 《朝野群载》 | 三善为康(原注:崇德天皇时人)撰。原三十卷,今存二十三卷。其汉文自序曰:"多集反故之体以为知新之师,部类成三十卷,号曰《朝野群载》。时永久(原注:鸟羽天皇佳号)三历丙申之年,善家儒为康抄之。"② |
| 《性灵集》 | 释空海撰。十卷:卷一诗,卷二文,卷三诗,卷四文,卷五、六、七诗,卷八、九文,卷十文并诗。 |
| 《文镜秘府论》 | 释空海撰。论诗式文法。六卷:卷一(天)调四声谱,卷二(地)论体势等,卷三(东)论对,卷四(南)论文意,卷五(西)论病,卷六(北)论对偶。 |
| 《菅家文章》 | 菅原道真撰。十二卷:卷一至卷六诗文,卷七至卷十二诗。 |
| 《菅家后草》 | 菅公贬谪后所作之诗文。原三卷,今存一卷。 |
| 《都氏文集》 | 都良香撰。一卷。菅公之师。所作《富士记》亦在此内。 |
| 《江吏部集》 | 大江匡房撰。 |
| 《田氏家集》 | 岛田忠臣撰。 |
| 《法性寺关白集》 | 藤原忠通撰。 |
| 《和汉朗咏集》 | 藤原公任撰。近江朝至一条天皇宽宏年间。 |

① 原汉文。
② 原汉文。

(续表)

| 题目 | 备注 |
| --- | --- |
| 《历朝诗纂》 | 松平赖宽辑(原注:水户分藩守山藩主)。 |
| 《日本诗纪》 | 市河世宁(宽斋)辑。 |
| 《金石私志》 | 市河世宁(宽斋)辑。 |

要之,平安朝因承六朝之初唐汉学,思想史研究之作,遗憾付之阙如。重诗文之法,而未及诸经之义理研究。

# 第二期
## 镰仓、南北朝、足利、织丰时代
## （1192—1603年）

### 一、概　　说

**汉学黎明时代**

　　镰仓至织丰时代①，可谓学问之暗黑期；然称其为汉学之黎明期，亦无不可。此一时期，是以坚实刚健为生命之武家时代，文学之事，付之于羸弱之人。举一事可知当时武士无学之极：承久之乱②中，北条泰时③求能读院宣者，于十九万骑中不得一人，或仅一人能知其大意。

**学问暗黑时代**

　　据史书记载，后堀河天皇④元仁元年（1224），盗贼蜂起，废大学寮，先圣孔子、先师颜子、十哲、七十二贤之像均遭破坏。当时学问暗黑时代文教衰微之状，竟有此等怪事。文武天皇曾在大学寮行释奠礼，至孝谦天皇，仿唐朝谥孔子为"文宣"而祭之。此外，各地藩国亦均于本国中心地区设立学校，举行祭祀。然自藤原氏专权，学问渐废，以至盗贼蜂起，大学寮为之所坏。

---

　　① 织丰时代，指1573—1603年织田信长、丰臣秀吉相继称霸时期。
　　② 承久之乱，源赖朝去世之后，长子源赖家继任将军，源赖朝遗孀北条政子与其父北条时政执政，镰仓政权从此由北条氏掌握。承久三年（1221），后鸟羽天皇趁幕府混乱之际，举兵讨伐，结果反遭大败，被流放到隐岐岛。年仅四岁的仲恭天皇被废，另立天皇。史称"承久之乱"。
　　③ 北条泰时（1183—1242），日本镰仓幕府第三代之执权，他确立了镰仓幕府以北条氏为核心的执政体制。
　　④ 后堀河天皇（1212—1234），日本第八十六代天皇，1221—1232年在位。

然即便如此黑暗之时代，亦不可谓全无学者。自源氏起，一反平安文学堕弱之风，而致力于发挥质实刚健之风。与此相呼应，学者亦辈出。然此等学者皆愤慨藤原氏在朝中专权跋扈而投靠镰仓幕府，辅佐源赖朝成霸业，以开武家政治之基本，直至江户德川幕府末期。

## 大江广元

大江匡房曾孙大江广元[①]，乃当时著名学者、政治家。大江广元别开镰仓幕府之新政治，设守护地头之制，以至永掌武家政治，不愧为英才。与此同时，明法博士中原亲能[②]、三善康信[③]等，亦与大江广元共居朝廷民部省，及源赖朝起，共携民部省文书（原注：如日本户籍、土地台账之类）至镰仓，襄助源氏克成大业。

源赖朝乃招大江广元等润饰法律，其后，北条泰时制《贞永式目》之际，招请明法博士清原教隆至镰仓立案润草，而德川氏定《元和令》之时，清原宣贤与林信胜共起草案。此皆仿故智之事。唯足利尊氏之《建武令》专出武人之手，故其文甚劣。

## 镰仓幕府出于汉学家之力

由是观之，所谓镰仓幕府出于汉学家之力可也。安民治国平天下，固汉学家之理想，而此种理想又与质朴刚健之武家政体一致，浑然一体，平安朝之弊风，堕弱之气质，为之一变，文学亦随之而衰。

镰仓幕府创立之后，日本政治中心移至关东，京都名存实亡，文教亦无可观之处，大义名分亦随之衰落。自北条氏专权至南北朝分立，是学问最暗黑时代。此时期殆无可陈之处，然宋学之传入与五山文学接之而来，为后世江户文学奠基树本。

## 二、宋学之传入

## 宋学

宋学，即世所谓朱子学。朱子学在德川时代为官学，各藩国亦无所不用。其间亦有用所谓古学之汉学，乃极稀见之事。然则，宋学何时传入

---

① 大江广元（1148—1225），日本镰仓时代前期政治家、明法博士。
② 中原亲能（1143—1208），明法博士中原广季之子，深得源赖朝信任，身居要职。
③ 三善康信（1140—1221），源赖朝亲信，其母为源赖朝提供的信息，对源氏起兵的成败起了决定性作用。

日本？

### 奝然、寂照、成寻、荣西

初，藤原道真以向来所派之遣唐使制度不再可行，奏而废之，与中土之往来由此中断，汉学渐次衰微。虽然如此，亦不可谓与中土绝无交往。如求法僧，往往有渡航西来之人。圆融天皇①朝，有僧曰奝然，于天元五年(982)渡海赴宋修佛法，得谒宋太宗。至一条天皇长保五年(1003)，又有僧寂照渡海赴宋，谒见宋真宗。后三条天皇延久三年(1071)，僧成寻又渡海赴宋，谒见宋神宗。鸟羽天皇②文治五年(1189)，僧荣西亦渡海赴宋。

### 禅宗乃宋学流行之基本

僧荣西乃日本禅宗开宗立派之人。禅宗始于南北朝时来华之天竺僧达摩大师，距此时不甚久远。禅宗虽主"不立文字、直指见性"，实则仍尚文字，唯文字并未因禅宗而盛。何也？高僧之论，不得不记其语录，此其必借助于文字之处，然所记不过直指心性之学问，不过借文字记录以为勉励，并未专注于文字本身之雕琢，故有文学素养之禅宗僧侣不多。而禅宗一反别派浮华之风，以质实刚健为宗旨，与当时之风潮颇吻合，以至当时执政北条氏亦为禅宗之信徒(原注：平安朝饱学之士，大抵皆崇信佛教)，故禅宗虽是新近传入之宗派，然极盛一时，以广泛宣传其教义，而成为宋学得势之基本。荣西渡宋，乃在高仓天皇至后鸟羽天皇之时，其最后一次渡宋，乃在南宋孝宗淳熙中〔原注：后鸟羽天皇文治五年即宋孝宗淳熙十六年(1189)〕，此正是朱熹注说《四书章句》之时。

### 俊芿

后鸟羽天皇③之时，僧俊芿(原注：今京都泉涌寺开山之祖)渡海赴宋，归国之际，携宋学一派濂(周敦颐)、洛(二程)、关(张载)、闽(朱熹)等之书而归。日本宋学实肇基于此。

### 元日战争与宋学

此外，元日战争亦促使宋学在日本之盛行。此虽系偶然之结果，然亦不能置而不论。元世祖忽必烈欲征日本，闻日本乃佛教国家，乃以僧徒为使，说北条时宗④与元修好。

---

① 圆融天皇(959—991)，日本第六十四代天皇，969—984年在位。
② 鸟羽天皇(1103—1156)，日本第七十四代天皇，1107—1123年在位。
③ 后鸟羽天皇(1180—1239)，日本第八十二代天皇，1183—1198年在位。
④ 北条时宗(1251—1281)，日本镰仓幕府第八代执权，曾两次抵御元的入侵。

## 一山

此来使名一山,字一宁,俗姓胡,乃宋台州籍进士。幼有志于学,后入佛门。初,宋为元所灭,一山怏怏不快,而元世祖以其为使,出使日本。北条时宗固却元世祖之议,然深知一山乃有道之学僧,愿皈依之,以留之于日本。一山因故国之亡于元,本甚不快,愿留日本,以北条时宗之皈依,而为建长寺住持,门下弟子众多。一山通儒佛,元大家揭傒斯文集中亦有及一山之文,日本五山文学之系统亦得存而不亡。

## 三、五山文学

### 五山

所谓五山,即当时禅宗五大寺是也。此五山,源于宋宁宗时所定"五山十刹",日本仿之。南宋五山即杭州径山寺、杭州灵隐寺、明州天童寺、杭州净慈寺、明州阿育王寺,十刹即杭州中竺寺、湖州道场寺、建康灵谷寺、苏州万寿寺、明州雪窦寺、温州江心寺、福州雪峰寺、婺州双林寺、苏州虎丘寺、台州国清寺。

日本仿此制度亦建五山十刹于镰仓及京都。镰仓五山,即建长寺、圆觉寺、寿福寺、净智寺、净妙寺。镰仓十刹,即禅兴寺、瑞泉寺、东胜寺、万寿寺、东渐寺、万福寺、太庆寺、兴圣寺、法泉寺、长乐寺。京都五山,即南禅寺(原注:初为万寿寺,而无南禅寺)、天龙寺、相国寺、建仁寺、东福寺。京都十刹,即等持寺、临川寺、真如寺、安国寺、宝幢寺、普门寺、广觉寺、妙光寺、大德寺、龙翔寺。

五山乃北条氏仿宋制设于镰仓,然足利氏于京都亦设五山。故五山有镰仓五山与京都五山之别,而镰仓五山早于京都五山。

### 祖元

一山赴日前后,宋僧祖元亦于弘安四年(1281)东渡。祖元俗姓许,会稽人。年十三,出家为僧。道德益高,四方景慕。北条时宗乃开圆觉寺居之。祖元兼通儒释,后又有一山来主建长寺,于是群僧钻仰,其门下以虎关、圆月最为著名。

### 虎关

虎关,名师炼,自号虎关,京都人。俗姓藤原,生于弘安元年(1278)四月,卒于贞和二年(1346),年六十九。早年就僧本证读书,十岁登比叡山,祝发为僧。后入南禅寺，就规庵祖圆禅师参究。正安元年（1299），年二十二岁，宋僧一山来日本，居京都。虎关往谒，欲渡宋而母不许。寻往南禅寺，至醍醐寺，探实贤之密教。嘉元三年（1305），龟山上皇①病时，虎关与规庵祖圆共侍御床。德治元年（1306），至镰仓建长寺从一山学。应长元年（1311），年三十四岁，至骏河，从澄泰僧都问悉昙，登富士山。正和三年（1314），有京都人号梅坡道人素满者，于白河之北构一庵，请虎关，虎关就之，号为济北庵。

虎关赅通内外两典，旁涉日本之神记、杂书。一日，一山以虎关多识，乃问日本名僧之事迹，然虎关多不知。一山曰："子涉汉、竺，博学宏辞，然暗于国史，此何故也？"虎关大惭，于是广览史籍，遂著书三十卷。后醍醐天皇②元弘二年（1332），虎关上表献于帝阙，所谓《元亨释书》是也。

其后，南北两朝对峙相争，虎关来往二帝之间，共受尊信。此时，虎关奉光明天皇③之敕住南禅寺，寻又住海藏院。康永元年（1342），后村上天皇赐以国师之号，光严天皇④赐以柏野之地。贞和元年（1345），足利尊氏⑤欲以虎关补建长寺，虎关以老病辞。贞和二年（1346）七月二十四日殁，年六十九。

著书除《元亨释书》外，尚有《济北集》二十卷、《佛语心论》十八卷、《十禅支录》三卷、《聚分韵略》五卷及别种著述甚多。其弟子称曰："山有富士，僧有炼公。"

## 五山文学之始

虎关通程朱之学，初徙前述诸寺，遂住东福寺，又奉敕住南禅寺。而所谓五山文学由此而始。当时禅僧以五山为巢窟根据，而咀嚼其蕴蓄之文学，由五山及于十刹，又由十刹及于普天下。王朝衰微，则文教废颓，武夫往往不通文事，亦非偶然。盖五山十刹，脉络贯通，以鼓吹文学，兼维持名教。天之配剂，不亦奇哉。

---

① 龟山上皇（1249—1305），日本第九十代天皇，1259—1274年在位。因让位于皇子，故称上皇。
② 后醍醐天皇（1288—1339），日本第九十六代天皇，也是南朝第一代天皇，1318—1339年在位。
③ 光明天皇（1322—1380），日本北朝第二代天皇，1336—1348年在位。
④ 光严天皇（1313—1364），日本北朝第一代天皇，1331—1333年在位。
⑤ 足利尊氏（1305—1358），日本室町幕府第一代征夷大将军，推翻北条氏政权，开创足利时代，是日本历史上具有巨大影响力的人物。

## 梦窗

一山之学，一传虎关，一传梦窗。梦窗，名疏石，伊势人。初好老庄之学，后专嗜竺籍。入一山之门，飞锡巡历甲斐、美浓、土佐各藩。后醍醐天皇崇敬梦窗尤笃，天皇南狩后，梦窗劝足利尊氏建天龙寺，祈天皇之冥福。正平六年(1351)圆寂，年七十六。明人宋濂为撰碑铭。其门下高僧辈出，义堂、绝海乃其佼佼者。镰仓五山之势力，遂移至京都。

## 义堂

义堂，名周信，号空华山人，土佐人。生于正中二年(1325)，殁于嘉庆二年(1388)，年六十四。初居南禅寺，后之关东，住圆觉寺、善福寺。足利义满①尊信之，召为南禅寺住持，而足利义满又升南禅寺为五山之首。义堂屡行二条准后之邸，一日，准后质问："汉唐之学与宋学，孰优？"义堂曰："汉唐之儒者，惟拘于章句，至宋儒，方洞达性理。其所高明者，皆参吾禅之故也。"

## 儒佛混合时代之汉学

五山僧侣之修宋学，大抵如斯观。故姑以此时代之汉学目之，谓之儒佛混合时代之汉学。

## 绝海

绝海亦土佐人，名中津，蕉坚道人。生于建武三年(1336)，殁于应永八年(1401)，年六十六。任相国寺住持。诗集有《蕉坚集》。足利义满致明朝之国书，皆出僧侣之手。国使亦由僧侣担任，而足利义满亦尝以绝海出使明朝。于是，绝海渡海来明，谒见明太祖。明太祖就徐福在纪州熊野之遗迹而问，绝海以诗答之。诗曰：

熊野峰前徐福祠，满山药草雨余肥。只今海上破涛稳，万里好风须早归。②

明太祖乃和之曰：

---

① 足利义满(1358—1408)，日本室町幕府第三代将军。1392年，逼降南朝后龟山天皇，结束日本南北朝时代。曾受明朝册封为"日本国王"。

② 原汉文。

熊野峰高血食祠,松根琥珀也应肥。当年徐福求仙药,直到如今更不归。

绝海之诗,出色者尚多。

**圆月**

日本尊信朱子学并著之以书者,以五山为始。前述之圆月是也。圆月,名中岩,姓土屋,镰仓人。八岁,入寿福寺为僧。十二岁,从道慧读《孝经》《论语》,且从之学算,受《九章算法》。其后所著《中正子》,盖基于此。十三岁,就梓山律师剃发受戒,入醍醐三宝院,兼修显密二教,每日百拜弘法大师之像。后转归禅宗。正中元年(1324),年二十五,入元朝,与名僧智识切磨。正庆元年(1332)归国,寓筑前博多之显功寺。翌年上京,居南禅寺。时北条氏既亡,后醍醐天皇亲政。圆月乃作《原民》《原僧》二篇,痛论时事,上奏天皇(原注:《东海一沤集》载《上建武天子表》)。建武元年(1334),还镰仓圆觉寺。建武四年(1337),修日本史书,以日本天皇为吴太伯之后,而后醍醐天皇敕命焚之。

**《中正子》**

圆月尊崇宋学,著有《东海一沤集》五卷。卷五即《中正子》,论孔孟仁义之道、性命死生之道。如其《性情篇》,即祖述朱子之论也。日本崇信朱子并著述其学说者,盖以此篇为始也。应安八年(1375),圆月圆寂,年七十六。

**国字解、和训点**

宋学传入日本五山,高僧大德学佛之暇,潜思性理学者续出,彼等主倡:"宋儒解经学而参我佛教,故我欲学禅,亦须修宋儒之学。"于是,为修儒学,须有国字解、和训点。此亦五山文学与汉学之一大功绩。次就和训点略做说明。

## 四、训　点

**训点**

汉文之训点,古称乎古登点,博学之士各有传译。今举菅家之训点为例。

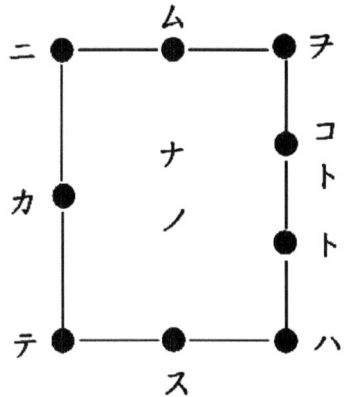

**反点、送假名**

　　菅家之点、大江之点及其他各家之训点,形形色色,要之,至平安朝汉文之盛时,上下颠倒之反点法起,送假名如上图所示,若点法有误,则不能读也。

**乎古登点、朱墨点**

　　后世以片假名而作送假名,而不用乎古登点,然因长久之习惯,不易废之。乎古登点,一曰朱墨点。因乎古登用朱点、假名用墨点,故名。乎古登点,因学者不同,其点法亦不同,故非其门人不能以其法读汉籍也。此亦当时学问不甚普及之重要原因。

**岐阳点、桂庵点、文之点**

　　岐阳,生于善通寺,后为五山之住持,由中土携汉籍而归,并为附送假名,寻常百姓因此得以读汉籍,文学不复为贵族之专利,是谓岐阳点。与岐阳点相类,尚有桂庵点、文之点。岐阳,姓佐伯,名方秀,号不二山人,空海之裔也。生于康安元年(1361),殁于应永三十一年(1424),年六十四。著有《琴川集》《不二遗稿》等。桂庵,乃岐阳之弟子,周防人。文之,萨摩人也。

**平安朝汉文读法**

　　以上所举,乃平安朝汉文读法之一例。《今昔物语》中有菅公所作之诗曰:

东行西行云眇眇,二月三月日迟迟。①

其读法为:

トザマニ行キカウザマニ行キテ雲ハルバル、キサラギヤヨイ日ウラウラ。

又,《毛诗》《文选》等用音训两读法。如读《诗经·关雎》之法:

關關トヤハラゲル雎鳩ノミサゴハ河ノ洲ニアリ、窈窕トタフヤカナル淑女ノヲトメハ君子ウマビトノ好逑ヨキタグヒナリ。

此种读法虽由博士而作,然后世子孙秘而不传。此亦昔日读书不甚盛行之缘由。

## 笔记学、俚谚钞

五山禅僧修佛书,亦读汉籍,授之门徒,因此之便宜而作口义体(原注:日语体)解释,遂有一种以日文解汉字之法,即国字解,汉学因此益与日本国民融合。延及德川时代,林罗山有《〈贞观政要〉谚解》,自不必言,如山崎闇斋、浅见䌹斋、三宅尚斋、佐藤直方等,皆有受此风影响之著作,所谓笔记学风行于世。此外,诸种俚谚钞之类,亦陆续刊行,汉学益发向平民普及,平民亦能体味汉学之妙趣。盖此种学问之源头,乃在五山。

五山之学问如此发达,此时之儒学即宋学。至德川时代,以朱子学为官学,虽有他种原因,亦承其势之必然耳。

王朝盛时,则明经、纪传等道分业异职,各不相兼。明于经者暗于文,工于文者不通经。故事文墨者,徒求工于字句之末,虽有文采,而神情索然。然至五山僧侣,则有叙事议论之作。

## 五、镰仓时代之汉文章

若问镰仓时代之汉文学如何,则与前代平安朝后期(原注:即宇多天皇

---

① 原汉文。

时代罢遣唐使之时)以来汉文学在朝野间渐次衰弱之趋势一致,向来以汉文所书之公文记录、消息文等,外形上虽仍为汉文体,然读之则如当时之日语,变成一种异样文体。藤原兼实之《玉叶》、藤原定家之《明月记》、无名氏之《百炼钞》《吾妻镜》《贞永式目》及中山忠亲之《贵岭问答》,皆属此种文体。其中,《吾妻镜》所用此种文体最为圆熟。此后,幕府公文并一般消息文,概用此文体。

次举《吾妻镜》一则为例:

文治二年四月八日。乙卯。二品(原注:源赖朝)并御台所(原注:赖朝妻政子)御参鹤冈宫。以次被召出静女于回廊。是依可令施舞曲也。此事去比被仰处。申病疴由。不参。于身不屑者。虽不能左右。为豫州(原注:源义经)妾。忽出揭焉砌之条。颇耻辱之由。日来内内虽涩申之。彼既天下名仁也。适参向归洛在近。不见其艺者。无念由。御台所频以令劝申给之间。被召之。偏可备大菩萨冥感之旨。被仰云云。①

《吾妻镜》之文章,当时称与汉文最近,甚或有以此作汉文观者。当时此种汉文,非独用于记史,如前述幕府公文并一般消息文皆用此体。

镰仓执政者北条泰时称《贞永式目》为政法之大体,以示将吏。可举其文体为例:

诸国守护人奉行事
右②右大将家御时所被定置者。大番催促。谋叛。杀害人(原注:夜讨强盗山贼海贼)等事也。而至近年者分补代官于郡乡。宛课公事于庄保。非国司而妨国务。非地头而贪地利所行之企。甚以无谓也。抑虽为重代御家人。无当时之所带者不能驱催。兼又所所③下司庄官以下。假其名于御家人。对捍国司领家下知云云。如然之辈可勤守护役之由。纵虽望申。一切不可加催。早任右大将家

---

① 原用汉字书写,但并非汉文。
② 第一个"右"表示上文,前述因当时日文的书写方式与古汉文同,均系由右至左的竖行书写。
③ 此处两个"所"字,原文如此,确难理解,因原文虽用汉字,但并非汉文,亦非现代日语。

御时例。大番催促并谋叛杀害之外。可令停止守护之沙汰。①

又,内大臣中山忠亲[原注:卒于建久六年(1195)]著《贵岭问答》。可举其一例,其窥其文体之一斑:

谓家长者是何称哉。可注给之状如件。家长事。户令。嫡子也。杂令。祖父伯兄之属也云云。其仪不同。可令寻章奥给欲。谨言。

老者法。有不审事。可注遣之状如件。男女三岁以下为黄。十六以下为小。廿以下为中。其男廿一为丁。六十一为老。六十六为耆。户令所注如此。仍言上如件。②

再比如:

十日自夜雨降迟明休朝阳渐晴昼天犹阴拂晓凌雨赴道无程王子御座云云伹依路远向路头树拜云云クメセキ云云次参井关王子于此所雨渐休夜又明次参ツノセ王子次又攀升シシノセノ山崔嵬险阻岩石异。后鸟羽院建仁元年十月　熊野御幸记　京桥中纳言定家③

当时之汉文,乃如此粗杂之作,而反观另一方,五山文学郁然为一代之重,名僧智识之诗赋文章,往往凌驾前世王朝一统时代,不愧为后世德川时代之先驱。而如虎关,如圆月,乃其最著名且杰出者。次举其二三例示之。师炼《原慢》:

慢者何?高举之谓矣。曷为生?生于痴矣。如何而辟焉?能质于智矣。故大智者不慢矣。是以人无慢焉。圣人之所以无慢者,明于智也。若智不明,即生慢焉。夫人有小才艺者,必有慢焉。是智之不明也。假使有大才艺,世犹有之矣。若世多有,何慢之有?今夫小人之有小才也,必曰:"我愈某也。"其所指之者,皆小人也。假令愈小

---

① 原用汉字书写,但并非汉文。
② 原用汉字书写,但并非汉文。
③ 原用汉日夹写,无标点。

人，何所夸之有矣。舆臣隶仆朝臣台舆台之间，岂为贵族乎？有慢者，皆舆台之间也，不为圣族矣。大小之间皆相比焉。金縢载周公多才多艺，而传曰："一沐三握发，一食三吐哺。"是无慢而然也。大宰叹孔子："何其多能也。"而传曰："温良恭俭让。"是无慢而然也。此二人者，圣人之多才能者也。圣人多才能而无慢者可知矣。只人不到圣处，故智不明。智不明，故慢生焉。若人毫有慢，可知智有不明之处。若有智不明处，犹可自报焉，岂抱傲慢乎哉。又，慢生于夸。夸有所乐，有乐必住。若有住，德不晋。君子之于学也，宁有止而不进乎。故有慢者，止而不到于圣而已矣。(《济北集》卷七)①

虎关之文如上，置于当时所谓汉文之作中，直如隋珠在于珉石，孤鹤立于鸡群，苟有眼目者，一见便知无与伦比。当时之风气，未全脱平安朝之遗习，虽稍有不免于骈俪修饰之迹，然虎关其人其志，乃以古文家自居者也。其所作《答藤丞相书》，实可见之。今举其文段如下：

夫文者有散语焉，有韵语焉，有俪语焉。散语者，经史等文也。韵语者，诗赋等文是也。二语共见虞夏商周以来诸书焉。俪语者，表启等文是也。出于汉魏之衰世矣。刘子曰："文章与时高下。"因此而言，俪语卑矣。汉末以降，三国两晋用偶语，至南北朝尤盛焉。唐兴，而改南北之弊，故斥杨、王、卢、骆之俪语，复韩、柳之古文。古文者，雅言也。雅言者，散语也。(中略)崇古文卑四六者是也。本朝之文用四六者，盖我遣唐使入大学同诸生受业。此时唐文未复古文，杨、王之后，韩、柳之先也。国家淳质，不察所由，以始习之俗，成后传之风耳。(《济北集》卷九)②

次举圆月《原民》篇如下：

淳世之民，各务本修业，故国富且强矣。所以农者播禾谷种菜果，工者营栋宇造器皿，贾者通其有无，士者布其政令。符玺秤斛之信，以防

---

① 原汉文。
② 原汉文。

其欺负；诗书礼乐之教，以正其狠戾；甲兵干城之威，以禁其侵夺。然而百姓各修其业，而奉其上，则国无有徒为苟食者，故富强者，宜矣。汉氏以降，加以佛法，使民精通性命死生之理，且知祸福因果之道。然而百姓好善而赖庆，忌不善而避殃，故有利于国，无害于民，是以国益富且强矣。今观国朝，民无不衣甲手兵者，百姓皆怠其业，互相侵夺，以为利也。若夫出家断发者，亦以坚甲利兵相夸，而废其本业也，祸乱之大，莫之过焉。武也者，戡定祸乱也，其为文也，止戈也。然今有如斯祸乱，而不能戡定者，可言国有武乎？彼亦坚甲利兵也，此亦坚甲利兵也。以坚敌坚，以利敌利，其势均矣。势均则不可制止也，宜矣。《周语》有之：“先王耀德不观兵。"夫兵观则玩，玩则无震。既然，今宜奈之何？宜当敕差有司。如非官军者，衣甲手兵则诛之。使彼士农工贾，及释氏之流，各务本修业，则富强之国，其庶几乎？（《东海一沤集》）①

圆月回忆录云："正庆二年（1333）癸酉，予三十四岁。夏五月，关东北条氏亡，时予在丰后万寿西方丈。秋归博多，随大友江州上京。（中略）作《原民》《原僧》二篇，上表以闻。"据此，则此文作于镰仓时代最后期。脱平安朝骈俪四六之遗习，而近唐宋古文之口吻，以与虎关相对，亦无逊色。殊此《原民》篇颇有比韩愈《原道》之处。镰仓时代之汉文章，大抵粗杂如是，足可观者甚少。至于汉诗，与当时禅学共流行，亦颇带宋调而尚理致之作。

## 六、五山以外之汉学

### 玄慧

五山以外僧人讲宋学者，以玄慧最为著名。玄慧，号独清轩，又号建叟，五山僧虎关之弟。虎关出家后，玄慧亦出家，登比叡山，学天台宗，后倾于临济宗。任权大僧都，居京都之北小路，涉猎书史，又有辞藻，常读司马光《资治通鉴》，尊程朱之学。被后醍醐天皇召为侍读。初，讲《四书集注》

---

① 原汉文。

于宫中(原注:先是,经筵用汉唐注疏)。源亲房、藤原藤房、楠木正成①等,皆从之学。故源亲房著《神皇正统记》,谓有感于司马光《资治通鉴》之处,则岂无从玄慧学之影响? 玄慧又通法律制度,建武三年(1336),与日野藤范、二阶堂道昭、入道是圆等七人,制定《建武式目》十七条。足利尊氏亦延为顾问,参划藩政。玄慧著有《庭训往来》,颇有名,其中论及不得不修儒学之事。此外,尚有《吃茶往来》《游学往来》等。

**双桂、了庵**

岐阳之弟子惟尚,号双桂,播州人。就岐阳学禅,并受宋学。双桂之弟子桂梧,号了庵。亦共桂庵受宋学于双桂。后柏原天皇②永正三年(1506)(原注:当明武宗正德元年),了庵时年八十三,足利义澄以彼为使赴明。了庵至宁波,翌年,会王阳明贬谪龙场驿。王阳明途次钱塘,就访了庵。永正十年(1513),了庵归姑苏,又会王阳明(原注:时年四十二)及其门人徐爱等。游浙江天台山、四明山,观山水,还余姚。王阳明闻了庵归国,作诗以送之,并有《送日本正使了庵和尚归国序》落款曰:"皇明正德八年癸酉五月既望　余姚王守仁。"(原注:全文载伊地知季安《汉学纪源》)

此外,高僧大德学佛之暇而潜思性理学、兼能诗文者甚多。山崎闇斋③评曰:"朱子书之来于本朝凡数百年,玄慧始以为正而未免佛,藤太阁兼良亦以程朱新释为肝要,而犹惑乎佛道,不闻实尊信之者。"尚有上村观光《五山文学小史》、伊地知季安《五山文学全集》《汉学纪源》、西村时彦《日本宋学史》、川田铁弥《日本程朱学源流》等,可资参看。

北条氏执政之时,不少陪臣在政治上颇有作为,如洞察民情、广施恩泽之北条泰时、北条时赖④等人。而如青砥藤纲引《管子》"阶前千里,门前万里",乃戒其壅蔽者。此亦可知当时汉学所存之一脉。

**花园天皇**

天皇徒有虚位,亦少有好文墨之圣主,而花园天皇⑤独长于文学。花

---

① 楠木正成(1294—1336),日本镰仓幕府末期至南北朝时期著名武将,明治时代起被尊称为大楠公。他在推翻镰仓幕府、中兴皇权中起了重要作用。
② 后柏原天皇(1464—1526),日本第一〇四代天皇,1500—1526年在位。
③ 山崎闇斋(1618—1682),日本江户时代初期儒学者、神道家。详见后文。
④ 北条时赖(1227—1263),北条时宗之父,日本镰仓幕府第五代执权。
⑤ 花园天皇(1297—1348),日本第九十五代天皇,1308—1318年在位。

园天皇年十二即位,十四而志学,文保三年(1319),年二十二,让位于后醍醐天皇,崩于后村上天皇正平三年(1348)(原注:北朝贞和四年),年五十二。其日记以汉文记之。举其"元亨二年八月二十四日条"如下:

  二十四日,己丑,阴雨如昨日。(中略)予幼年不好学,十四五以来,随分稽古,虽竞寸阴,天性愚拙,不能成立。而顷来渐觉道之本,未达大道,尤为恨。①

花园天皇熟读经书、兵书,其学问之渊博,实不必多言。让位于后醍醐天皇,而为太上天皇。此乃南北朝分裂对峙之时。

皇子光明帝曾于荻原殿召学者讲《中庸》。当时著名学者有权大纳言日野资明、鹫尾隆职、源行亲等,其论多混合儒佛,太上天皇坚止之,以试光明帝之聪明。

又,花园天皇在位时,将军足利义政②极奢侈,耽狩猎,臣下因此不绝于苦,花园天皇忧之,赐诗以戒之。其诗颇有名,曰:

  残民争采首阳薇,处处闭炉锁竹扉。
  诗兴吟酸春二月,满城红绿为谁肥。③

当时缙绅之学既衰,而儒家如菅原、清原二氏之足可特书者少。若求其特例,不过二三氏。即缙绅之家如南朝北畠亲房及后花园天皇④、后土御门天皇⑤时之一条兼良是也。

## 北畠亲房

如前所述,北畠亲房从玄慧学,读四书、五经、《资治通鉴》。其所著《元元集》八卷,引周敦颐太极图而述神道秘荡,融合神道与儒教。此乃后世山崎闇斋所倡垂加流神道之先声也。汉文著述尚有《职原抄》二卷、《关城书》一篇。

---

① 原汉文。
② 足利义政(1436—1490),日本室町幕府第八代征夷大将军。
③ 原汉文。
④ 后花园天皇(1419—1470),日本第一〇二代天皇,1428—1464年在位。
⑤ 后土御门天皇(1442—1500),日本第一〇三代天皇,1464—1500年在位。

## 楠木正成、藤原藤房

从玄慧学者，尚有楠木正成、藤原藤房等人。楠木正成贻子曰："死期迫矣，欲祖汝死。抱义所重，更难亦遁。戒汝励学，以察吾志。"①此言盖由宋学而来。藤原藤房之言行源自宋学者，世既有定论。

## 一条兼良

一条兼良，世称一条禅阁。应仁(1467—1477)中，任关白②，文明十三年(1481)卒，年八十。博识多通，最熟典故，善和歌，通神道，达汉学，又涉佛书，以才学绝伦当时。为足利义尚③著《樵谈治要》。著述甚多，其用汉文体者，有《日本纪纂疏》二卷、《职原抄》补三卷、《尺素往来》一卷等。

此外，缙绅之家通汉学者，尚有二条良基、三条实隆、三条公条及一条兼良之孙一条冬良等人。

## 三条三公

因当时书籍甚乏，三条实隆④乃自写《史记》五十余万字以读。天文六年(1537)卒，年八十三。其子右大臣三条公条，卒于永禄六年(1563)。其孙内大臣三条实枝，卒于永禄二年(1559)，年六十九。皆好学，世称之，谓"三条三公"，以汉学世家闻名。如此，公卿中亦有好学之人，然因时势，不能为朝政所用。

## 菅原氏

菅原氏当时分高辻、五条、东坊城、唐桥等诸家，其族于平安朝既已繁盛，然于文学则寂寥无闻。举其较有名者，如菅原秀长、菅原丰长、菅原和长等。菅原秀长乃大学头、文章博士，为后圆融天皇⑤、后小松天皇⑥侍读。足利义满又招之讲经义。足利氏满⑦曾师事菅原丰长。菅原和长为大学头、文章博士，为后柏原天皇侍读，又慨儒家门叶之衰颓而著《桂林遗芳抄》。

---

① 原汉文。
② 关白，本为陈述、禀告之意，语出《汉书·霍光传》。经遣唐使引入日本，逐渐成为辅佐天皇总理国事的重要职务，室町时代以后，幕府掌握实权，关白遂有名无实。关白退位后，称为"太阁"。
③ 足利义尚(1465—1489)，日本室町幕府第九代征夷大将军。
④ 三条实隆(1455—1537)，一作"三条西实隆"，日本室町时代公卿、学者，擅和歌、书法，曾誊写《源氏物语》。
⑤ 后圆融天皇(1359—1393)，日本北朝第五代天皇，1371—1381年在位。
⑥ 后小松天皇(1377—1433)，日本第一百代天皇，北朝第五代天皇，1382—1412年在位。
⑦ 足利氏满，室町时代前期武将，曾为夺将军之位与幕府对立。

## 清原氏

清原氏之族,以清原业忠及其孙清原宣贤最为有名。清原业忠称当代之博学,以雄辩鸣一时,为后花园天皇、后土御门天皇侍读。讲《大学》《中庸》而用朱子之章句,讲《论语》《孟子》犹用何、赵之古注。清原宣贤亦博学,为后柏原天皇、后奈良天皇①侍读。讲经书依祖父之法,五经及《论语》《孟子》用古注,《大学》《中庸》用朱注。著作多经书之钞,日语之谚注。

## 中原康富

此外,如中原康富者,亦足可以与数。中原康富乃应永(1394—1427)至康正(1455—1456)间之人,曾任日向守权大外记之书头,虽未明其详传,然由其遗著观之,足可与当时菅原、清原两家相匹敌者也。

次举将军诸侯等好文事、学问有所建树者而论之,如任足利义满管领细川赖之、九代将军足利义尚、关东管领上杉宪实、江户太田道灌、熊本菊池重朝、萨摩岛津忠昌及山口大内义隆等人。

## 细川赖之

细川赖之乃著名学者,有脍炙人口之诗作,曰:

人生五十愧无功,花木春过夏已中。
满室苍蝇拂难去,起寻禅榻卧清风。②

## 足利义尚

将军足利义尚,性好文学,通和汉之学。长享元年(1487),讨佐佐木高赖于近江之时,在两军阵中,仍以一条兼良讲《孝经》及《左传》。又,常以小槻雅文讲《论语》,以卜部兼俱说国书。然年仅二十五岁,卒于军中。

## 上杉宪实、足利学校、金泽文库

上杉宪实于应永二十六年(1419)任镰仓执事,重文厚礼,政道无邪,士民甚服。永享十一年(1439),为关东管领。痛感足利学校③之废颓,决意再兴,寄附田园,以为学资,遍求书籍于明朝,聚而藏之。金泽文库④自

---

① 后奈良天皇(1497—1557),日本第一〇五代天皇,1526—1557 年在位。
② 原汉文。
③ 足利学校,位于日本栃木县,是明治维新以前日本最重要的文化机构之一,明治维新以后关闭。
④ 金泽文库,位于日本神奈川县,镰仓幕府执权北条实时为了珍藏和汉典籍而建造,其间多有孤本。

北条氏灭后衰颓,上杉宪实亦尝修缮经营。可知彼为学问之不绝,用力颇不少。足利学校原为下野藩之国学,始建于足利尊氏之先世足利义兼。足利基氏再兴之,而经上杉宪实之手,传至今日。金泽文库始建于北条实时。

## 太田道灌

太田道灌亦深于学识之人。年甫九岁,入镰仓五山塾,三年能属文。长禄元年(1457),幕府筑江户城,太田道灌于城内设馆,名曰静胜,西曰含灵,东曰泊船,僧万里为之作序,并招禅僧赋诗。馆中藏史传、和歌、选集、记录、医方、兵书等数千卷。且于城北建菅庙,植梅,名亭曰香月,附田数千顷,尝胜金泽文库云。

## 菊池重朝

菊池重朝乃菊池武时之后,资性好文学,尝建圣庙于熊本。

## 岛津忠昌、文明版《大学》、延德版《大学》

岛津忠昌好学,招僧桂庵建桂树书院,于此受宋学之教。与其家老伊地知重贞谋,刊刻文明十三年(1481)版《大学章句》以出世。是所谓"文明版《大学》"或"伊地知本"是也。此系日本刊行朱子新注之始。桂庵更于延德四年(1492)再刊,所谓"延德版《大学》"是也。

## 大内义隆、大内版

大内义隆于天文四年(1535)为周防、长门、安艺、石见、备后、丰前、筑前等七州之守护,又与中土贸易,国因大富。且性好诗歌,其心深喜文雅。不惟刊行《聚分韵略》,或遣人赴明朝、朝鲜,购朱子新注等经书,或送纸到中土、朝鲜印书册,世谓之大内版。又尝闻清原宣贤藏四书五经之抄于家,乃赠钱五万匹誊写之。又赠书于三条实隆,以问有职之事。而小槻伊治及清原宣贤之子清原良雄等通儒并优于和歌者,皆招自京都而厚遇之,又给辖内诸寺小僧衣粮,劝学问,专以奖励文学为事。故当时缙绅之家等,避京都之乱而来此地者不少。于是,山口之文学一时颇盛。然天文十二年(1543),大内义隆杀其臣陶晴贤,其文运亦至于衰亡。

如上所述,将军及诸国之中,亦有志于学者。然其学者多出五山文学之源,故此时代仍为五山文学之延续,概称其为五山文学,亦不为过。

## 学者之学力

此时代既称学问之暗黑时代,则当时学者之学力果如何?盖极低级肤浅。可举一则逸话:德川时代之初,有儒医曰江村专斋者,幼学四书之素读,而苦于无师,遍访京都,仅得公卿山科言继一人。江村专斋乃就其学

《大学》《中庸》《论语》，终及《孟子》。此事见于《老人杂话》。可推知此时代学问之浅陋。

**平手政秀、稻叶一彻**

当时学者之学力，虽多浅陋，然亦有如见织田信长①少时游逸而死谏之忠臣平手政秀者，颇好读书，又颇工于书。又，织田信长之臣如稻叶一彻者，因读书而讲之，而化解织田信长长年之憎，此亦一段逸话。韩愈诗"云横秦岭家何在，雪拥蓝关马不前"，乃当时书法常用之名句。

**武田信玄**

武田信玄②少耽于诗，名臣如马场信房为此自学诗作，求近而谏之。武田信玄之信条，乃《孙子》所云："不动如山，侵略如火，其静如林，其疾如风。"其有《便面有雁》诗曰：

水绿山青欲雨初，数行鸿雁度长空。
天涯高处要通信，定可苏卿胡地书。③

此等之作，殆可入诗家之列。

**上杉谦信**

上杉谦信④亦多佳作，脍炙人口。如《九月十三夜阵中作》即其一例。诗曰：

露下军营秋气清，数行过雁月三更。
越山并得能州景，遮莫家乡忆远征。⑤

**伊达政宗**

又如伊达政宗⑥，亦堂堂之诗人。其名作《欲征南蛮有作》曰：

---

① 织田信长（1534—1582），日本战国时代著名霸主、政治家，是日本历史上极具影响力的人物。
② 武田信玄（1521—1573），日本战国时代甲斐国著名政治家、军事家，被誉为"甲斐之虎"，有"战国第一名将""战国第一兵法家"之称。
③ 原汉文。
④ 上杉谦信（1530—1578），日本战国时代越后国名将，被誉为"军神""越后之龙"。
⑤ 原汉文。
⑥ 伊达政宗（1567—1636），日本战国时代末期至江户时代初期名将，江户时代仙台藩始祖。

邪法迷邦唱不终,欲征蛮国未成功。
图南鹏翼何时奋,久待扶摇万里风。①

又,德川氏之时,天下泰平。乃有:

马上少年过,世平白发多。
残躯天所许,不乐是如何。②

尚有咏木村重成③战死大阪之诗。诗曰:

杀气冲天风雨恶,两军鏖处压雷音。
功名何觅夷吾力,节义欲知召忽心。
泰岳难当身分轻,沧溟未及主恩深。
结缨欲死孤城下,聊诉衷情此一吟。④

可知伊达政宗并非一介武夫。

## 足利义昭

足利义昭⑤虽亡国之主,然亦颇巧于诗。今录一首,亦窥其概。诗曰:

落魄江湖暗结愁,孤舟一夜思悠悠。
天公亦慰吾生否,月白芦花浅水秋。⑥

---

① 原汉文。
② 原汉文。
③ 木村重成(1593—1615),日本战国时代武将。
④ 原汉文。
⑤ 足利义昭(1537—1597),日本室町幕府第十五代将军,也是室町幕府末代将军。1588年辞去征夷大将军一职。
⑥ 原汉文。

# 第三期
# 德川时代(1603—1868年)

## 序　　论

"海内文章落布衣",此梁田蜕岩①之诗也。然"落布衣"者,又岂止是文章?政治亦然,教育亦然,学问亦然。

自幕府专权的武家政治以来,久而久之,生封建门阀之弊,贤路闭塞,豪杰之士抱志抱才者,不得申于世,于是多投身儒学、佛学、医术等领域,以学问技艺与权门势家相抗衡,这是日本中世以来最为显著的形势,尤以德川时代②为甚。

世以日本儒学之盛,非自德川时代始。儒学经德川时代三百年而至明治维新,与幕府共始终,但从另一方面考察,武家政治之习性,常尚武艺,若武艺不习熟,便无仕官之望,即使出仕,也会成为晋升的束缚,故文学一道,虽由儒者担当,但仍承袭战国时代之余习,儒者几无立足之地,读书、习字、算术等,则由神官、僧侣或医者之徒教授。读书、习字、算术等全部学毕,则可谓是已完成当时教育的"毕业生",由此,又可见学问之权,仍在儒者。

**儒者**

德川时代之始,林罗山③以儒者入仕。按当时惯例,林罗山剪发披法

---

① 梁田蜕岩(1672—1757),日本江户时代学者、诗人。详见后文。
② 德川时代,因此时期日本的实际执政者为德川幕府,故称为德川时代;又因德川幕府的政治中心在江户(今东京),故又称为江户时代。
③ 林罗山(1583—1657),本名信胜,字子信,号罗山。日本德川幕府初期哲学家、儒学家。详见后文。

衣,称法号,呼为道春法印,仅与僧侣并列。儒者之中,虽也有辅佐主公,参与政治之人,但属于极例外之事。

## 大学头

至五代将军德川纲吉①之世,林罗山之孙林凤冈②因水户光圀③之建议,变僧形为儒服,并任大学头。其子孙世代仕德川幕府,称三百年间海内之儒宗,但大学头的品级不过从五位,俸禄亦不过三千五百廿三石。大学头尚且如此,何况出仕于诸藩的寻常儒者。唯学问原为己而非为人,持此见识,有此志操,则不妄求富贵利禄。即使偶有求富贵利禄者,因封建门阀之弊,亦非容易而得。德川时代此种形势在客观上却使鸿儒硕学辈出,学问之盛,凌驾于前代。此又非中土唯醉心功名利禄、埋头科举考试、以学问为仕途之筌蹄者可比也。

要之,德川时代以独立之思想为学者多。然国家承平之日久,人心益尚学问,益知教育之必要,文化亦随之盛,古今东西之历史,皆可为明证。

## 儒家教育

德川时代立幕府,始熄战乱,开太平之世,人人有志于学问且勉于教育,亦势之必然。而当时之学问,国学尚未盛,洋学④尚未行,所谓学问,唯指汉学;所谓教育,唯儒家主义之教育。以此之故,虽在山间僻地,亦随时从势,习四书五经之素读,闻孝悌忠信之教,虽不能得其造诣,而能觉其大意者颇多。至于德川幕府所在之江户、诸藩都城或交通便利之地,儒家教育则更为普遍。此外,学佛或学医,其经籍、医典,皆用汉字所书,未有非汉字之书。若不识汉字,求为僧徒或医者而不得矣。此亦当时佛门、医家多出硕学鸿儒之一大原因。

## 儒医

且儒者志操高尚不屑于仕途俸禄者,必然要在学问之外经营其生计,儒医因之而出。所谓儒医,即以儒而兼医,或以医者兼通儒。此系当时硕

---

① 德川纲吉(1646—1709),日本德川幕府第五代将军,1680—1709年在位。德川纲吉任职期间,重视文治,开创天和之治,一生功过参半,绰号"犬公方",意即狗将军。详见后文。

② 林凤冈(1645—1732),名又四郎,春常,信笃,字直民,号凤冈、整宇,日本江户时代儒学学者。详见后文。

③ 水户光圀,即德川光圀(1628—1701),日本江户时代大名,水户藩第二代藩主,初代将军德川家康之孙,二代将军德川秀忠之侄,水户藩主德川赖房之子。德川光圀的"圀"字是"国"的异体字,为则天文字之一。主持编撰《大日本史》,影响较大。详见后文。

④ 洋学,即西学。译文中根据需要,交替使用"洋学""西学"。

学鸿儒多出之又一原因。此外,以兵学立世而旁通儒学者亦不少,如山鹿素行①、吉田松阴②等人,实属此类。

要之,德川时代三百年间,自幕府至诸藩,因门阀政治、武家政治之故,军功最为得力,绝非今日所想象之儒学全盛时代。世间过于尚武,学问因此不受士林欢迎,故不能如愿施以文教,这无论如何都是所谓太平盛世的遗憾。室鸠巢③在其所著《骏台杂话》中曾论及此事。

然学者为学,非为人而为己。不曲志操而求富贵利达,口口相传,心心相印,集而为一团,散而为各派,敷衍海内,学问教育之功,乃收之于他年。即以孔子所编《春秋》之精髓为根基,大义名分之论次第盛行,上下共促革新气运之时,浦贺湾头一声炮响,惊醒泰平桃源之梦,王政复古之说乃倡,遂有明治维新之伟业。而彼中土学者,唯埋头科举考试,惑溺于功名利禄,甘为政治家所用,徒为其傀儡,当清朝未曾有之国难,唯恐怯遁散居,临爱新觉罗氏之亡国,殉义死操者,殆无一人。其视日本,毕竟不可同日而语也。

德川时代之汉学,即儒学之概略,大略如上所述,及明治维新以后,风云大变,鸿儒硕学逐年凋落,后进有志于此者,虽不能谓绝于世,然亦颇少。此必有因,且详后述。

## 时期之划分

为便于陈说,姑将德川时代划分为三个时期:

| 分期 | 时段 | 在位将军 |
| --- | --- | --- |
| 第一期 | 庆长八年至享保二十年<br>(1590—1735) | 德川家康、德川秀忠、德川家纲、德川纲吉、<br>德川家宣、德川家继、德川吉宗 |
| 第二期 | 元文元年至天明八年<br>(1736—1788) | 德川吉宗、德川家重、德川家治 |

---

① 山鹿素行(1622—1685),名高佑,字子敬,号素行,日本江户时代儒学家、兵法家,兵法自成一派,以"山鹿派兵法"闻名于世。详见后文。
② 吉田松阴(1830—1859),名矩方,字义卿,号松阴,通称寅太郎,日本江户时代末期政治家、教育家、改革家,明治维新的精神领袖及理论奠基者。
③ 室鸠巢(1658—1734),名直清,字师礼,号鸠巢,日本江户时代中期儒学家。详见后文。

| 分期 | 时段 | 在位将军 |
| --- | --- | --- |
| 第三期 | 宽政元年至明治元年（1789—1868） | 德川家齐、德川家庆、德川家定、德川家茂、德川庆喜 |

第一期为朱子学勃兴时期，第二期为古学隆盛时期，第三期为官学私学对立时期。以下依次说明。

# 第一章　庆长八年至享保二十年(1590—1735年)

## 一、概　　说

**朱子学之勃兴**

以朱子学为官学教育之宗旨，并非始于德川时代，中土自元明以来早已成为定制。儒学之内，学问各异，学派林立，其较稳健而得中庸者，乃朱子学。朱子学之利害，后世亦有相当之认识，但若以利弊相较，朱子学仍为优良之学问。

**曾国藩、副岛苍海**

晚清重臣曾国藩曾论此事，余亦曾闻诸故副岛伯苍海公。副岛苍海[1]持论，并非墨守朱子学，而是因时制宜，痛骂宋儒："我于儒学之内，用治国平天下之具，以朱子学最为坚实。"世以德川氏用朱子学而大义名分论盛起，而大义名分论却成为幕府自掘坟墓之论。若仅由片面观之，此说看似颇有道理，然不过后世之推论，盖德川时代之初，朱子学尚未被全面认可。

又，德川氏用朱子学，乃因时势之不得不然。当时，王室衰而武家起，而斯文随之扫地，镰仓时代、足利时代维系学问一缕命脉者，乃前述之僧侣。彼武家政治时代，僧侣之外，大抵皆醉心于武事，无心顾及文学等学问，而僧侣所治学问者为何？即前述之朱子学是也。

---

[1]　副岛种臣(1828—1905)，号苍海，日本幕末明治时代志士、政治家、外交家、汉学家、书法家。详见后文。

## 藤原惺窝

由僧侣中分离出来,宣称儒学独立并身体力行之人,即藤原惺窝①。藤原惺窝以外,尚有学者,皆修朱子学之人。

## 朱子学成为官学

日本全国皆然。故学者用以教学之时,除朱子学外,别无他学,此所以视朱子学为德川时代之官学也。

在本论之前,先就此一时代之概略简述一番。若问此一时代兴起之朱子学由何人首倡,此人即前述之藤原惺窝。而藤原惺窝门下有林罗山、松永尺五、堀杏庵、那波活所、人见懋斋等。林罗山为幕府所召,子孙世代为大学头,门生极多。

## 私学

松永尺五②则在京都,应召入宫进讲,与江户林罗山遥遥相对。松永尺五又是私学之祖,门下有木下顺庵、宇都宫遯庵、安东省庵、贝原益轩等,而再传弟子有新井白石、室鸠巢、雨森芳洲、祇园南海、榊原篁洲等。

## 南学

此外,日本朱子学自成系统、别开一派者,南学是也。南学兴起于土佐藩,土佐位于日本南部,南学因而得名。南学之宗派,曰闇斋派。南村梅轩、谷秦山、野中兼山等倡之于土佐,山崎闇斋继承之。山崎闇斋主倡大义名分,给予明治维新间接之功极多,其门下士浅见绚斋,著《靖献遗言》,托中土忠臣义士以讽谏日本尊王之大义。此外,尚有佐藤直方、三宅尚斋等人。又有水户藩德川光圀之臣栗山潜锋,著《保建大记》,明大义名分。京都又有中村惕斋,同为朱子学派,较之山崎闇斋,颇着实稳健。又,水户藩朱舜水门下有安积淡泊,《大日本史》重要部分多出此人之手。

## 阳明学、古学

上述诸人,大抵皆属第一期之代表性学者。异于朱子学说之学派,有宽永十七年(1640)始出名之阳明学者中江藤树、熊泽蕃山及著《圣教要录》而崇古学、攻击朱子学之山鹿素行等人。崇奉古学者,尚有伊藤仁斋,而同为古学又异于伊藤仁斋者,有荻生徂徕。

---

① 藤原惺窝(1561—1619),名肃,字敛夫,号惺窝,日本江户时代初期著名儒学家,使朱子学在日本独立发展,对后世影响较大。详见后文。

② 松永尺五(1592—1657),名遐年,字昌三,号尺五,日本江户时代初期学者、教育家。

**水户光圀**

另一方面,水户藩德川光圀建楠木正成碑,著《大日本史》,卒于元禄十三年(1700)。

第一期大抵如上,与天下大势尤有关联者,乃是藤原惺窝派。

## 二、德川家康之好学

庆元①以降,儒学盛行,始于藤原惺窝。然德川家康②以武将之身,而好文事,其好学著称于世,此亦德川氏所以能开三百年之霸业也。

**德川初年刻三书**

庆长初年,设学校于伏见,并开版刊刻《孔子家语》;庆长五年(1600)二月,开版刊刻《贞观政要》;四月,开版刊刻《三略》。论者以为,刻《孔子家语》,乃示孔子之总要、师法之标准;刻《贞观政要》,以示文治之则;刻《三略》,以示武略之要。由此亦可观其规模。此时正值关原之战③前夕,而德川家康不拘兵马倥偬之际,仍热心文事,其好学弘道之志,确可称道。

**家康之好学**

板坂卜斋乃德川家康之侍医,颇受宠任,常侍左右,其记德川家康之事曰:"彼好学非徒弄文华以夸博览。"又记德川家康所读之书有《论语》《中庸》《史记》《汉书》《六韬》《三略》《贞观政要》《东鉴》《延喜式》等。可推知其所学,以实用之学问为主。

**论为政**

庆长十九年(1614),京都五山僧至骏台,德川家康招之,命林罗山就《论语》论为政"为政以德,譬如北辰,居其所而众星拱之"为题,令五山僧论之。僧侣多颂方今太平之世,诸藩以幕府为北辰。然德川家康不喜,曰:"我所欲知者,乃如何为此政,尔等所论,非我之意。"

---

① 查日本天皇并无庆元,恐系"庆长"之误。庆长(1596—1615),后阳成天皇年号。
② 德川家康(1543—1616),日本德川时代开创者,与织田信长、丰臣秀吉并称日本战国三英杰,日本历史上杰出的政治家、军事家。
③ 关原之战,1600年发生在日本关原地区的著名战役,德川家康在这一战中打败丰臣氏,夺取了统治权。

### 三要、三切、三行

天文二十一年(1552)，德川家康年十一①，为今川氏之人质。从知源院某僧学书法于骏河宫崎，有僧名唤三哲者，教德川家康以三要、三切。三要者，衣、食、住是也。三切者，海(原注:"战"之误)、宝、旅是也。皆武士之最要紧者。德川家康闻之，深有感悟，以此为戒。后又以"三行"加之。三行者，道、艺、俭是也。诸如此类，皆可见其学问之务实。

### 家康之学友

据板坂卜斋记载，常与德川家康往来论学者有：南禅寺三长老、东禅寺三长老、东禅寺记局郎、清原秀贤、水无濑中纳言、藤原惺窝、僧三要、僧承兑等。

### 手泽本

又据林道春②《御本日记》，德川家康手泽本之多，颇可惊人。其目如下：《律》二卷、《令》十七卷、《续本朝文粹》二十三卷、《本朝文粹》十三卷、《史记抄》十四卷、《文选》六十一卷、《太平御览》百十四卷、《左传》三十卷、《续日本纪》三十卷、《卷本谣初》十卷、《黄氏日抄》二十卷、《君臣图像》、《公卿补任》五十五卷、《卷本群书治要》四十七卷、《前后汉书》七十卷、《文献通考》百三十九卷、《唐书》三十三卷、《大明一统志》三十五卷。

德川家康如此好学，有关其少年时代爱好文事之记载，虽不多而且不明，然亦可推知出于今川义元③之诱导。其晚年之文事，就史籍所载，可梳理概述如下。

### 御前讲释之始

文禄二年(1593)，德川家康年五十二，命藤原惺窝读《大学》《贞观政要》，此系幕府时代御前讲释之始见于史书。

### 藏书之始

文禄三年(1594)，德川家康年五十三。十二月，借《礼记正义》于清原秀贤，藏书之事始见于此。

---

① 德川家康生于1543年1月31日，即天文十一年十二月二十六日，故天文二十一年虚岁为十一岁。
② 林道春，即林罗山。
③ 今川义元(1519—1560)，日本战国时代骏河名门今川氏的第十一代当主，雄踞骏河、远江、三河的东日本第一大名，人称"东海道第一弓取"(意为东海道最强大名)。今川义元除出众的文韬武略外，亦是一位热衷和歌能剧的风雅大名，其治下的骏府城有"小京都"的美誉。

## 官刻之始

庆长四年(1599),德川家康年五十八,以活字刊刻《孔子家语》于足利学校,此系官刻之始。庆长五年(1600),正值关原之战前夕,多事之秋,仍在足利学校刊行《贞观政要》《三略》。十月,命藤原惺窝读《汉书》及《十七史详节》于御前,使永井直胜就细川玄旨问周将军柳营之仪式。

## 赐书之始

庆长五年(1600)十一月,德川家康以安国寺没收书籍赐长老僧三要。此系德川氏赐书之始。

## 设学校之始

庆长六年(1601),德川家康年六十,设学校于山城伏见,此系武家政治时代最初之学校。招请原足利学校住持僧三要为教习,又为三要建山城一乘寺村圆光寺,并赐田地二百石许①,充其经费。此外,尚赐木版植字十万字,又刻《武经七书》等,并以朝鲜所购书二百部赐。

## 图书馆之始

庆长七年(1602),德川家康年六十一,建文库于江户城中富士见亭,收藏金泽文库藏本及所购之书物,命足利学校僧寒松编目。此系德川氏建图书馆之始。

## 学说之自由

又许士民自由言论,自由为学。此前,在王朝一统时代,经书有定说,其训点不过是金钱买卖之物,唯禅僧可避其束缚,学问因而不能广为普及。故德川家康此一措施,实日本教育史上一大功绩。

## 招请林罗山

庆长十年(1605),德川家康年六十四。三月,刻《东鉴》;四月,刻《周易》。此时,德川家康已退隐,德川秀忠代为将军。家康始招请原居京都二条城之林罗山,试其才学。庆长十一年(1606)四月,刻《武经七书》。庆长十二年(1607)四月,林罗山至江户,侍讲筵,读《三略》《汉书》。

## 骏府殿中问答

庆长十三年(1608),德川家康年六十七,于骏府召林罗山,讲《论语》《三略》。又于骏府城内,请僧天海与林罗山对论儒佛,德川家康亦屡屡临

---

① 石(dàn),一石十斗,"赐田地二百石许",指产量达二百石左右的田地,以之作经费,而非纯粹指一定面积的田地。

席就听。宽永寺宝物《骏府殿中问答》即记其对论之者,据云此后所记尚多。八月,作东寺所藏佛经副本,藏于高野青岩寺。

### 古书誊写

庆长十五年(1610),德川家康六十九岁,命镰仓五山僧誊写《群书治要》,此系日本古书誊写之始。庆长十九年(1614),又于《贞观政要》《日本纪》《延喜式》等书中精选公家武家法度条款。德川家康又上奏朝廷,请誊写秘府记注并诸家之旧记。而公卿之秘藏书物,此时若不出,乱世难保,为后日之援证据用,亦皆劝其保存。以林罗山、传长老(原注:五山僧)为监督,自缙绅之家至寺院神社,誊写其旧记,一部献于朝廷,一部藏于江户城文库,一部收于骏府城文库。

### 大学校

庆长十六年(1611),德川家康年七十。命林罗山读《建武式目》,研究其得失。庆长十七年(1612),德川家康与林罗山共论武王伐纣之事,为德川氏与丰臣氏之关系。六月,林罗山进讲《论语》,此时有《厩焚》章之问答。此后,林氏又屡屡进讲《论语》。庆长十九年(1614),林罗山与后藤庄三郎谋建大学校于京都,此时虽是德川秀忠①在位,然德川家康仍许之。德川秀忠乃问谁可任大学头之职,林罗山答以藤原惺窝。德川秀忠许之,然未几大阪之战起,事不果行。

### 《群书治要》

元和二年(1616),德川家康年七十五,《群书治要》刻成。先是,闻直江兼续藏有异本,命校订之。又命清见寺、临济寺等僧徒净写一本。此系德川家康卒前三十日之事,至五月,未及见版成而卒。

要之,德川家康之好学,设立学校,许学问自由,搜访文书,刊行书籍,创建文库,招请学者等,凡关乎文教之事,无不尽力为之。德川家康之学以实用为主,遂造就德川幕府之统治基础,其所播文华之种,至后代而开花结果。

## 三、德川家康与藤原惺窝

藤原惺窝,名肃,字敛夫,号惺窝、北肉山人、柴立子、广胖窝等。惺窝

---

① 德川秀忠(1579—1632),德川家康第三子,德川幕府第二代将军,1605—1623年在位。

之号,出自谢上蔡①"敬是惺惺窝"之语。敬者,敬觉也,窝乃庵之意。藤原惺窝乃冷泉家之祖、以歌人闻名的藤原定家之子孙,生于正亲町天皇②永和四年(1561)③,殁于后阳成天皇④元和五年(1619),享年五十九。世食播磨三本郡细河村。七八岁时,土豪别所长治侵略其领地,藤原惺窝之父冷泉三位藤原为纯与惺窝之兄藤原为胜因战死,藤原惺窝求丰臣秀吉为其复仇,然未得时机,终失其领地。

父兄既死,领地已失,藤原惺窝遂成孤儿,乃就龙野僧东明问学,一时有神童之誉。乃出家为僧,法号曰宗舜,因师事东明之师九峰,得以在京都妙寿院专事学问。世称藤原惺窝早年为妙寿院,即因此之故也。

藤原惺窝一心勉学,悟佛教与儒教全然二致,遂断然舍佛而倡儒。时五山名僧承兑、灵三二人,惜藤原惺窝之舍佛,乃问其为何舍真而归俗。藤原惺窝答曰:"所谓真俗,乃佛教之言语。佛教戾天理而废人伦,是非俗谛耶?"二人不能答。此时五山诗学尚未衰,其徒以才锋相夸,然皆不能与藤原惺窝抗衡。

关白丰臣秀次⑤乃为世所批评之人,然于学问颇有兴趣,尝集五山诗僧于相国寺,开联句会。藤原惺窝出席一次,后不再与会。彼意以为,物以类聚,人以群分。联句始于韩愈、孟郊,必有匹敌者方可举会,绝无一脚着木屐、一脚着草鞋而与会之事。藤原惺窝已知丰臣秀次怀恨在心,乃避祸于肥前名护屋,寄食于旧友小早川秀秋。小早川氏性豪倨,及藤原惺窝至,则肃然改容,其性行亦改。丰臣秀吉为征朝鲜而来名护屋,闻藤原惺窝之学问,尊而敬之。

**德川家康与藤原惺窝**

文禄二年(1593),藤原惺窝至江户,谒见德川家康。德川氏请其讲《大学》《贞观政要》中治国之精要所在,由是益为德川氏所知。藤原惺窝寻决意渡海赴中土,然遭飓风而泊萨摩,得程朱之书而归。

---

① 谢上蔡,即谢良佐(1050—1103),字显道,上蔡人,人称上蔡先生。谢良佐与游酢、吕大临、杨时并称"程门四先生",创立"上蔡学派",在程朱理学发展史上是承前启后之人。
② 正亲町天皇(1517—1593),1557—1586年在位。
③ 1561年,当为永禄四年。
④ 后阳成天皇(1571—1617),1586—1611年在位。按,元和当是后水尾天皇(1596—1680)年号,1611—1629年在位。
⑤ 丰臣秀次(1568—1595),丰臣秀吉的养子,继任关白之位。

石田三成①知藤原惺窝之学,在佐和山招请其为户田内记,藤原惺窝将往而未果,一说固辞而未就。

　　藤原惺窝为学徒之时,播磨人赤松广通即尊之为师且常援助之。后赤松氏自刃而亡。是年九月,藤原惺窝至京都,德川家康屡屡招请其讲书。或时讲《大学》之际,德川家康平服而临。藤原惺窝见状,不讲,待德川家康更服而出,始续讲。《大学》乃说孔子之道,以修身为本,故平服听讲,于礼不合。由此可见,藤原惺窝之性格,乃俨然不可犯也。故德川家康虽欲重用,而藤原惺窝不仕,乃荐林罗山以自代。

　　藤原惺窝尝评丰臣秀吉曰:"秀吉之事业大而度量小。何以言之?织田信长死后,秀吉废其子而取天下是也。"或以此闻之公卿四辻公理,公然之。秀吉之作大佛,亦由猿心所致也。

　　藤原惺窝却丰臣秀吉而见德川家康。德川氏以一万石聘彼,然藤原惺窝仍辞之。横井小楠②以为德川家康并非真尊道,乃因政治目的而利用藤原惺窝。藤原惺窝知德川家康之野心,遂速辞而往京都,应后阳成天皇、后水尾天皇之召,时至御前进讲。

　　庆长十九年(1614),林罗山议设学校于京都,以藤原惺窝为祭酒。德川家康嘉纳之,命相地,并议其制。然此事寻因大阪之战起,而德川家康亦卒,遂不果行。于是,诸侯荐藤原惺窝于德川秀忠,德川秀忠亦重之。元和五年(1616),将聘之际,而藤原惺窝病逝。

　　"夷、齐虽不仕周,亦当知武王之恩;四皓虽不仕汉,而当知高帝之恩。"此宋人谢枋得③辞元之聘也,藤原惺窝更加"况于草莽乎"(原注:《惺窝文集序》)之语。彼虽不仕德川氏,然亦感其治平之恩,此当无疑。

## 藤原惺窝之门人

　　藤原惺窝最伟大之处,即培养出门下林罗山(幕府)、松永尺五(京都)、那波活所(纪伊)、堀杏庵(尾张)等四大天王,此外,尚有菅原得庵、吉田素庵、三宅寄斋、石川丈山、林东舟、永田善斋等众多人才。林罗山仕幕府之外,又在京都讲学。而松永尺五在京都开讲习堂,其门下有木下顺庵、安东省庵、宇都宫遯庵、野间三竹、松永昌易等。而木下顺庵门下又有榊原

---

① 石田三成(1560—1600),丰臣秀吉的得力干将,关原之战的实际指挥者。
② 横井小楠(1809—1869),日本幕末志士、学者,主张学以致用,实行政治改革,遭刺杀身亡。
③ 谢枋得(1226—1289),字君直,号叠山,宋末遗民、爱国诗人。宋亡之后,拒绝出仕,绝食而死。

篁洲、新井白石、室鸠巢、雨森芳洲、祇园南海、南部南山、向井三省、服部宽斋、三宅观澜、松浦霞沼,所谓"木门十哲"。上述人物大抵已囊括德川时代日本汉学之代表性学者,而藤原惺窝真可谓汉学中兴之祖。

**荻生徂徕之评语**

高慢而不轻易许人如荻生徂徕,亦称:"以功论,日本汉学之祖乃王仁,民始知字;吉备真备次之,经艺始传;其次菅原道真,诵诗文;其次藤原惺窝,人人言必则天称圣。此四公者,以日本四先达而世代享学宫之祝祭。"

**学风**

藤原惺窝之学颇广,其主脑在朱子学,然亦取陆象山之说,并参考汉唐旧疏。当时王阳明之学说尚未传入日本,藤原惺窝亦未读之,然陆象山乃王阳明之先辈,其说大体相通,若藤原惺窝读王阳明之书,当必有所取之处。且据林罗山云,当时日本尚未锁国,藤原惺窝亦通天主教之学。

藤原惺窝尝训释四书五经曰:"汉唐之儒者,于经籍仅止于训诂,而无圣学之实。唯唐有韩愈,然亦不得不谓有失。若非宋儒,谁能继圣学之绝绪耶?今有挽狂澜于既倒、返斜阳于已坠者,故吾敢为之,以便后学。"

藤原惺窝乃藤原定家之子孙,于歌于诗,抑或于文,皆有相当之造诣。著述亦有通俗解说儒教之《千代茂登草》,一名《假名性理》。此外,尚有《寸铁录》《逐鹿钞》《经书和字训解》《四书五经训点本》《文章达德录》《文章达德录纲领》《惺窝和歌集》《惺窝文集》等。文集有两版,一是林罗山、菅原玄同续修,共八卷;一是藤原惺窝之孙藤原为经编纂,水户光圀订正,共十七卷。后光明天皇①御赐序文,并尊称为先生。帝王如此尊称臣下,古往今来,中日史上尚无成例。

**训点**

藤原惺窝之训点,有剽窃文之点,即所谓儒林疑狱问题,然二者恐系不同之物。藤原惺窝与朝鲜姜沆②及其所作和歌,可以知之。

严子陵屈节事光武而助东汉之兴,名节之士闻风而起;藤原惺窝屈志事德川氏而助江户之兴,名节之儒亦闻风而起,遂启王室中兴之基。至明

---

① 后光明天皇(1633—1654),日本第一一〇代天皇,1643—1654年在位。
② 姜沆(1567—1618),字太初,号睡隐,他在1597年日本侵略朝鲜的战争中被俘,滞留日本约三年,在此期间,他与藤原惺窝等汉学家颇有交流,并将日本的制度和情势记录下来,写成《看羊录》。

治朝,追褒藤原惺窝学问之功劳,赠正四位。

## 四、林 罗 山

林罗山,名忠,一名信胜,后薙发,号曰道春法印。姓林氏,乃藤原氏之末裔。生于天正十一年(1583),殁于明历三年(1657),享年七十五。父名吉胜,削发,号理斋。或以林罗山乃大阪米商之子,理斋无子,因以为养子。

林罗山八岁时,有甲斐人德本(原注:读《太平记》之元祖)过林罗山之父林理斋,读《太平记》,林罗山以非常之英才,一闻即可记诵者,数十页也。又,林罗山听讲《论语集注》之际,中脱一页,乃谙写补辑之,一字无谬。其强识之事,大率类此,是故世人称之曰"林之耳囊"。十二岁,略读汉籍,就京都建仁寺大统庵慈稽问学,有神童之美誉。众僧以既入佛门当为善知识①劝,林罗山不听,乃出寺还家,誓曰:"何入佛而弃父母恩哉?"是年十五岁。当时,天下丧乱,林罗山百方借书而读,其精敏与五行俱下,凡有字之书,无所不窥。而谓:"汉唐以来之文字,皆本六经,唯六经无所本。道固在此。今之学者,徒窥末而忘本。"由是专志于经学。

庆长五年(1600),林罗山十八岁,始读朱子学,心服之,乃以朱子学为己任,聚徒儿讲朱子学。当时,藤原惺窝虽为儒宗,然避世不接人,而林罗山之名渐著,从游者益多。于是,明经博士舟桥秀贤向朝廷建白:"书经研究乃明经博士之职,而博士之进讲乃古注,且未有敕许,公卿亦不许讲书。然今有匹夫,抗颜为师,而讲新说,必得定罪。"朝廷传之德川家康,德川家康黜博士之议而笑曰:"道通理明,是谓学问。舟桥秀贤所谓匹夫者,何意也?匹夫而有志于学者,当嘉许之。"于是,林罗山之学大行,朱子学亦得以公然发展,至林罗山之孙为大学头,林氏世代以儒学之中心而受世人景仰。德川家康尊崇林罗山之事,在前述"家康之好学"一节中已述及,其事当始于此。

**藤原惺窝与林罗山**

庆长九年(1604)秋,林罗山二十二岁,因前田玄以之介绍,始得谒藤原惺窝之面。论及《论语》,林罗山置疑。藤原惺窝答曰:"十年前,既有此

---

① 善知识,佛教语,与"恶知识"相对,指正直而有德行、能教导正道的好人,也叫知识、善友、亲友、胜友。

疑问。"林罗山服藤原惺窝之学，遂执贽受教。藤原惺窝称林罗山之博学多才，呼为林秀才，又名之曰忠，字之曰子信。其号罗山，亦可窥测乃藤原惺窝所赐。林罗山尝讲《春秋》之时，藤原惺窝有书至，曰："古人罗仲素，读《春秋》于罗浮，今日之罗浮，非罗浮山，乃在足下明窗净几之上，而古人之精神，亦移之于足下。"读《春秋》而得罗浮，自身与智慧共乐，遂称罗浮山人，即罗山也。藤原惺窝对林罗山期许甚高，尝谓："我门下之人，有可共我论和歌者，可论史乘者，可论日本国者，然至兼而有之者，唯罗山也。若有问我者，问罗山可也。"

## 道春

林罗山二十五岁，受幕府之聘而祝发，改号道春。就林罗山仕德川氏而称道春之事，诽谤其献媚德川氏者有之，然彼决非强媚，亦有振兴当时儒学衰败之苦心。

## 与天海和尚之问答

庆长十三年（1608），当骏府德川家康之前，林罗山与后来上野宽永寺开山之祖天海和尚有儒佛谁能致天下太平之问答。林罗山主修尧舜孔子之道，而天海力主参考儒教，其本体乃日本作为神国之神，遵从天照大神之主意，再辅之以佛教。林罗山遂败。此系《骏河殿中问答》所载有名之逸话，然真伪不详。

## 《本朝神社考》

林罗山后来著有《本朝神社考》，此书驳斥继空海、最澄"本地垂迹说"之后出现的本居宣长、平田笃胤等人之神道说。

林罗山有《罗山文集》七十五卷。林罗山为德川氏作外交文书，欲知德川氏执政之状况，则《罗山文集》乃不可或缺之文献。在此之前，外交文书皆出于五山禅僧，林罗山以后则移至儒官之手。

林罗山为学问之兴隆，而致力于训育弟子，其门下诸如人见卜幽、山鹿素行等，俊才辈出。当时各藩儒者，大抵皆林氏之门人。又，其子林鹅峰、孙林凤冈等，皆出类拔萃之才，林氏之学愈发隆盛。

## 林鹅峰

林鹅峰，名恕，一名春胜。所著有《本朝通鉴》三百十卷。此书以日本皇室为吴泰伯之子孙，又以北朝为正统。传此系因德川幕府承制于足利氏，不得已而出之。总而言之，至水户藩主德川光圀作《大日本史》，乃正其误。林鹅峰又有《鹅峰文集》二百四十卷。

**林凤冈**

　　林鹅峰之子林凤冈，身为学者，又是豪杰之士，活跃于五代将军德川纲吉之时。与德川光圀共说儒者之士，废僧形为儒服，封从五位，任大学头，为是林大学头之祖。有《凤冈林学士集》一百二十卷。林凤冈门下出荻生徂徕，荻生徂徕后虽与山鹿素行倡导古学，而斥林氏之学，然其初亦在林氏学统之内。

　　此外，林罗山所以受后世攻击，乃因主张日本皇室系吴泰伯之后。此说在前述镰仓时代，圆月既已称之，林氏并非首倡者，而其后木下锦里、熊泽蕃山等亦倡此说。

　　林罗山与藤原惺窝皆赠正四位。

## 五、松永尺五

　　当时与林罗山相对，俨然一敌手者，乃林氏之学友、出入朝廷之松永尺五。松永尺五年寿虽少于林罗山，然其影响亦颇大。松永尺五生于丰臣秀吉外征之年，即后阳成天皇文禄元年（1592），殁于明历三年（1657），享年六十五。

　　松永尺五，名遐年，字昌三，尺五其号也。其曾祖乃刺杀足利幕府末代将军足利义辉之松永久秀。松永久秀生三子：宗通、宗胜、永种。永种生贞德，贞德乃有名之俳优，即尺五之父也。尺五之母，乃冷泉为纯之女，即藤原惺窝之姊妹也。

**讲习堂**

　　松永尺五少时，秀才之名甚高，丰臣秀赖①闻之，使其臣木村重成召见松永尺五于大阪，与老臣片桐且元等共听其讲学。大阪灭后，松永尺五隐于京都，却诸藩之聘，而致力于讲学授徒。然松永尺五德行之高，为时任京都所司代板仓重宗所尊信，遂在京都堀川原大学寮旧址为其建讲习堂，专供讲学。

　　松永尺五又受后阳成天皇之宸眷，而后水尾天皇亦颇器重，其邸在皇宫之南，设学寮以教授皇子皇族。当时浪人出身而为学者者，甚为幕府掣肘，尤其在京都，更遭非常之压迫，然松永尺五出入皇室，且幕府之掣肘毫发无及，乃因受所司代板仓重宗之笃信及其本人学德之深厚。松永尺五在

---

①　丰臣秀赖（1593—1615），丰臣秀吉之子，被德川氏打败后，切腹自尽。

宫中所讲为何,难以详明,然确知其讲过《春秋》。彼曾谓:"后阳成天皇以下多好学之圣主,且五代将军亦好学之人。而后水尾、后光明两天皇尤英明之主,惜后水尾天皇早内禅,后光明天皇早驾崩。若天假以圣寿,王政复古在此时已有所成就,亦未可知。"

尺五之号,乃讲习堂落成之时,石川丈山①所赠,取自杜甫"城南韦杜家,去天仅尺五"之句。庆长五年(1600),在学寮开学典礼上,松永尺五所作诗曰:

> 尔后不图天日好,缙绅武弁入贫家。檐间才设吾侪席,门外幸留长者车。荆棘误生蓬阙侧,杨园谩作亩丘加。疏材缘底待秋实,斯会骤然先着花。②

当时状况虽艰难如斯,然松永尺五门下却依然"桃李不言,下自成蹊",其著名之门人有木下顺庵、安东省庵、宇都宫遯庵、贝原益轩等。而木下顺庵门下又有榊原篁洲、新井白石、室鸠巢、雨森芳洲、祇园南海、南部南山、向井三省、服部宽斋、三宅观澜、松浦霞沼,所谓"木门十哲"。宇都宫遯庵,乃评注书之名人,因其字极细,俗称虱先生。

林罗山在江户,以幕府为背景培植学者,而松永尺五在京都,以皇室为背景培植学者。当时日本之学界,由此偶然分为京都学者与江户学者两派,延至后世,遂别至尊王、佐幕两派。

## 六、德川秀忠、德川家光、德川义直与林罗山

德川秀忠,性温雅,有宏量,沉静而有远谋。幼习儒学,初听藤原惺窝讲经书,后听林罗山讲《三略》《汉书》。德川家康爱读《东鉴》,德川秀忠亦翻看,而命足利学校寒松加朱墨,以便读习。德川氏开府于江户,其规模制度多师法源赖朝③,而以文教饰之,文教亦因之而存。元和二年(1616),德

---

① 石川丈山(1583—1672),日本江户时代前期的汉诗人。
② 原汉文。
③ 源赖朝(1147—1199),日本平安时代末期至镰仓时代的武将、政治家。镰仓幕府第一任征夷大将军,也是日本幕府制度的建立者。镰仓幕府的建立,标志着日本长达680年的幕府时代的开始,这个时代直到明治维新才结束。

川家康卒，由其遗命所刊行之《群书治要》，献于朝廷，其遗书数百部，分赐诸弟。

## 《本佐录》

德川秀忠尝命佐渡守本多正信①陈天下治乱、国家存亡之兴衰起伏，并论其得失。本多正信乃书《治要》七条上之，即世所传《本佐录》是也。

## 《东照宫遗训》

德川秀忠又遣主计头井上正就②至骏府侍德川家康。德川家康留之数日，屡召之，以数百言戒饬之。井上正就退而笔录，即世所传《东照宫遗训》是也。

## 咄众

德川家康好下问，喜受尽言，于诸大名中选文武之有名者，任所谓"咄众"之职。至德川秀忠时，"咄众"又增立花宗茂、丹羽长重等二十人。终日侍于侧，政务之暇，则谈论以乐之。元和五年（1619），出召藤原惺窝授官，盖因又欲增"咄众"，未果，而藤原惺窝已病殁。

## 《宋朝类苑》

元和七年（1621），后阳成天皇以《宋朝类苑》一部赐德川秀忠，德川秀忠命僧崇传读之。此《宋朝类苑》乃奉天皇之敕命印刻，天皇亦好学崇文，尝诏德川秀忠曰："乃父家康生长兵间，急于拨乱，而未暇施仁政，汝则治世良将，宜浃施仁德，而永化人民。"惜哉！此诏书之铜字原藏官库，后散佚云。

## 德川家光

德川家光③，英迈勇武，世人皆知，然至其好学崇文，则知之者少矣。德川家光好学，其学问并非寻章摘句，乃是以经术为本，参考史籍，以察古今家国安危存亡、成败之乱之机。

德川家光二十一岁，始召林罗山为侍读，讲《论语》，读《贞观政要》。又命金地院崇传④作《和汉通用集》，作为政事之参考。宽永三年（1626）三

---

① 本多正信（1538—1616），日本战国时代武将、江户时代初期大名，是德川家康的智囊。
② 井上正就（1577—1628），日本江户时代初期大名。主计头，系当时日本民部省（负责管理户籍、租税、交通、建设等）下设的主计寮的长官。
③ 德川家光（1604—1651），日本德川幕府第三代将军，德川秀忠长子，他为保护日本而实行闭关锁国政策。
④ 金地院崇传（1569—1633），曾任日本临济宗大觉派总寺院南禅寺住持，成为日本临济宗最高位宗主，德川家康邀请其来讲古代高僧故事，后又受到德川家光的信赖。

月,命林罗山撰《大学和字抄》;五月,撰《孙子谚解》;六月,撰《三略谚解》。林罗山标四书五经之要语以献,以备稽古之用。是岁,德川家光幸二条城,世以为乃德川氏一代之盛仪也。宽永六年(1629),德川家光赐林罗山、弟林永喜法印之位,盖崇尚儒臣之意。

## 禁书

宽永七年(1630),明正天皇即位之岁,有禁书之事。即长崎舶来之书籍内,凡有耶稣教名目及其纪事议论之物,皆属禁书之列。

## 学问所

宽永七年(1630),林罗山于江户上野忍冈建学问所。

## 孔子庙

宽永九年(1632),尾张敬公德川义直①为林罗山建孔子庙于林氏之邸,做孔子及颜子、曾子、子思、孟子之像以祀。且德川义直又书"先圣殿"三字额,与祭器共寄附之。

宽永十年(1633),将军德川家光始拜孔子庙,拜祭之际,林罗山讲《尚书·尧典》,德川家光以白银赐林罗山,以时服赐林永喜。林氏邸孔子庙于五代将军德川纲吉时移至汤岛。

## 德川义直

德川义直与其兄弟纪州藩德川赖宣、水户藩德川赖房,自幼好学,其尊林罗山之事,前已述及。德川义直乃诸侯中学问造诣深厚之人,重国典而志神道。其平日之修养自勉,可由悬挂于书斋之警句知之:"天下无不是底父母,世间难得者兄弟。"德川义直常召儒臣讲经读史。正保三年(1646),德川义直上《东照公年谱》,德川家光斋戒以受之。又因重朝廷之仪式礼节,心向日本历史,乃作《神祇宝典》《类聚日本纪》《军书合鉴》等。

尾张敬公德川义直有藤原惺窝门下"四大天王"之一的堀杏庵(别号:正意),纪州有同为"四大天王"之一的那波活所(别号:道圆),而其余二"天王"林罗山居江户,松永尺五居京都,水户尚另一门人人见卜幽,因此,藤原惺窝之学成遍布各地之势。

水户义公德川光圀,乃尾张敬公德川义直之侄,德川赖房之子。德川光圀受德川义直感化甚大,其所编《大日本史》即受前述德川义直《类聚日本纪》之刺激,以德川光圀之事业观之,恐其乃欲继德川义直之志。德川光

---

① 德川义直(1601—1650),德川家康第九子,尾张藩德川家家祖。

囡景仰德川义直,在其所著《常山文集》中有所述及。举其一例,其吊德川义直文中有"更考朝仪,尝读国史,兴废继绝,张皇道弛",又有"泰山其颓,梁木折矣,呜呼哀哉,我何所倚"等句。其哀泰梁之变如斯。

## 《和汉法制》

言归正传,宽永十二年(1635)六月,幕府颁布《十九条法令》。如其第一条曰:"励忠孝,正礼法,常怀文道武艺之事,专义理,不可为乱风俗之事。"并指出儒教教育之必要。此前,是年正月,德川家光命林罗山综合和汉之法制,撰《和汉法制》三卷,是为《十九条法令》之准备。所谓德川三百年政治由德川家光而出,即出于此等制度。

## 《宽永武家系图》

德川家光当时有《神代帝王系图》《本朝编年录》《四将军家谱》等著述多种,最有名者,乃《宽永武家系图》。此图不问出身贵贱,而以于国治乱有功者入之,且在东照宫之庙祭祀彼等。

## 国书答礼书

宽永十三年(1636)十二月,朝鲜信使来日本。德川家光命林罗山草国书答之。在此之前,德川幕府承足利氏之惯例,国书皆出僧人之手。此次林罗山起草国书,乃武家政治时代儒臣起草外交国书之始,此后直至明治维新,国书之起草由林氏一系专司其职。

宽永十四年(1637),德川家光命林罗山以经书中要紧之语为论题,开儒士讨论会,德川家光亦临席。

## 南学

至此,学问益加隆盛,汉学愈发展开。而藤原惺窝门下四大天王学统以外,土佐尚有南学,后演变为崎门学。

南学学派,由日本战国时代①周防大内氏臣南村梅轩所创立,南村梅轩出桂庵之门,至土佐,土佐弘冈城主吉良宣经(原注:源范赖②之裔)以宾师之礼迎之。南村梅轩门下有三杰:天室、忍性、如渊。天室门下有一子弟曰谷时中,名素有,而山内家家老野中兼山、小仓三省即出谷时中之门。京都人山崎闇斋,由妙心寺入土佐竹林寺,为野中兼山、小仓三省所知,亦入

---

① 日本战国时代,一般是指1467—1585年或1615年间的日本历史。
② 源范赖(1156—1193),源赖朝、源义经的同父异母兄弟,日本平安时代末期至镰仓时代初期武将。

谷时中之门。野中兼山之豪杰气、小仓三省之君子气,皆给予山崎闇斋极大熏陶。山崎闇斋当时年方二十五岁,即来江户开学塾。世以之与在京都讲学之伊藤仁斋京学相对,谓之南学。

此南学与京学、林氏之学,三派皆尊朱子学,皆属朱子学派。与朱子学相对,日本阳明学派始于中江藤树,即世称江西学、藤树学,其门下有熊泽蕃山、渊冈山等人。熊泽蕃山以辅佐备前芳烈公池田光政闻名。

### 山崎闇斋之勤王敬神说

宽永十九年(1642),保科正之封会津藩主,任用山崎闇斋。山崎闇斋之勤王敬神说,是会津教育之基础。会津藩白虎队之出,即胚胎于此,此说即武士道精神之一种(原注:除水户藩外,最初倡勤王论之会津藩,明治维新时却成为朝敌,实属意外)。

于是,东有保科正之(原注:山崎闇斋之朱子学),西有池田光政(原注:熊泽蕃山之阳明学)等雄藩大名,率先为善政,而为天下三百诸侯之模范。

### 山鹿素行、伊藤仁斋、荻生徂徕

山鹿素行,初从林罗山学,并受兵法于北条氏长,后疑朱子学,著《圣教要录》以攻击之。此系日本疑程朱学之始,伊藤仁斋(原注:世称堀川学派或仁斋学派)、荻生徂徕(原注:世称蘐园学派或徂徕学派)继踵而起。然德川家光时代,未见山鹿素行一系大行于世,因此由大势而言,仍是朱子学时代。

综上所述,德川家光之好学亦不逊于德川家康,其学问亦实用之学。将军德川秀忠、德川家光之好学,潜移默化影响诸大名,文教由此日渐隆盛。此外,皇室之好学,亦有从旁推动之功,亦不可忘。德川家康时,后阳成天皇在位,而德川秀忠、德川家光时,乃后水尾天皇在位。天皇命幕府召镰仓五山僧于江户,抄写金泽文库所藏之律令。幕府命松平信纲任此事,并令林罗山、林永喜兄弟校正。其成果即《官职便览》,后之有识者,以此书能知古代王制官职之体要,已可窥王政复古之先兆。

## 七、南学(崎门学)

### 南村梅轩

当时别有南学一派,乃起于南海道土佐藩之朱子学派。初,有五山僧桂庵之门徒、周防人南村梅轩,避大内氏之乱,而游历四方,为土佐弘冈城主吉良宣经、吉良宣义之宾客。南村梅轩好读《孝经》《四书》,旁讲孙吴兵法。吉良宣义亦好儒学,从南村梅轩学。

**南村梅轩之弟子及再传弟子**

南村梅轩门下有天室,天室门下谷时中大倡宋学,传之小仓三省、野中兼山。山崎闇斋乃出野中兼山门下。此外,尚有学者大高阪芝山。山崎闇斋门下有佐藤直方、浅见䌹斋、三宅尚斋、谷秦山等人。佐藤直方之峻严,极似山崎闇斋,然时又喜笑谐。浅见䌹斋自著《靖献遗言》,阴然鼓动天下勤王之士气,以促维新中兴之气运,世以此书之功可与《大日本史》并垂。浅见䌹斋不屑受幕府之禄,誓终生不践关东之地,以"赤心报国"四字铭于所佩之刀。栗山潜锋,乃闇斋门之秀才,少时为八条宫著《保建大记》,明大义名分论,后应水户义公德川光圀之召,致力于编修《大日本史》,早病殁。山崎闇斋学统中尚有稻叶迂斋、若林强斋、西依成斋等人。若林强斋乃京都望楠轩(原注:望楠木正成之意)之主人。

要之,山崎闇斋一派世称崎门学,其徒多不肯禄仕,浪人而以神主宣传其学说,与明治维新有直接或间接之贡献。山崎闇斋一派无不在明治、大正①两朝受赠位之恩荣。

## 八、中江藤树

日本阳明学,始于中江藤树。那波活所《学问源流》中虽有藤原惺窝已读王阳明书之说,然尚存疑。要之,中江藤树乃日本最早公开倡导阳明学之人。

中江藤树,名原,字惟命,小字与右卫门,近江高岛郡小川村人。初修朱子学,二十五岁读王阳明门人王龙溪语录而知阳明学。《阳明全集》传入日本后,中江藤树更通读之,遂为日本阳明学派之祖。

**王阳明**

王阳明恶朱子学烦琐之弊,而于阳明洞冥想,悟孟子良知良能说之深奥微妙,扩大之而力主知行合一说。此说发端于陆象山,王阳明更敷演扩

---

① 明治、大正,分别指日本明治天皇和大正天皇,1868—1912 年间及 1912—1926 年间在位。

张为"知是行之始,行是知之成"。陆象山曰:"六经我注脚。"王阳明曰:"求之于心是也,虽匹夫之言,吾不敢不从,况圣人乎?求之于心非也,虽圣人之言,吾不敢不从,况众人乎?"虽单刀直入,确属直截简明,然弊端亦复不少。

**阳明学说**

阳明学之弊在于"师心妄行",或因学之者用法不同,或为中江藤树,或为大盐中斋①。近江圣人中江藤树取其长处,发挥良知良能之性善论,以耽于冥想乃无价值之事,无身体力行则不可能得知行合一之结果,乃以《孝经》为基础而说道论学。

孝者,何也?中江藤树注《孝经》"夫孝始于事亲,中于事君,终于立身"句,君非帝王一人,乃朝廷、国家乃至天下也,事亲事国皆在其中。唯君臣关系,系除父母亲族外,人生在世所能接触之最重要关系,故事君亦在孝之义。《孝经》之意,总以人立于世须尽亲切忠实,不得以事君为局限而看,而出处、进退、去就,不过由一己之身尽情发挥,是可作孝之终局看。要之,人为万物之灵长。

何以言之?非人能运动、有知觉也,人异于动物之处,乃人有决行之力。所谓仁、智、勇,其源泉乃在于爱。有仁爱,则有正确之判断、正确之决行。此所以异于动物者也。而爱之存在由何得见?曰见于事双亲。故事双亲乃第一位,而双亲最早给予爱者,亦其子也。亲子之爱,无论如何亦不能剥夺。此非由他人所教,乃自然之天性耳,若由此观之,则人性本善。以此爱为出发点,推之于万物,则生灵相谐。故在家庭中,有孝则知行皆可。然若此爱施于社会,非爱变强变大,乃可止于当止。由此观之,则"本一"也,即以孝为根本之道德总和。所谓"本一",即爱也。有爱,则能实行良知良能,其实行之初步,即是孝道。民事君如亲,四海之内皆兄弟,其间和气霭霭。《孝经》中有"爱亲者不敢恶于人,敬亲者不敢慢于人"之句,其"爱敬"二字,即中江藤树学说之根本。

中江藤树乃尊王主义者,其诗《辛巳之岁参拜大神宫》曰:

---

① 大盐中斋,即大盐平八郎(1793—1837),日本江户时代后期阳明学派学者,曾领导起义,受到幕末维新志士的崇拜,被推崇为民权的开宗,成为自由民权论者攻击专制政府的一大精神支柱。

光华孝德续无穷,正与羲皇业亦同。
默祷圣人神道教,照临六合大神宫。①

因中江藤树不以培植弟子为念,故其门下知名者甚少,其著名者有熊泽蕃山、中山谦叔等。此外,阳明学者尚有三轮执斋。

## 九、熊泽蕃山

熊泽蕃山,名伯继,字了介,通称次郎八、助右卫门,晚年自号息游轩。"蕃山"乃备前之地名,熊泽蕃山之领地。因此,彼时或自称蕃山某某,而世人以为"蕃山"乃其雅号而呼之,今姑从俗,称为"熊泽蕃山",实则"蕃山"并非其号。元和五年(1619)生于京都,元禄四年(1691)殁,年七十三岁。为备前芳烈公池田光政所用,后为幕府所疑,乃隐于下总之古河,并终老于此。

**学问**

熊泽蕃山得池田光政之信任,以辅佐备前国政,称为近世儒者之经世家。受其师中江藤树之教,其学以阳明学为主,亦不深斥朱子学,乃自成一派之支流。其学问,短于文章,而长于政治。常以判别时、所、位三者为要务。时者,时势也;所者,场所也;位者,自家之处境也。时势常变化,古今不同,即个人亦有所变化,故不能不辨之。场所,乃四围之环境,场所若有误,不能不注意。而各自之处事,本因各自之处境,又不得不辨。此三者之辨,乃据《中庸》"君子之中庸也,君子而时中",中江藤树已指出,熊泽蕃山尤力主之。

**政见**

熊泽蕃山之政治主张,贵米谷而贱金钱,上者制轻重,商贾必须取财货之权势。又主张寓兵于农,省无益之费,强武力,共尚文德。当时,专尚战国时代乱世之风,熊泽蕃山对武士把持政治极为反感,主张文武分离,必须以文教从事政治。然当时学校教育文武合一,文事变为武备,如此之变革,骇人听闻,因此,渐进式德化政策,以期回归礼乐之妙用,尤为必要。德川时代论经邦济世之术者,如荻生徂徕、太宰春台等,其说多基于熊泽蕃山。

---

① 原汉文。

藤田东湖之父藤田幽谷,亦推服熊泽蕃山之政治主张。
**政论**
  熊泽蕃山之政论,主要见于其所著《大学或问》《集义和书》《同外书》《三轮物语》等。《三轮物语》乃以通俗之譬喻式片段阐述其政见,场景设置在公家、社家、祢宜、诸士参拜大和三轮社之时。其文杂用假名,因而较为易懂。以下举其二三例,以为参考。

  古之王道,以智使愚,故得长久。后武家以贵使贱,其亡遂速。人皆天地之子孙,何云贵贱?此至极之理也。然知其理,则不得不知时、所、位之至善。

  读之,可知其主张打破门阀政治,歌颂哲人政治,又云天地之子孙何分贵贱,不难推知其主张万民平等。唯其论"不得不知时、所、位之至善",即出自《中庸》"君子而时中"。而其说平等,与近世之平等说,乃同一说也。

  唐土因天地气化之始而生人,此后其世系不变,有数百之氏,即所谓百姓,可知皆以天地为父母而生其间,以之取天下而为人主。然日本百姓之外有帝王。国人始穴居野外,不知邻邦,亦不知君臣父子之义。帝王之祖先出,而开王道,对于此国而言,其德比天高、比海深。从此,以此国之所有而奉其为国主,乃是天理,云以德而有天下,而非以力而王天下。


**国体论者、尊王主义者**
  由此等议论观之,熊泽蕃山乃国体论者,且可推知其乃尊王主义者。唯在其所处之时世,并无实现议论之机会。
  此外,熊泽蕃山主张以皇子取代僧侣为藩国学校之教师。此与新井白石提议建立闲院宫大体相似。
**排佛**
  熊泽蕃山以释迦牟尼佛为西佛,以耶稣为南佛,以为皆可至亡国。主张排斥佛教,禁止僧侣任户籍吏之职。
  要之,熊泽蕃山之说在于改造时势,因此之故,有诽谤乃至猛烈攻击熊泽蕃山之人。

### 吴泰伯之子孙

熊泽蕃山主张日本皇室乃吴泰伯之子孙。吴乃滨海之国,故有子孙漂流至日本,此即日本皇室之祖先。此诚白璧微瑕之论,昔日之学者往往有如斯之谬见。此亦醉心汉学之弊耳。

松原氏《牛窗泊舟》诗曰:"渔家儿女亦知字,笑将《孝经》教老翁。"①此是熊泽蕃山治备前国,教学问先以《孝经》,其教育之普及,连渔家儿女亦知文字,读《孝经》,并以《孝经》教老翁。由此可见熊泽蕃山教育之主旨。以《孝经》为教之根本,出于其师中江藤树之说。

### 十、山崎闇斋、山鹿素行、熊泽蕃山

山鹿素行与熊泽蕃山学问各异,素不相识,然二人同时而现,其影响感化皆甚大,难分伯仲,而因见识、名声招来不幸,二人又极为相似。山鹿素行乃日本古学派之鼻祖,而熊泽蕃山乃日本阳明学事功派之开山,二者学问有异。山鹿素行在播州,熊泽蕃山在备前,二人皆有伟大之感化力与影响力,而二人又招来不幸之运命。以下乃以此事之经纬为中心,稍加详说。

宽文六年(1666),山鹿素行年四十五岁,因所著《圣教要录》,被指对圣学有异议而获罪,寄居播州赤穗浅野家。翌年,熊泽蕃山亦由京都退居大和。

#### 山鹿素行获罪之因

当时,山鹿素行与由井正雪以兵学家著名,共居江户之牛込,又以浪人儒者身份而有门生四千人,其规模如大名诸侯。北条氏房嫉视其兵学,而山麓、由井又相轻,然在幕府看来,山鹿素行与由井正雪相似,皆系危险人物。因此,由井正雪等之变②起,幕府即将怀疑之目光投向山鹿素行,而山鹿素行此时正著《圣教要录》,遂因此书而遭笔祸之厄,随即遭流放。

#### 山崎闇斋之逸言

盖山鹿素行乃由儒学入兵学之人,出于林罗山门下,本属纯粹之朱子

---

① 原汉文。
② 由井正雪之变,1651 年,由井正雪议谋推翻德川幕府统治,由于计划泄露,由井正雪被迫自杀。

学者，后对此抱疑，以为朱子学由佛教而来，而非纯粹之孔教，乃用汉唐之旧注。其《圣教要录》即主此说，实为第一部针对朱子学有的放矢之作。当时乃第四代将军德川纲吉在任，保科正之任大老。保科正之曾召山崎闇斋至会津，政治教育从山崎氏之教。而山崎闇斋尊奉朱子学，以山崎氏之见，山鹿素行固是异端者。故山鹿素行流放赤穗，传闻因山崎闇斋之谗言。水户小宫山枫轩所著《枫轩偶记》卷五云：

> 秀尝阅一书，昔熊泽、山鹿等名贤多得罪，乃因山崎闇斋偏固之见，会津保科正之执政之时，故起异端邪说之论。当时信其说，近来读《土津灵神言行录》，见有"宽文六年十月三日，置造言者山鹿甚五右卫门于播州赤穗。先是，灵神谓老中曰：'当世有造言者，是惑世诬民之贼也，可严禁之。'老中领之"。

因攻击朱子学，幕府对流放赤穗之人极为苛酷。故如前述，因山鹿素行又是兵学家，幕府视其如由井正雪之流。山鹿素行尝在千石受浅野长矩之父浅野长直之召，直至流放赤穗。后蒙大赦，得以归京。

## 熊泽蕃山

熊泽蕃山与菅原道真、大江广元、新井白石并称，且是罕见之经世家。而熊泽蕃山为名君备前芳烈公池田光政所用，池田氏是近世与熊本银台公、会津神公并称之明主，明君贤臣施行天下闻名之善政，此无须赘言。以前引"渔家儿女亦知字，笑将《孝经》教老翁"一句，即可知其教化之一端。《仰止录》曰：

> 池田新太郎①殿尊信儒学，云及士官，士民于耕作之暇亦读书习学。

在江户城中诸侯列坐之际，夸耀备前教化之盛，亦可推知其已受幕府中央之注目。评价如此之高，可知熊泽蕃山教化备前，已为幕府所恶，因此，庆安四年（1651）由井正雪之变起，承应元年（1652）别木庄左卫门等阴

---

① 池田新太郎，即池田光政（1609—1682），冈山藩主，积极实施儒家仁政，大力发展教育、农业，勤政五十余年，人称明君。

谋显露,是年九月十八日,备前亦有调查一档阴谋之事。《仰止录》曰:

> 池田新太郎近年醉心学问,召学者熊泽次郎八于家中讲学,人人习儒学之事,可为明证。

由此可知,在幕府看来,熊泽蕃山亦山鹿素行同类人(原注:传熊泽蕃山曾到牛込榎町访由井正雪,因看破其叛逆之心,并请池田光政多加留意)。在备前,同僚之中亦有嫉妒熊泽蕃山之人,有进言"熊泽蕃山可杀,恐其外逃"之事。熊泽蕃山遂以三十九岁之壮年,舍三千石之厚禄,去备前而寓京都。至京都,公卿慕其名而从之学者甚多。然又有三条氏某人向京都所司代牧野亲成进谗言,牧野亲成遂命熊泽蕃山退居大和。而对僧了介之诽谤尚不止于此。林罗山一派、山崎闇斋等儒学者,又或对了介佛教政策心存不满之僧徒等,诬言四起。而熊泽蕃山预先察觉之,乃移居明石,此后又转江户、下总国古河等处,终老于古河。

## 十一、洛儒、关儒之对立

源赖朝开府于镰仓,政治中心虽移至关东,而文化中心仍在京都。尔后至德川时代,江户之权力愈盛,文化中心自然由京都逐渐东移。且东都有新兴之意气,而西都保守之氛围则极为浓厚。

### 松永尺五

藤原惺窝门人之中,松永尺五在京都,天皇赐宅于皇宫近左,松永尺五并在皇室进讲。藤原惺窝另一门人林罗山在关东,仕德川氏,前已述及。

### 洛儒、伊藤仁斋、仁斋学派、堀川学派

在京都之儒者,谓之"洛儒",其最显者乃伊藤仁斋。伊藤仁斋及其子伊藤东涯共致力于京都文教之发展,而其学派称为仁斋学派或堀川学派。

### 荻生徂徕、徂徕学派、蘐园学派

在关东者,有荻生徂徕。荻生徂徕五十岁之前尊奉朱子学,其后倡古学,主张文章亦用古文辞,其古文辞所作之诗文风靡于江户文坛,此学派称徂徕学派或蘐园学派。

伊藤仁斋与荻生徂徕虽同是新说复古之古学派,然彼此东西对立敌视,由此可窥二人性格之不同。伊藤仁斋乃笃行之君子,而荻生徂徕颇富

豪杰气概。故当时之书生,见仁斋、徂徕两硕儒之对立,竟不知何去何从。然荻生徂徕之门人入伊藤仁斋之门者有之,而伊藤仁斋之门人入荻生徂徕之门者无,由此推察,伊藤仁斋之信徒或多于荻生徂徕,亦未可知。

### 中村惕斋

同时,京都尚有中村惕斋。奉朱子学,亦颇稳健有德之君子,其门人亦多。

### 关儒

京都尚有山崎闇斋一派门人甚多,荻生徂徕攻击此等洛儒。荻生徂徕骂伊藤仁斋,而伊藤仁斋并不加一语以为反驳。然荻生徂徕攻击愈甚,伊藤仁斋之子伊藤东涯遂以"关儒"返之。由此而生洛儒、关儒①之对立。

### 新井白石、室鸠巢

江户在荻生徂徕之外,尚有新井白石、室鸠巢,其学统承松永尺五。其师承系统为藤原惺窝→松永尺五→木下锦里→新井白石、室鸠巢。

### 贝原益轩

此时,九州地区有贝原益轩。贝原益轩初奉朱子学,后著《大疑录》以疑之。

以上东西诸儒对立时代,正是第五代将军德川纲吉至第六代将军德川家宣②之时。

## 十二、德川纲吉之好学

### 德川纲吉之为人

第五代将军德川纲吉之为人,颇似汉武帝,既好酒色,又颇好学。其父为第三代将军德川家光,其母乃桂昌院。德川家光因以武立,无暇读书,后日颇悔。以德川纲吉万事聪颖,前途有望,择良师以教其用心圣贤之道,故德川纲吉之好学,此系一大原因。德川纲吉自身聪明之处固亦不少。

---

① 洛儒、关儒,系借用北宋"关学洛学"的典故并结合日本实际地理情况而所取的称呼。北宋洛学以二程(程颐、程颢)为首;关学,以关中人张载为创始人。因日本京都的古称,亦借用"洛阳"之名,故伊藤仁斋等在京都的学者被称为"洛儒";与之相对,在关东江户的荻生徂徕等学者,则借用北宋"关西"之"关",被称作"关儒"。

② 德川家宣(1662—1712),德川纲吉之侄,德川幕府第六代将军,1709—1712年在位。

德川纲吉初封馆林侯，其兄第四代将军德川家纲死后，本家系统断绝，乃以德川纲吉入幕府为将军，任用堀田正俊。在将军继嗣之际，大老①酒井忠清主张仿镰仓由京都迎亲王为五代将军，而堀田正俊乃力主迎立四代将军亲弟馆林侯德川纲吉，酒井忠清之谋遂止，德川纲吉乃得以继任将军。

因此，德川纲吉继位之后，赠堀田正俊以"精神贯天地、忠义坚金石"。盖堀田正俊为人颇豪直，为上下人等所嫌，遂为稻叶正休所杀。于是，德川纲吉亲政，成为极端独裁者。时势益加恶化，识者之间，有追怀堀田正俊者。

以下略述德川纲吉好学并勤王之事。

### 拜圣庙

贞享四年（1687），东山天皇②即位之时，自后花园天皇起中断二百六十余年之皇室典礼大尝会再次举行。元禄元年（1688），行释奠，献胙于将军。同年，德川纲吉命翻刻明人张居正所著《四书直解》，献纳于伊势、日光、上王、鹤冈、东叡等三缘两山。又拜忍冈之圣庙，命林罗山之孙林凤冈讲《尧典》。此后，每年皆拜圣庙。元禄三年（1690），圣庙移至汤岛，德川纲吉亲笔题写大成殿之额。此额后毁于大正年间（1912—1926）之关东大地震。

### 亲讲四书、《御版四书》

德川纲吉为执政执事，亲讲《大学》，后每月一回，依次亲讲四书。而与会听讲者，皆赐《御版四书》（原注：常宪院四书）巾箱本。

### 大学头、儒者剃发

元禄四年（1691），林凤冈束发还俗，封从五位，任大学头。此儒者待遇之影响极大，波及诸藩。在此之前，政权移至武家，而学问在五山僧侣之手，而儒士皆不得改剃发之形，至此乃变旧俗。

### 亲讲《大学》

元禄五年（1692），德川纲吉为僧徒、三亲藩亲讲《大学》三纲领。元禄六年（1693），又为公卿亲讲之。元禄七年（1694），贺茂之葵祭复活。

### 亲讲《周易》

元禄六年（1693）至元禄十三年（1700），德川纲吉每月六回，亲讲《周

---

① 大老，日本江户时代辅佐幕府将军的最高职务，统辖幕府所有事务，地位在老中之上。一般只在非常时期设立，且员额只有一人。

② 东山天皇（1675—1710），日本第一一三代天皇，1687—1709年在位。

易》,共讲二百四十回,聆听者达五六百人。人主为臣下亲讲经典,此古来未曾有之事。而此次亲讲,所讲皆朱子之本意,则听讲者所想又如何耶?

## 德川光圀讲《大学》

元禄七年(1694),众望水户德川光圀讲学,德川光圀乃讲《大学》三纲领。当时,德川光圀反对《生类怜悯令》,献犬皮以讽刺之,将军德川纲吉、柳泽吉保①等皆激愤,疑德川光圀有乱心,乃召至江户弑之。

## 荻生徂徕、林凤冈之讨论

元禄九年(1696),德川纲吉临柳泽吉保宅,召其家臣荻生徂徕,与林凤冈讨论司马光疑孟子之得失。又召诸藩之儒者,给予俸禄,学问乃至隆盛之极。以木下顺庵为官儒,乃私学兴隆之发端。

## 山陵调查

元禄十年(1697)九月起,调查山陵,终于元禄十二年(1699)四月,修缮神武天皇以下十六皇陵。此次调查报告,由学者、书法家细井广泽(号知慎)撰写,即《诸陵周垣成就记》是也。此次调查之缘起,乃细井广泽之兄细井知名由川越寄书与弟,悲愤于山陵之荒废,细井广泽遂诉诸主人柳泽吉保,再由柳泽吉保向将军德川纲吉进言。此时,德川光圀亦命水户学者森俨塾(号尚谦)撰上表文,然未果。此文收于《俨塾文集》。

## 赤穗义士论与罪人论

元禄十五年(1702),有关赤穗义士②之议论沸腾。室鸠巢著《义人录》,谓之忠臣,水户栗山潜锋评之曰烈士,幕府亦无所咎。而非义士说,则由法而言,大体以是否合法律为标准,然如大石良雄③者,因其精神觉悟,遂为义士。林凤冈执政之初,为不杀义士而上表,一时几成取死之道。而荻生徂徕以为,其余四十六人若悉如大石良雄,不杀恐更有恶事,亦未可知,此时亦有废武士道之说,将军德川纲吉遂决意令彼等切腹。山崎闇斋门人之中,浅见䌹斋主义士论,佐藤直方主罪人论。而荻生徂徕门下太宰春台亦主罪人论。

---

① 柳泽吉保(1659—1714),德川纲吉的侧用人,是将军近侍的最高职。德川纲吉后期专致于奢华生活,将政事一并交予柳泽吉保。第六代将军德川家宣即位后命其隐居于六义园。

② 赤穗义士事件,元禄十四年(1701),赤穗藩家臣四十七人为藩主报仇,最后集体切腹自尽,影响极为深远,至今仍有"赤穗义士节"等纪念活动。

③ 大石良雄(1659—1703),本姓藤原,故又称藤原良雄。日本江户时代早期武士,赤穗义士事件的组织者,以其忠诚为主复仇之举闻名于世,被幕府称为忠臣典范。

德川纲吉好学之事大体如上。德川纲吉招请学者文人,以民间学者木下顺庵为官儒,而开私学兴隆之端。又不止于听儒臣进讲,乃至为僧侣、公卿亲讲。又移圣庙于汤岛,刊刻未刊书。凡此种种,其于汉学兴隆之功,颇不逊于德川家康。且大尝会、葵祭至再兴、皇陵之修缮等,德川纲吉勤王之业绩,亦皇室与幕府关系调和之结果。

江户儒学史上文华灿然、光辉耀眼之元禄儒学,出于德川家康以来历代将军之影响,然不可否认元禄时代乃尊奉德川家光遗训之德川纲吉时代,谓德川纲吉乃元禄儒学之父母可也。

## 十三、德川家宣时代之汉学

### 新井白石为侍讲

德川家宣幼而好学,及为甲斐侯,得新井白石为侍讲。元禄十七年(1704)至十九年(1706)间,新井白石进讲四书、六经、诸子等,略通一过。

### 狂歌、落首之流行

第五代将军德川纲吉临终之际,遗嘱命保持《生类怜悯令》①,德川家宣知民间因此久受其苦,以其不合理,故在德川纲吉灵柩前誓废之。当时之歌谣有"万寿之龟,甲府之世,宝永②事,民之悦"之句,可推知面对解除德川纲吉杀生禁令之百姓,喜迎德川家宣之世。当时市中流行狂歌、落首③,老臣胥议请禁止之。德川家宣以为,老臣等所言虽有理,然民之所以如此,乃在上者之过失而致,故闻之者当自警,兼可知民情,亦可除壅蔽,不能强禁。由此可知德川家宣明君之一面。

德川纲吉死后,柳泽吉保失去靠山,遂辞官隐居于江户巢鸭之下邸,晚景颇为失意。德川纲吉之丧毕,德川家宣乃命林大学头、林三七郎、林百助等进讲《论语》及经书,命新井白石进讲《通鉴纲目》。德川家宣每亲临听之,严肃端庄,未尝有惰容。

宝永七年(1710)正月,举行开讲仪式。当时,新井白石进讲《诗经》,林大学头进讲《大学》。《诗经》讲义,乃选《大雅》《小雅》之贺喜诗。当日

---

① 《生类怜悯令》,德川纲吉颁布的禁止捕杀动物的法令。
② 宝永(1704—1711),日本东山天皇、中御门天皇在位,德川幕府第五代将军德川纲吉、第六代将军德川家宣在任。
③ 狂歌、落首,日本民间极为俚俗的滑稽戏,往往具有讽刺性。

进讲,得赐时服二领。新井白石《折柴记》曰:

> 此仪始于年初,将军命撰《诗经》大、小雅之贺喜诗而进讲。初讲于藩邸,后至岁初开讲筵,自正月十五日始,至十二月末,除大故之事并朔望日外,虽四时佳节,而日讲不止。

**武家诸法度**

宝永七年(1710)四月,德川家宣颁布武家诸法度。其第一条曰:

> 修文武之道,明人伦,正风俗。

此乃新井白石奉命所撰。

**《礼仪类典》**

宝永七年(1710)八月,水户德川纲条①献《礼仪类典》五百十卷附图三卷。政权移于武家以来,朝仪典礼之废而不行数百年,即位大礼,仅赖僧徒而行,其余可知矣。及德川氏之起,亦武人健将,未有用心礼乐者。独有尾张敬公德川义直复兴之,然亦未果。水户义公德川光圀大为忧心,披朝绅之秘策,出名山之古籍,招请精于朝典之人,采集编撰,由今出川公规②献于太上皇,而特出秘阁图书以供增修。贞享三年(1686)起,凡二十年间,总裁安藤为实一人,考勘十五人,书生二十八人,校合十人,出纳四人,检察三人,共修撰之。

**闲院宫家**

新井白石心忧朝廷与幕府之嫌隙,为使公武合体③,始开闲院宫家。其建白书之意,以皇室方面,除皇太子外,为僧为尼,乃与天道不谐之事。亲王多则皇威强大,皇族多费用过甚,然天地间有自然之数,决无滥多无度之事,故皇族不得永续无限,且其费用亦不能源源不断。而僧徒惧怕皇威,厌恶幕府将军,如护良亲王④,虽身在佛门,亦举兵讨幕。德川家宣采纳新

---

① 德川纲条(1656—1718),日本江户时代水户藩第三代藩主,曾用松波勘十郎进行改革。
② 今出川公规(1638—1697),日本江户时代前期公卿。
③ 公武合体,日本江户时代后期,朝廷(公家)和幕府(武家)联合,以改造幕府权力。
④ 护良亲王(1308—1335),日本镰仓时代后期至建武新政时期的人物,是建武新政府的征夷大将军,同时也是日本佛教天台宗的天台座主。元弘元年(1331)元弘之变时还俗,率僧兵讨幕。

井白石之建白,然并未急于全部实行,先以东山天皇皇子绣宫直仁亲王不入佛门,位列新亲王,给禄千石,于是开闲院宫家。

**日本国王事件**

开闲院宫乃新井白石一大功劳,然彼又因日本国王事件遭受非难。即朝鲜使节携来朝鲜国书,新井白石为对等起见,称幕府将军为"日本国王殿下"。盖国法以日本天皇高于朝鲜,而以幕府将军匹敌之。然无论如何,称幕府将军为日本国王殿下,于名分有误,因此,雨森芳洲以大义名分痛责之,而新井白石不闻。新井白石以将军为国王,又称其为国君、大君等失态之举,盖将其此前有益皇室之功抵消殆尽。

# 第二章 元文元年至天明八年(1736—1788 年)

## 一、德川吉宗时代之汉学

第七代将军德川家继,幼年夭折,故德川吉宗①由纪州入嗣将军家。德川吉宗幼不好学,行亦有过,后自悔过改行。及壮年,有志于学,招林罗山之孙林凤冈、木下顺庵之子木下菊潭于纪州官邸以勉学,以读日本儒学之书为主,学熊泽蕃山、贝原益轩等人之说,于日本古典则爱《延喜式》《桃华蕊叶》等。

**林凤冈、新井白石**

德川吉宗之质朴似德川家康,袭职后,黜新井白石、间部诠房等当掌文治之人,而用室鸠巢、荻原美雅等以代之。林凤冈在德川家宣时与新井白石争,屡败,怏怏不乐,乞致仕,然及德川吉宗立,复大用之,以对新井白石。新井白石参枢机、振权势之时,老中②以下皆惮之,畏之如鬼,乃为取绰号曰新井之鬼。

**室鸠巢**

三宅观澜殁后,室鸠巢独存,为将军所用。室鸠巢知将军不用新井白

---

① 德川吉宗(1684—1751),日本江户时代德川幕府第八代将军。
② 老中,德川幕府仅次于大老的属官,因老中常设而大老不常设,不设大老时,老中即为最高属官。

石,亦不荐之。于是,新井白石乃隐居,作有名之《折柴记》。

**昌平坂学问所、高仓屋敷**

德川吉宗为矫正风俗,欲普及经学,享保八年(1723),改林氏昌平学舍为昌平坂学问所,又假高仓屋敷为研究学问之所,两处皆向武家町家开放,令每日有余暇者,皆可听讲。昌平坂学问所由林氏门弟主讲,高仓屋敷则由室鸠巢、木下锦里之子木下平三郎、荻生徂徕之弟荻生惣七郎主讲。

**《大日本史》**

享保五年(1720)十月,水户宗尧卿献《大日本史》二百五十卷于幕府,然有南朝正统论问题。初,水户藩由朝廷赐"大日本史"书名,朝廷乃北朝系统,且幕府乃足利氏之后,水户藩颇为忌惮。故此时虽未公然命名"大日本史",然此书乃获德川吉宗许可,方献于幕府。盖水户藩史臣内有主北朝正统论者,义公德川光圀不听,仍主南朝正统论。由德川吉宗接受此书之献纳而观之,幕府似默认南朝正统论。

此时《大日本史》有本纪、列传,然作为正史,志、表乃不可或缺者。而至德川纲条时,安积觉作《兵马志》《食货志》,中岛为贞作《职官志》,小池友贤作《天文志》,小宫山昌峤作《音乐志》,皆未成书。

**儒者之说**

享保六年(1721)正月十四日,德川吉宗召木下平三郎、室鸠巢等四人,分讲《论语》各章,由此每召儒臣与近臣共听讲。又命奥坊主成岛道筑讲《礼记》《贞观政要》。

德川吉宗召木下平三郎、室鸠巢咨询政事之要,室鸠巢之议本于经义,征古今善政之要领,德川吉宗亦容之。水野忠之为德川吉宗所宠信,然悍儒者之论。当时儒者之说为将军所用。设目安箱于评定所,以求民间进言,亦由室鸠巢之建议。

**《六谕衍义》**

当时国民教育方面不可忽视之事,乃《六谕衍义》之刊行。所谓六谕,乃清康熙帝为以道德感化民间而作之敕谕。六谕乃是:一、孝顺父母;二、尊敬长上;三、和睦乡里;四、教训子孙;五、各安生理;六、毋作非为。德川吉宗命荻生徂徕附训点,加之解释,以刊行天下,即《六谕衍义》是也。享保七年(1722),又命室鸠巢以日文解释,并出官版,交付寺小屋之师匠,即《六谕衍义大意》是也。当时,江户有师匠八百余人,而以《六谕衍义大意》为习字之范本,朝夕用之。为广告宣传,书肆每有新刊,即着人将此书之书名、内容在街头广为宣传。幕府亦将《六谕衍义》之版木借与京都、大阪之书肆,书肆人人为之宣传,以至町村每家每户求购而珍藏。今田舍乡间尚存《六谕衍义》,即因此而来。如此普及民众教育,必有显著之效果。

## 二、古学派(伊藤仁斋、伊藤东涯)

古学派由山鹿素行而兴,山鹿素行乃当时有名之兵学家。然世称古学,乃自伊藤仁斋始。

伊藤仁斋,名维桢、原佐,号古义堂,又称古学先生,京都人。其家本木材商,好学,尝失火,仁斋手持《论语古义》而逃,置他于不顾。生于宽永四年(1627),殁于元禄二年(1689),享年七十九岁。

伊藤仁斋初奉朱子学,并有相关著述,三十八岁时,因疑朱子学说非纯粹之孔子学,乃另开一派学说,世谓之堀川学派,或仁斋学派,其门下弟子三千,除飞骝、佐渡、壹岐外,由各藩云集而来。

**学说**

伊藤仁斋学说之大意,可由其所著《语孟字义》《童子问》知之。朱子之说,凡宇宙万物由理由气而生成。理乃万物之本源,理生气,人生必以此理为性,此性曰仁、义、礼、智。由性发情,情分恻隐、羞恶、辞让、是非四种,又有喜、怒、哀、乐、爱、恶、欲七情。仁即恻隐之心,义即羞恶之心,礼即辞让之心,智乃是非之心。于是,世有以朱子为二元论而非一元论之误解。朱子乃以理为总源根本之一元说。然伊藤仁斋以为理、气不分,理由气生,而恻隐、羞恶、辞让、是非四端所发,积为仁、义、礼、智。朱子以恻隐、羞恶、辞让、是非为端绪,而以仁、义、礼、智为本,然伊藤仁斋反之,以四端为本。故伊藤仁斋之说与朱子学说相反。

**以《论语》为第一**

伊藤仁斋以《论语》为宇宙第一书,《孟子》次之,皆为根本之经典。伊藤仁斋曰:"《论语》《孟子》为本经,《易经》《书经》《诗经》为正经,《周礼》《仪礼》《礼记》《公羊传》《谷梁传》《左传》为杂经。"有本经、正经、杂经之别,即所谓古学是也。而其著述有《论语古义》二十卷、《孟子古义》七卷、《大学定本》一卷、《中庸发挥》一卷、《语孟字义》二卷、《童子问》三卷(原注:有关《易》之问答)、《古学先生集》(原注:伊藤仁斋诗文)。

若通读上述著述,大体于伊藤仁斋之学说可有相当之研究。此等著作之外,伊藤仁斋尚著有歌集,然有关恋爱之作甚少。

## 伊藤仁斋与荻生徂徕之比较

荻生徂徕高足太宰春台比较乃师与伊藤仁斋曰:"徂徕先生不及仁斋先生者有三:仁斋无师承,自学成才;徂徕先生仕柳泽侯,而仁斋先生终生未仕;此外,仁斋先生有哲嗣伊藤东涯继其学。"

## 堀川五藏

伊藤仁斋有五子:长子东涯,一名长胤,通称原藏,仁斋之继承人;次子梅宇,一名长英,通称重藏,仕阿部侯;三子介亭,一名长衡,通称正藏,仕永井侯;四子竹里,一名长准,通称平藏,仕久留米侯;五子兰嵎,一名长坚,通称才藏,仕纪州侯。世谓之堀川五藏。兄弟五人皆优秀,长子东涯与五子兰嵎尤为秀伟,于是有"堀川五藏,首尾最优"之说。

伊藤仁斋长子伊藤东涯,学德兼优,人物秀伟,以承仁斋之学。当时,东有荻生徂徕居江户,西有伊藤东涯居京都。荻生徂徕服伊藤东涯之德,尝谓:"若合熊泽蕃山之才、伊藤东涯之德、吾之学,可为日本之圣人也。"

伊藤东涯著述甚富,有《绍述先生诗集》(原注:伊藤东涯诗文)、《论孟古义评注》、《大学定本释义》、《诗书集注》、《古今学变》(原注:说中国学术之变迁)、《释亲考》、《训蒙用字格》、《训蒙字义》、《操觚字诀》、《名物六帖》、《读书法》、《制度通》、《中国历代官制沿革图》、《日本历代官制沿革图》、《孔孟闲谈记》、《秉烛谈》、《周易经翼通解》。

伊藤仁斋门下有香川修庵,通称太仲,以汉法为古法而革新医学之人。伊藤东涯门下有青木昆阳,青木氏仕带府,以栽培甘薯闻名,世谓之甘薯先生。

## 三、荻生徂徕

荻生徂徕,名双松,字茂卿,通称总右卫门,自以物部守屋之后,故以汉式姓名称物茂卿。因居萱场町,而号蘐园,以"蘐"同"萱"故也。又号徂徕:少时好雷,尝以"苏雷"为号,其父因事坐罪,流放上总之本纳,此谪所附近往来皆松,因《诗经》有"徂徕之松"之句,乃改号"徂徕"。宽文六年(1666)生于江户,享保十三年(1728)殁,享年六十三岁。

荻生徂徕在上总时,熟读《大学谚解》等,为其学问之基础。遇赦还江户时,极为贫困,借住增上寺附近,有一豆腐铺以侠义之心救之。后为执权柳泽吉保所知,而为所用。荻生徂徕与山鹿素行同修兵学,仕柳泽吉保,禄五百石。因柳泽吉保之故,而以谒见将军德川纲吉,故其权威名望日隆。时人慕之,且有以与荻生徂徕比邻而居为荣者。

## 四十七士罪人论

前已述及,如何处置赤穗义士,议论纷起,大学头主张赦免义士,然荻生徂徕正面反对林凤冈,以彼等绝非义士。浅野内匠头以国法死,乃罪人也。讨伐对此有怨之吉良,醉翁之意不在酒也。幕府由是引起一阵骚乱,以彼等非义士,乃罪人。即使退一步讲,四十七人是否皆如大石良雄般英伟之人,亦未可知,岂能遽成为义士?且较之晚节不保,杀之反而成全彼等。令彼等自杀,于士人而言,亦有名节。荻生徂徕以为,彼等此时切腹乃是最上策。后荻生徂徕此议被采纳,四十七士皆切腹自尽。

## 国体观念

惜荻生徂徕乏国体观念,故为后世所诽谤。彼尝曰:"东海西海不出圣人,唯中华有圣人。"以彼观之,日本乃东海之夷,以东夷物茂卿自甘。彼又认可革命,视将军与天皇为同等,至彼高足太宰春台益甚。呼天皇为"山城天皇",又敢写"天皇彦仁"之名讳。此事无论如何,亦是缺憾。

## 学风

荻生徂徕初反对伊藤仁斋之古学,然后复归古学。荻生徂徕之古学,与山鹿素行、伊藤仁斋之古学皆有所不同。山鹿、伊藤等虽亦称古学,然毕竟不出朱子学之范围,而荻生徂徕别出一机轴。道之为物,朱子以为乃自然之物,而荻生徂徕不然,曰:"道乃圣人之作也。"荻生徂徕大胆以为,人性与其说是善,宁勿说近恶。仁也好,礼也罢,一切皆由人所做。较之孟子,荻生徂徕更尊崇荀子,因此,认为荻生徂徕之古学源于荀子之学,亦无不可。而如前所述,荻生徂徕乃贵才轻德之人,其学说概而言之,乃功利主义学说。

## 古文辞

荻生徂徕之特色在文章。自藤原惺窝、林罗山始,日本汉学家有以日文写作之习惯,至此乃有纯以日文所作之文。然荻生徂徕之文受非难之处,即在于古文辞。古文辞始于明中叶李攀龙、王世贞等人,以唐宋以前之文为佳,而唐宋之文不必读。此说曾风靡一时(原注:李攀龙早亡,王世贞尚存,然王氏晚年改而崇尚唐宋文),其反对者有归有光。归有光一派传至清朝,而为桐城派。桐城派乃起于安徽桐城之方苞、刘大魁、姚鼐等人,曾国藩亦出此派,为中国文学史上之正统派。当时,荻生徂徕受伊藤仁斋古义学刺激之际,偶得李攀龙、王世贞之书,为古文辞所感服,且较之李、王,又更进一步,经书亦以当时之古文辞解释。此即荻生徂徕之复古学。此复古学影响日本国学研究者如加茂真渊、本居宣长等人之古学研究。后来所谓"王政复古"之名,即出于荻生徂徕之复古学。

### 功绩

荻生徂徕之最大功绩,便是将汉字汉学化。此乃公认之事。此外,就汉字读法而言,向来多用训译,而荻生徂徕试以音读为主,其《译文筌蹄》乃有益于后进之名著。其著述另有《辨道》《辨名》《徂徕集》《论语征》《大学解》《中庸解》等。

### 蘐园学派

荻生徂徕一派,称为徂徕学派,又称蘐园学派。其门人之出类拔萃者,有安藤东野、服部南郭、宇佐美灊水、山县周南、平野金华、高野兰亭、大内熊耳等,所谓徂门七才子是也。其中,服部南郭乃荻生徂徕殁后三十年文坛之重镇。其社在江户,曰芙蓉社,苟能解文字者,皆以不能入此社为耻。七才子以外,尚有太宰春台,为人严肃,心中有不服乃师之说,往往反对之,故未在七才子之列。

### 门人

荻生徂徕之高足在关西者,乃山县周南,仕长州藩,建藩学,奉物氏①。中国②、九州诸藩,望风趋之,其门下有和智东郊、泷鹤台、林东溟等,所谓周南门十才子是也。林东溟在京摄之间讲学殆三十年。此外,梁田蜕岩仕明石藩,秋山玉山仕熊本藩,共以经说奉物氏,其文章亦尚古文辞。

### 四、关东、关西之学者

藤原惺窝起于关西,为儒学中兴之祖,中江藤树之行、熊泽蕃山之才、伊藤仁斋之学绍其后,皆千百年间不世出之伟人。而在关东,与之匹敌者,荻生徂徕、新井白石是也。

---

① 物氏,即物茂卿,荻生徂徕的汉式姓名。
② 中国,日本全国划分为北海道、东北、关东、中部、近畿、中国、四国、九州八个地区,中国地区位于日本本州岛西部,包括今鸟取、鸟根、冈山、广岛、山口五个县。

今就古人批评藤原惺窝以后自成一家之著名儒者,略举一二。涩井太室①以学宗而评曰:

> 罗山先生博而多可,藤树先生约而自画,闇斋先生精而刻剥,仁斋先生醇而自尊,徂徕先生敏而放纵。②

林罗山虽仕于关东,然生于京都,因此,关东学者唯荻生徂徕一人。雨森芳洲评曰:

> 中江先生,贤人也,无得间然。山崎先生可谓丈夫。伊藤先生少时观望仪刑,君子也。荻生先生,故人也,博览无比。木下锦里教育英才。③

上述批评皆能切中要害。

## 木门派

木下锦里初仕加贺前田藩,天和三年(1683)来江户,为幕府所用。所谓"木下锦里教育英才",木下一派谓之木门派,其门下秀才之多,以至压倒林氏。于是,往往内部起宗派之争,其弊端亦由此生。

## 新井白石、室鸠巢

雨森芳洲亦出木门,其评同门新井白石曰:"白石心术不可测。"因新井白石为人如此,故其为第六代将军德川家宣所宠用且威震一时之际,不顾同门学友室鸠巢之不遇,室鸠巢因此抱有不满。至第八代将军德川吉宗之世,新井白石因与将军意见不合而隐居,而室鸠巢却得以任用,德川吉宗问其新井白石之为人,室鸠巢以与新井白石不能调和合作,因未推荐。

荻生徂徕、新井白石之间,在思想、政治等方面多有不和。即使在学问上,荻生徂徕主张古学,而新井白石崇奉朱子学,两者学说亦不合。政治上,荻生徂徕主公柳泽吉保,在五代将军德川纲吉在任时甚有权势,及新井白石仕六代将军德川家宣,柳泽吉保失势,荻生徂徕因此对新井白石颇

---

① 涩井平(1720—1788),号太室,日本江户时代中期学者。
② 原汉文。
③ 原汉文。

反感。

又，荻生徂徕与室鸠巢共仕八代将军德川吉宗，然较之荻生徂徕鼓吹由古文辞学，室鸠巢乃纯粹之程朱学者，两者间亦有不和。如荻生徂徕尝建议将军削外样大名①之地以增谱代大名②，以此巩固幕府之藩屏。然室鸠巢反对之，以为当好平和之世，不应无端挑乱。

荻生徂徕为人，先才后德，其学说概而言之，乃功利主义，故当时之才子多集于徂徕之门下。

## 五、水　户　学

明历三年（1657），水户义公德川光圀在江户驹达别邸，始编纂《大日本史》，时年三十。至宽文十二年（1672），年四十五，更于小石川后乐园边设彰考馆。

### 《大日本史》之特色

《大日本史》有三大特色：第一，以神功皇后入皇妃传，并省略历代之世数；第二，以天皇大友（原注：明治朝谥其为弘文天皇）入本纪；第三，以南朝为正统，而以北朝为闰位。《大日本史》在思想上带来强烈震动，即明确君臣之大义名分，并以此为理论根据，促成王政复古。继德川光圀之后，乃肃公德川纲条，命学者将《大日本史》未完之志、表增补完成。

### 《大日本史》之名称

水户藩第六代当主德川治保在任时，用立原翠轩，日本史入其手。此前不过私人著述，并未公开命名为"大日本史"。德川治保献于朝廷，方由朝廷赐"大日本史"之名，广布于天下。

### 立原翠轩与藤田幽谷之争

此时，编纂日本史之学者间起意见冲突。立原翠轩校正已完成之本纪、列传，并有意愿编纂志、表，然其门人藤田幽谷否定立原翠轩以校正为先，有意先编纂志、表。因意见之差异，藤田幽谷被立原翠轩逐出师门。

藤田幽谷，名维正，藤田东谷之子。幼而锐敏，有神童之称。后入立原

---

① 外样大名，即在关原之战被迫臣服的大名。
② 谱代大名，即世袭的大名世家，是指关原之战以前一直追随德川家康的大将，地位仅次于亲藩大名，大多位居幕府要职。

翠轩之门，年十三岁，与高山彦九郎相知。围绕志、表之意见冲突，以立原翠轩之死、藤田幽谷之胜告终。于是，藤田幽谷得以作志、表，水户之学问进入藤田幽谷时代。不幸藤田氏著述未竣而逝，然其遗说，由会泽正志斋传承，其著述乃成为幕末勤王豪杰奋起之原动力。此事将在"水户学与幕末"一节中详述。

# 第三章　宽政元年至明治元年(1789—1868年)

## 一、概　说

以上大体将藤原惺窝、林罗山至伊藤仁斋、荻生徂徕之德川时代儒学学派主要学者概述一过。

**徂徕学之弊**

各家学派因时代而有盛衰之变迁，然自荻生徂徕出，一时所谓徂徕学风靡海内。徂徕学之弊，乃以才艺为先，而德行为后，其学问又倾向于攻击别派，然唯专务诗文，经学上别无发明。久之，学者间自然生阴险之风、颓废之风。

**折中学派**

与荻生徂徕同时，木下顺庵高足室鸠巢主张朱子学，其势力虽不及荻生徂徕，然天下之识者多有倾听室鸠巢之人，其门下亦隆盛。称赤穗四十七士为义士，乃室鸠巢主倡之力。伊藤仁斋派之古学亦有传承，于是，折中诸说自成一说之折中派由此而起。折中派代表人物，乃是室鸠巢之同门榊原篁洲、良野华阴等，然其后主折中派之说者续出，京都皆川淇园，江户本山北山，井上兰台等，皆此派之大家。

要之，此一时代之学问界，陷入各派混沌之状况。幕府之内，林氏之子孙外，亦别无大人物。如第十代将军德川家治之权臣田沼意次①，闻昌平黉圣堂祀孔子，乃至发奇问曰："孔子果神耶？果佛耶？"由此一斑可窥全豹。诸藩亦有相当之学者。此亦封建时代一大特色，有别于郡县时代整齐

---

① 田沼意次(1719—1788)，日本江户时代大名，曾任幕府老中，主持改革，使德川幕府采取重商政策，史称"田沼时代"。

划一制度之处。

## 宽政三博士

德川家治死后,田沼意次被黜,德川家齐继任,是为德川幕府第十一代将军。德川家齐以白河藩乐翁公松平定信①辅政,松平定信执政后,改革政治、学制,于是有所谓宽政三博士②出,使官立学校皆尊朱子学派。朱子学因此更为得势。三博士者,赞岐之柴野栗山、伊豫之尾藤二洲、江户之冈田寒泉也。冈田寒泉后任幕府治下地方官,乃以佐贺古贺精里代之。所谓博士,乃王朝一统时代大学教官之名,因当时幕府行政事者乃学校之教授,世谓之博士。柴野栗山、尾藤二洲、古贺精里,共当世之大儒,尤以柴野栗山为重。

## 异学之禁、五鬼

幕府专用朱子学以退别派学说,并称别派学说为异学。当时异学之禁颇严,然反抗者亦不少,以伊东蓝田、市川鹤鸣、冢田大峰、户崎淡园、丰岛丰洲等五人最为著名,称为"五鬼"。五鬼多居江户之下町,世亦谓之"下町学者"。

古学派大家,江户有龟田鹏斋,九州有龟井南溟及其子龟井昭阳等。朱子学方面,其著名者有艺州赖春水、熊本辛岛盐井、备中西山拙斋、大阪中井竹山等。太田锦城此时亦以折中学派闻名。异学初禁之时,诸藩学校以效之,主朱子学,然此禁令次第松弛,不如初禁之严。

要之,此一时代乃名家大家辈出之时代,亦可谓是德川时代汉学绚烂之时。

## 阳明学者、考证学者

此后,天保中(1830—1844),阳明学者在江户有佐藤一斋,在大阪有大盐中斋等人。考证学起于清朝,以考证为主之学风风行一时,受其影响,日本亦有山梨稻川、松崎慊堂、狩谷掖斋等人倡此风。

## 赖山阳、林述斋

赖春水之子赖山阳,与佐藤一斋同时,活跃于京都。赖山阳并未从柴野栗山学,然其因受柴野之鼓励而奋发,终成大家。赖山阳尝作诗,谓其能

---

① 松平定信(1758—1829),日本江户时代大名、政治家,德川幕府第八代将军德川吉宗之孙。
② 日本此时尚未实行源于西方的学位制度,因此,此处的"宽政三博士"和后文的"文久三博士",均不指博士学位。

有今日，乃托栗山先生之荫。大阪有筱崎小竹，伊势有斋藤拙堂等，彼等皆出古贺精里门下，一时颇有文名。此时林氏有著名学者林述斋，称林氏中兴之祖，佐藤一斋、松崎慊堂亦称林述斋之门人。

## 古贺侗庵

嘉永癸丑（1853）之岁，美国军舰入浦贺港，日本震动，尊王攘夷与佐幕开港之争纷起，天下形势为之一变。此时，负当代之名望、纵论风靡一世者，有古贺精里之子古贺侗庵。彼不惟通汉学，亦通西学。其父古贺精里亦尝建议幕府，鉴于当今之时世，当引入西学以应时需。日本最初接触西学者，德川时代中叶有新井白石，其后有古贺侗庵。然古贺侗庵并非主修西学，乃以西学补儒学之不足也。

古贺侗庵少时从柴野栗山学。柴野栗山门下有其子柴野碧海。佐藤一斋门下有安积艮斋、佐久间象山、大桥讷庵、山田方谷、河田屏浦、吉村秋阳、池田草庵，一时俊才辈出。

## 藤森弘庵

藤森弘庵乃尾藤二洲门下长野丰山之弟子。此人学问文章兼优，见识亦卓越于当时，水户烈公德川齐昭①亦听其意见。

## 文久三博士

至文久间（1861—1863），幕府改革学制，非朱子学者亦可任昌平校教官。前松崎慊堂门下安井息轩、盐谷宕阴，及龟田鹏斋之子龟田绫濑门下芳野金陵等人，皆任昌平校教官，世谓此三人为"文久三博士"。因与"宽政三博士"遥遥相对，故又称为"后三博士"。

## 藤田东湖

在此前后，水户有藤田东湖出，长州有吉田松阴出，共受尊王论者之推崇。水户学之盛行，亦在此时代。先是，水户义公德川光圀编《大日本史》，不论学派而专聘有学识者，遂将儒教、日本国学、日本国体熔为一炉，即所谓水户学，至德川齐昭，乃得以完成体系。德川齐昭立弘道馆，作《弘道馆记》。藤田东湖敷演之，而著《弘道馆记述义》，阐明水户学派之学旨。此外，会泽正志斋著有《新论》。二书风靡一时，幕末志士因之感奋兴起，

---

① 德川齐昭（1800—1860），日本江户时代水户藩主，谥号烈公。继任藩主后，着手藩政改革。美舰来航后，参与幕政，负责海防，因对美日不平等条约不满而辞职，是幕末较有影响力的历史人物。

遂成王政复古之直接动力。
### 吉田松阴
吉田松阴传山鹿素行之学,入佐久间象山之门,归长州,开松下村塾以教子弟,明治维新众豪杰多出其门下。而藤田东湖之门人西乡南洲①亦十分活跃。受此等之影响,以翼成维新之大业。

幕府奖倡儒学而起尊王说,而幕府政权因此而倒台,由历史发展之前后顺序而言,并非无此行迹,故世间有以此非议德川氏中学问之毒而自分崩离析。然国之盛衰,一由天运与时势,一存政治之良否,若皆归罪于学问之累,颇有失公允。

## 二、菊池五山、市河宽斋

菊池五山,名桐孙,字无弦,称左太夫,赞岐高松人。曾祖父菊池半隐,从林凤冈学,后为高松藩儒者。
### 大洼诗佛、柏木如亭、性灵派
菊池五山少从后藤芝山学,后游京都,师事柴野栗山。柴野栗山爱其才,及应幕府之辟,携之共来江户。后又从市河宽斋问诗。市河宽斋变获生徂徕以来之诗风,提倡宋诗。菊池五山受而倡之,与同门大洼诗佛、柏木如亭等互相推称,益尊性灵派,江户诗风为之一变。
### 艺苑三艳
菊池五山性聪慧,不务章句,重在观其大略。从柴野栗山学时,大学头林信敬为人庸劣,幕府乃命柴野栗山授经书,若遇柴野栗山别有差遣之时,则由菊池五山代讲。于是,林门之老儒心甚不平,抱疑义,群起而诘攻菊池五山,而菊池五山论辩不少屈。柴野栗山闻之,曰:"孺子果不负我。"菊池五山性好酒,着美服,以扬州小杜自任,为之蹉跎,而不受大用。时人以龟田鹏斋之书、谷文晁之画、菊池五山之诗为"艺苑三艳"。当时又有"诗则五山,书则鹏斋,画则文晁,艺者于松料理八百善"之俗谣。
### 菊池五山之诗
菊池五山既以诗著称,乃不以职事为意,专务作诗。自论其诗曰:"予

---

① 西乡南洲,即西乡隆盛(1828—1877),与木户孝允、大久保利通并称"维新三杰",是日本幕末明治时期极为重要的历史人物。

初奉李、王，少变而为谢茂秦。既学温、李，年垂三十，始窥韩、苏之门户。后又获宋人杨诚斋集，深喜其超脱，然若不善学杨诗，则易堕魔障。"菊池五山以诗受当时诸侯及喜风流韵事者之欢迎，收入虽丰，不顾为家人子孙计，酣醉淋漓，其家益贫。藏书有白香山、李义山、王半山、曾茶山、元遗山等五人之集，因自号五山。

## 《五山堂诗话》

或劝菊池五山仿清人袁枚《随园诗话》，搜集当时诗作而评论，书成而随即刊出，名曰《五山堂诗话》。都鄙好名之辈争纳赀，请刊其诗。菊池五山喜，钱多者极力褒奖，钱少者黜，颇招物议。然菊池五山笑曰："天下固无知我者。"此时，菅茶山①、赖山阳以诗鸣关西，皆与菊池五山相识，往复切磋。菊池五山之批评，不肯稍加宽假。菅、赖二人亦以为知言。

菊池氏子孙以忠臣自命，每语王室之事，必肃然改容。菊池五山殁于嘉永二年（1849）六月，年八十四。梁川星岩初学诗于菊池五山，少有过失，后悔而自改。菊池五山宽宥之，奖引诱导，终以勤王著。有关菊池五山之事，虽褒贬颇多，然乃当时文苑不可回避之人。

## 市河宽斋

市河宽斋，名世宁，字子静，号半江、西野，称小左卫门，上野甘乐郡人。少而志学，游江户，入林门，声名大著。会昌平黉员长缺，以市河宽斋补之。居五年，以病辞。富山侯闻其名，辟为藩校教授。任教二十余年，以老隐居。

市河宽斋博学才敏，最长于诗，其诗以兼清丽奇峭著称。初学樊川，一变而为香山，再变而学剑南，终又陶熔诸家而别开一机轴。其得意之作，有《题赤壁图》。诗曰：

孤舟月上水云长，崖树秋寒古战场。
一自风流属坡老，功名不复画周郎。②

其余长篇杰作尚多。受市河宽斋之教而为诗人者，有柏木如亭、大洼

---

① 此菅茶山，非前述之曾茶山。曾茶山，即北宋诗人曾几（1084—1166），茶山其号。菅茶山（1748—1827），本姓菅波，名晋帅，通称太仲，亦号茶山，备后人，江户时代后期儒者、汉诗人。学朱子学于京都，归乡，开黄叶夕阳村舍，赖阳山尝从其学。著有《黄叶夕阳村舍诗》等。

② 原汉文。

诗佛、菊池五山等。性好山水,其故里曰上毛,尝游涉探讨,编有《上毛志》。晚年游长崎,与清朝人唱和,为清人所敬重。市河宽斋殁于文政三年(1820)七月,年七十二。著述有《日本诗纪》五十卷、《全唐诗逸》三卷、《陆诗意注》七卷、《金石私志》等数十种,另有诗文集。

**市河米庵**

市河宽斋长子市河三亥,号米庵,以书家闻名。

菊池五山、市河宽斋、大洼诗佛,皆变一时诗风之人,然其源皆由山本北山而出。

## 三、山本北山

山本北山,名信有,字天禧,号北山,又号奚为翁、学半堂逸士、孝经楼主人,称熹六,江户人。父早亡,由其母教养成人。十五岁时,从师学《孝经》,性警敏,每一听讲,便颇通其意。执四书五经自读习,而不受人之口授,曰:"古人之创事,岂有师承耶?"家资颇饶,藏书盈户,多稀见之书。年二十二,著《孝经集说》二卷,于是,江户知有山本北山其人。山本北山为人豪迈慷慨,尚气节,以功名自许,学问亦不欲立他人篱下,乃自成一格。

**学风**

山本北山经学以《孝经》为根本,文章以韩柳为标准,诗以清新为宗派。著《作诗志彀》《作文志彀》,痛斥当时流行之古文辞派。荻生徂徕以后,古文辞学流行,文风为崇拜明人李攀龙、王世贞之徂徕派诗文所支配,及山本北山起而痛击其弊,诗文风为之一变。山本北山时年二十八岁,以诸葛孔明初出茅庐时亦年方二十八岁,此后彼亦将成就一番大事业。

山本氏累世仕幕府,至北山而好儒学。山本家既无高官显贵,又不欲就卑职,乃纳御用金①而辞终身职务。秋田藩主佐竹氏闻其名,厚礼召见之,眷遇优渥,事每谘议。

**儒中之侠**

山本北山讲经学有一见识,曰:"汉唐守株之腐儒,宋明捕风之理学,皆不能窥圣人之庭户,况其堂奥乎?余出其苑囿,别有所得如斯。如斯,而后可谓真圣人之道。"可见其抱负之大。又,其说经济,谈兵法,重然诺,有侠

---

① 御用金,即贡税、贡奉金。

客之风,自刻"儒中侠"之印。居今户金龙山下时,尝赋诗五十首。其一曰:

盖世豪气老未除,宝刀霜冷尚在腰。
磨砺金龙山下石,提来欲斩水中妖。①

### 蒲生君平与山本北山

蒲生君平少壮时,好游历诸国,由上方归江户时,穷厄殊不甚。访山本北山,山本氏一见,愀然而悲,手赠金数条。蒲生君平骇然,谢而辞之。山本北山曰:"君游学数年,今将归乡,衣敝而囊罄,无以慰亲。"蒲生君平感其厚意,泣而受之。

山本北山殁于文化九年(1812)九月,年六十一,门人私谥曰述古先生。著述甚富,除上述《作诗志彀》等外,尚有《古文尚书考》《中庸辨》《大学辨》《日本外志》《孝经集览》《孝经楼文集》等。

要之,山本北山、市河宽斋等,于德川时代末叶之诗风,颇有影响。

## 四、林述斋及宽政三博士

### 林述斋

林述斋,名衡,封从五位下,任大学头,称林氏中兴之士,然实为美浓岩村藩主大给氏之子,以嗣林氏之后。林述斋少而好学,其父招请大盐鳌渚、服部仲仙(原注:服部南郭三世孙)为其修学,年及十八九,通晓和汉古今书籍。

### 佐藤一斋

佐藤一斋乃藩家老之子,年较林述斋少四岁,互相切磋勉学,以为伴友。一日,佐藤一斋自悔曰:"吾久攻汉唐之学,嫌训诂之琐屑,今后乃本宋说而自成一家。"乃斟酌朱子八书训,又折中齐、鲁、韩三家之诗说,而作《诗考补》,别著《经义丛说》若干卷。后见涩井孝德,心服归事之。

第十一代将军德川家齐,以白河藩主松平定信为辅政,用贤而黜奸,时

---

① 原汉文。

大学头林信敬卒，无后嗣，松平定信特命林述斋嗣其后，时年二十六岁。佐藤一斋此前已在林信敬之门，并寓居林邸，适林述斋来为嗣，遂改称师生。

昌平校初为林氏私有，至是，林述斋献于幕府，而为公学，扩张规模，改营圣庙，建黉馆寮，增员，并始用考试制度，人才由此辈出。幕府之信任既益厚，执政亦询以政事，林述斋亦为之倾心赞画。远近而来在其门者，有千余人，成其业而仕各藩者，亦不下数十人。林述斋与松平定信、堀田正敦为胶漆之友，四十年如一日。尝谓："学问之道无他，以诚意为本，推诸事业以宏其用，夫如文艺词翰者，乃其余事耳。"天保九年（1838），林述斋致仕。天保十二年（1841），殁，年七十四岁。其门下著名弟子有佐藤一斋、松崎慊堂，详见后述。

## 宽政三博士

辅林述斋治昌平校者，有所谓宽政三博士。天明七年（1787），柴野栗山先被召用，翌年，为圣堂之儒官。此后，宽政元年（1789），冈田寒泉为儒官。宽政三年（1791），尾藤二洲为儒官。冈田寒泉后任常陆之代官，宽政八年（1796），乃召古贺精里以代之。柴野栗山字彦辅，尾藤二洲字良祐，古贺精里字弥助，世又谓之宽政三助。三博士学问之功业，详见下节，以下先略述三人之履历。

## 柴野栗山

柴野栗山，名邦彦，字彦辅，生于赞岐八栗山麓。始就藩儒后藤芝山学，后出江户，从室鸠巢门下中村兰林学，又尝学于圣堂，开塾于京都，仕阿波峰须贺侯，为儒员，食禄四百石。

柴野栗山不惟为学者，亦是豪杰，且明大义名分。曾拜神武天皇陵而作七律，诗曰：

> 遗陵才向里民求，半死孤松数亩丘。
> 非有圣神开帝统，谁教品庶脱夷流。
> 厥王像设专金阁，藤相坟茔层玉楼。
> 百代本支丽不亿，几人来此一回头。①

署"陪臣征夷府儒员柴邦彦谨书"。由此亦可窥其思想。

---

① 原汉文。

柴野栗山尚有《咏富语》《月夜步禁垣外》之诗,《送高山生序》之文,皆属足以窥其思想之作。此外,宽政三奇人之一的高山彦九郎,其东奔西走之旅费,皆由松平定信经柴野栗山之手而出。

柴野栗山疑惧俄国,见兵学家平山行藏而问其对策。从此,学者忧国事之遗风,流传于后,然如此豪杰之柴野栗山,而无门人传其学,殊为遗憾。

## 尾藤二洲

尾藤二洲,名孝肇,字志尹、良祐。本伊豫川船头之子,后为幕府之儒官,实属意外之事。尾藤二洲初在大阪混沌社就片山北海习复古学,与同社赖春水友善,赖氏劝其读程朱之书,以为正学,尾藤二洲从之,著有《正学指掌》。后居大阪,称伊豫屋良祐,以教授为业。宽政三年(1791)应召,为幕府之儒官,为三博士之一,为朱子学之隆盛竭尽所能。三博士中,尾藤二洲性理学造诣最深。尾藤二洲亦是富有尊王论色彩之人,著有《称谓私言》,以辨和汉名称之当否。

## 古贺精里

古贺精里,名朴,字淳风、弥助。世仕佐贺藩。初喜阳明学,游学京都,从福井小车学,后入崎门派西依成斋之门,攻朱子学,寓大阪,与尾藤二洲、赖春水交,终舍旧学,而纯归朱子学。学成归里,任藩主所用,于国政有大贡献。宽政八年(1796),任幕府儒官,为三博士之一。

## 五、宽政异学之禁及学制改革

### 禁异学之缘由

宽政二年(1790)六月三十日,幕府命三博士改革学政,以朱子学为官学,非朱子学者皆黜,世谓之异学之禁。其实行之缘由如下:

自伊藤仁斋、荻生徂徕出,其学问蔓延海内,及幕府以朱子学为官学,诸藩亦纷纷效仿,然伊藤仁斋、荻生徂徕之学,殆风靡天下。林氏世为大学头,儒门之栋梁,然林凤冈以后江河日下,其门下亦往往有阴受伊藤、荻生两氏感染者,而尤以荻生徂徕一派尤多。

荻生徂徕之学风,本重才艺而轻德行,及至末流,放纵自恣益甚,受其学风之毒者不少。及第十代将军德川家治宠用田沼意次,政教颓废,荻生徂徕之门生,宛如抱薪救火。

**松平定信、柴野栗山、冈田寒泉**

至松平定信出而主政幕府，有矫正之之志，乃问大野退野谁人可堪此任。大野氏对曰："非柴野邦彦不可。"于是，松平定信辟柴野栗山为幕府儒官，掌昌平黉教授之职。至到任日，柴野栗山又荐尾藤二洲、冈田寒泉二人。冈田寒泉，江户人，从京都村士玉水学，并私淑稻叶迂斋。至是，与柴野栗山共掌学职。松平定信命柴野栗山与林信敬、冈田寒泉公议改革学制。柴野栗山专主宋学，抑止古学，以至诽谤四起。时伊东蓝田、关松窗、龟田鹏斋等尤不平，关松窗乃上书幕府，弹劾柴野栗山之学制改革。井上金峨以耆宿为一时所推，然亦盛抵排。

**五鬼**

大学头林信敬不肖，松平定信以柴野栗山辅佐之，而林信敬心实忿恨。自丰岛丰洲、冢田大峰、伊东蓝田、市川鹤鸣、户崎淡园等所谓五鬼始，皆川淇园在京都，龟井南溟在镇西，山本北山、龟田鹏斋、太田锦城等在江户，皆开门授徒于一方，以对抗柴野栗山等官学一派。而中井竹山在大阪，菅茶山在备后，赖春水在安艺，桦岛石梁在萨摩，辛岛盐井在肥后，与柴野栗山声气相通，文运盛极一时。

**赤松沧州**

赤松沧州亦自播州赤穗致书柴野栗山，劝其缓禁，且不应拘泥于宋学，然柴野栗山不动如泰山。

**西山拙斋**

备中西山拙斋，本以学问德行为柴野栗山所重，乃致书赤松沧州驳之，而勉励柴野栗山曰："同道德，正风俗，必自学政始，而学政以宋学为醇正，请决意行之。"柴野栗山亦夙慨于荻生徂徕以来之学弊，及田沼意次出，而士习颓废，且国体暗而不明，名分紊乱。于是，断然以一身当事，遂有异学之禁。故断然实行异学之禁，其表面人物为柴野栗山，而由内里劝勉者，西山拙斋是也。

**昌平学问所、服部栗斋**

又，宽政九年（1797），改圣堂教授规则为官学，改称昌平学问所。此番学制改革，始于天明八年（1788）柴野栗山为儒官之时，费十年之功乃成。其幕后策划者，传为服部栗斋。

## 六、佐藤一斋、松崎慊堂

林述斋门下之著名者,有佐藤一斋、松崎慊堂。当时,学界有"西山阳、东一斋"之称,此是以文章并称。又有"理学一斋、古学慊堂"之称,此是以学问并称。今就此同门双璧做一讲述。

**佐藤一斋**

佐藤一斋,名坦,字大道,称舍藏,号一斋、爱日楼、老吾轩。岩村藩家老之子,与林述斋为学友,后在林家,而改称师生,此事在前文"林述斋"一节中已述及。

宽政二年(1790),佐藤一斋应平户藩主松浦静山之邀游平户,途经长崎,与清人刘云台、钱宇文等交。二人虽系商人,然亦有学问,佐藤一斋于二人亦有所得。至平户,于藩校维新馆讲经书,时听者有三百人云。文化二年(1805),为林氏家塾塾长。门人日进,讲授无暇日。或诸侯迎之以说道,或家老就之谘国事,又遣子弟入塾以受其教。林述斋殁时,佐藤一斋年已七十,本欲绝世事,而幕府选其任儒官。于是,佐藤一斋翻然复立,而从者益多,天下学者仰之,有泰山北斗之感。佐藤一斋有题《姜太公钓矶图》之诗,诗曰:

误见文王载得归,一竿风月与心违。想君牧野鹰扬后,梦在磻溪旧钓矶。①

乃咏此时心境之作。

**阳朱阴阳**

佐藤一斋之学奉阳明,又兼取朱子学。于是,世有"阳朱阴阳"之诽谤。盖以幕府之制度,儒官皆必须尊奉朱子学。佐藤一斋年登七十而仕幕府,其门人大桥讷庵悯笑曰:"昔太公望年七十,由渔夫而为文王师,平天下而起大业。我先生亦七十而仕幕府,亦将有太公之伟业欤!"

**林氏之人物**

佐藤一斋之心事又有可同情者。林氏自林罗山以来,以幕府学官,世

---

① 原汉文。

袭天下儒门之笔头官，然其间有受排斥。林罗山之孙林凤冈与新井白石争，为白石所抑压，其子孙在学制改革之时，又为所谓三博士所压闭。至林述斋，虽称林氏中兴之人，然至其子林柽宇，又非古贺侗庵之敌。由门第而言，林柽宇胜一筹，然由学力乃至人望而言，难与古贺侗庵对等。林述斋忧此事，死后欲托付于佐藤一斋。因此之故，终林述斋一生，佐藤一斋未尝为幕府儒官，林氏殁后而仕幕府为儒官者，乃出于扶翼林氏子孙之意也。佐藤一斋以师徒同于君臣，而以古来师徒同于朋友之说乃误，其所著《言志录》亦曾述之。伊藤一斋常谓："与林述斋虽为师徒，然亦有君臣之义。"

任幕府儒官，便不得不讲朱子学，然佐藤一斋从来之主张乃阳明学。于是兼取两说，表面讲朱子学，而其主要部分皆由阳明学出，遂招世之诽谤。

佐藤一斋奉阳明学之事，始于少壮时代。松平定信闻彼奉阳明学，乃以阳明肖像画一幅赠之。松平定信见赖山阳之《日本外史》而求其人，与此同一心情，松平氏之爱贤好学，又可窥知。

佐藤一斋尝述藤原惺窝兼取朱子、陆象山之事，而林罗山出于藤原惺窝门下。佐藤一斋曾祖佐藤周旋，受学于后藤松轩，后藤松轩之学由藤原惺窝而来。佐藤一斋欣慕藤原惺窝，故其兼取朱、陆，亦渊源有自。

**著述**

佐藤一斋最邃于《易》《书经》，著有《周易栏外书》《尚书栏外书》。就周易之意，作地体图之说，以发前人未发之说自许。川路圣谟①尝问《易》艮背说，佐藤一斋娓娓道来，遂彻夜不止。又作《朱子不疑》《古文尚书不疑之辨》，另有《言志录》《同后录》《同晚录》《同耋录》各一卷，以见其学之造诣。《论语》《孟子》《中庸》《近思录》《小学》《传习录》等，皆有《栏外书》，《大学》有摘说及旁释。文集有《爱日楼诗文》，此中年以前之作，以后所作者未刊。

**门人**

传佐藤一斋门下子弟三千。因佐藤一斋之学合朱王两派，故至其门人，分而传之。受朱子学者有安积艮斋、木下犀潭，传阳明学者有吉村秋阳、佐久间象山（原注：中途转为朱子学）、河田迪斋、池田草庵、大桥讷庵、山田方谷等。佐藤一斋有诗曰：

---

① 川路圣谟（1801—1868），号敬斋，江户时代末期幕臣，在幕府投降天皇的次日自尽。

落落乾坤人亦无，谁欤自古是真儒。唯名与利多为累，一过此关才丈夫。①

　　于此，又可知其抱负。
### 松崎慊堂、文化五藏
　　松崎慊堂，名复，字明复，称退藏，肥后益城郡人。世称林述斋（熊藏）、佐藤一斋（舍藏）、松崎慊堂（退藏）、平井淡所（直藏）、葛西因是（健藏）为文化五藏。松崎慊堂入林信敬之门，及林述斋入继林氏为嗣，松崎慊堂留于林门，与佐藤一斋共相切磋，学问益进，后仕挂川藩备中守太田资爱。弘化元年（1844）四月殁，年七十四岁。其墓门题曰：五经先生墓。
### 门人
　　松崎慊堂长于考证学，安井息轩、盐谷宕阴、海保渔村等，皆出其门下。海保渔村门下有岛田篁村。

## 七、文久三博士

### 文久三博士
　　总体而言，幕末学者多关乎国事。幕府方面，有所谓"文久三博士"之说，即安井息轩、盐谷宕阴、芳野金陵是也。此三人于文久二年（1862）同时任幕府昌平学校教官，仿宽政三博士之说，即柴野栗山、尾藤二洲、古贺精里，此三人遂有"文久三博士"之称。

　　宽政三博士殁后，柴野栗山、尾藤二洲之后姑不论，古贺精里之后，其子古贺侗庵最后起，继其业，一时颇为隆盛，然至文久二年（1862），亦已作古。此后，佐藤一斋一派为昌平学校教官，而安积艮斋等人亦渐离世。当时，尊王攘夷论盛行，幕府之权威远不如昔日，此后天下局势将有大变。不久又有樱田门之变②、坂下门之变③起。朝廷频促幕府决行攘夷之策，幕府

---

　　① 原汉文。
　　② 樱田门之变，因幕府大老井伊直弼与美国签订《日美友好通商条约》等事，激起水户藩激进浪士不满，于安政七年三月三日（1860年3月24日）在江户城樱田门外暗杀了井伊直弼。
　　③ 坂下门之变，因幕府老中安藤信正推行公武合体论，招致尊攘派的激愤，文久二年一月十五日（1862年2月13日），以水户藩浪士为中心的尊攘派武士七人在江户城坂下门外刺伤安藤信正。

亦不得不有所改革,以中纳言一桥庆喜①为将军后见②,松平春岳③为幕府政治总裁,即文久二年之事也。

此时,在昌平学校就学者,皆幕府直参旗本④及诸藩之学生。旗本姑且不论,诸藩学生之中,多有如长州日下通武、京都赖三树三郎等慷慨悲愤之人,学校之氛围亦与昔日有大不同。幕府颇感圣堂现有儒官不足以教此等学生,遂有三博士之任命。

## 小笠原明山公之荐

若问三博士之任由何人所荐,则肥前藩主小笠原长国不可不提。小笠原长国,世称明山公,好学而喜交当世学者。此公与松平春岳相知,后为皇室掌管圣堂,乃关乎幕府学制之人。

## 安井息轩

安井息轩,名衡,字仲平,息轩其号,日向饫肥人。二十一岁,往大阪,从篠崎小竹游。篠崎小竹与之共语,惊其才学,赠以诗赋,中有"欲下堂"之句。后游江户,入昌平黌,执贽松崎慊堂之门。松崎慊堂曰:"安井生乃古人,吾岂以弟子视之乎?"其考订石经时,多与安井息轩相商。安井息轩因父丧归乡,服丧期满,再回江户,学于昌平黌。尝谓:"我游经艺,不惊圣人死不休。"应饫肥藩主之招而归里,为藩校教授,亦参与藩政。

## 海防私议

嘉永六年(1853),美舰来浦贺港,要求开港通商,攘夷论盛行。安井息轩论兵曰:"今欲强兵者,犹羊质而蒙虎皮,其不败者几希矣。"因著《海防私议》一卷,论制舰、铸炮、筑堡、蓄谷之法。水户烈公德川齐昭知之,乃问其就时务之意见。德川齐昭常引用安井息轩所谓"羊质虎皮"一词,以评当时之议论家,然安井息轩未尝一见德川齐昭。缙绅贵戚亦多欲召而见之,皆辞而不往。

---

① 一桥庆喜,即德川庆喜(1837—1913),水户藩主德川齐昭之子,日本德川幕府第十五代将军,也是德川幕府及日本历史上的最后一位幕府将军。
② 将军后见,德川幕府时期非常设职务,一般是新任幕府将军较为年幼时,设此职务以辅佐之。
③ 松平春岳(1828—1890),日本江户时代末期、明治时期政治家,第十四代将军德川家庆的堂兄弟,在幕末曾与宇和岛藩藩主伊达宗城、土佐藩藩主山内丰信、萨摩藩藩主岛津齐彬,并称为"幕末四贤侯"。
④ 旗本,德川家的直属家臣及其子弟。

## 学风

安井息轩所交之人,如藤田东湖、羽仓简堂、盐谷宕阴、芳野金陵、藤森弘庵、木下犀潭等,皆当时之名士,共结文社,又笃信好古,钻研经史,于汉唐注疏尤用力,参以众说,考据精确,常发先儒未发之说。

安井息轩文章得唐宋之法,有古色苍然之评。旁明算术,常谓:"圣门六艺,数居其一,经国行事,不可不由之,然近世学者高谈性理,乃不知二五得十,其弊之源,宋儒不得辞其咎。"

## 《辨妄》

因门下有闻洋教之是非者,安井息轩乃作《辨妄》一篇。此篇虽多排挤耶稣教,然至天文、地理、工技、算数,则多参取洋说。

安井息轩为人极俭素,晚年为白河之代官,尚未赴任,村民闻之,奢侈之风为之一改。幕府废后,有荐举安井息轩于朝廷者,然以老耄辞而不就。带藩藩主伊藤氏,乃安井息轩旧藩主,招其教授子弟,遂移籍于带藩。明治九年(1876)九月二十三日殁,享年七十八岁。著述甚富,有《左传辑释》《管子纂诂》《论语集说》等,文集有《息轩文钞》《息轩遗稿》。门人甚多,以谷干城、云井龙雄等最为世所知。安井息轩生有二子一女,长子朝隆,次子谦助,女适久留米人中村太郎,生小太郎①。谦助之子千菊丸嗣其后。

## 盐谷宕阴

盐谷宕阴,名世弘,字毅侯,生于江户爱宕山下,因号宕阴。出生之时,或有赠金箔饰甲者,故通称甲藏。幼时常装军容,执麾踞床,如大将然,孩童皆惧,未有敢抵抗者。其父奇之,口授句读,则朗朗能诵。年十六,入昌平学校,二十一岁,游历关西,文章满囊中。父喜,曰:"儿能成吾志,吾无憾矣。"家贫,殆不能养父。其师松崎慊堂为其父之旧藩主滨松氏荐盐谷宕阴之学,滨松氏后为幕府之老中,知盐谷宕阴之才学,以备顾问,盐谷宕阴因得以听藩政。

## 阿芙蓉汇闻、筹海私议

先是,清道光二十年(1840),中英鸦片战争起。盐谷宕阴慨然曰:"剥肤之渐,实在于此。"乃作《阿芙蓉汇闻》,又著《筹海私议》二十篇,论海防

---

① 安井小太郎(1858—1938),名朝康,号朴堂,日本近代著名汉学家。毕业于东京帝国大学,曾任京师大学堂教习,回国后,任日本第一高等学校、大东文化大学等校教授。著有《日本儒学史》《经学门径》《四书讲义》《朴堂遗稿》等。

之法。自美舰入浦贺,盐谷宕阴日夜忧念,数度上书论时事,又述造军舰之便二十条上呈。

### 隔靴论

当时论时事者,往往因触幕府之忌讳而获罪,或亦为盐谷宕阴忧。盐谷宕阴奋然曰:"我为国家尽力,祸咎非所顾。"乃作《隔靴论》,陈述已见,由是再论时事。如前所述,文久二年(1862),与安井息轩共应幕府之召,为昌平学校教官。

盐谷宕阴以文章闻名,每有一篇出,人人争传诵之。其学问,以经为经,以史为纬,尚实用,修经学而不墨守宋学,广取汉注唐疏,从其是者。教人以立志为主,常谓:"程明道十四五岁便学圣人之事,朱晦庵八岁题《孝经》:'不如是便不做人。'学者宜如二先生然。"

前后入盐谷宕阴门者数百人,诸侯亦多执弟子礼。盐谷宕阴虽以儒学著称,然儒者之称,非其所喜。尝语人曰:"儒,乃学人道者,人谁非儒耶?上至天下诸侯,下迄士农工商,皆可谓儒,岂别有一儒耶?"盐谷宕阴又精于枪术,尝赋诗,有"不愿死入《儒林传》,轻甲一联藏在家"①之句。庆应三年(1867)八月二十八日殁。享年五十九。

### 盐谷箐山、盐谷青山

盐谷宕阴无子,乃以弟盐谷守诚为子。盐谷守诚,号箐山,其子盐谷时敏,号青山。青山之子盐谷温,号节山②。

### 芳野金陵

芳野金陵,名世育,字叔果,通称愿三郎,后改立藏,号金陵、鲍宇,北总葛饰郡松崎村人。生于享和二年(1802),殁于明治十一年(1878)八月五日,享年七十七。年十四,随父移居江户。其父使从龟田鹏斋学,然龟田鹏斋年已老,乃就其子龟田绫濑学,时文政六年(1823),芳野金陵年二十二岁。未几,便代龟田绫濑添削子弟之诗文。文政九年(1826),芳野金陵在浅草福井町下帷授徒。后仕田中藩为儒官。

嘉永六年(1853),美舰来浦贺,要求通商,芳野金陵深忧之,察海外形势,与同道共论海防,上书阁老久世侯。万延元年(1860),进班卒正,整财

---

① 原汉文。

② 盐谷箐山、盐谷青山、盐谷温,皆是日本近代以来著名汉学家,盐谷氏也由此成为一个绵亘四世的汉学世家,其中,以盐谷温的地位与成就尤高。盐谷温(1878—1962),号节山,东京帝国大学教授,所著《中国文学讲话概论》等为中国学界所熟知。

政,设学校,行养老之典,赏孝悌力田等,除旧弊布新政之事甚多。文久二年(1862),松平春岳任幕府政事总裁,屡致书问政。是年十二月,芳野金陵应召,任昌平簧儒官。明治元年(1868),允其乞老,后再仕昌平簧。

芳野金陵学于龟田氏。龟田氏之学,出荻生徂徕之系。因此,芳野金陵之文不免亦带荻生徂徕古文辞之风,而有佶屈聱牙之弊。此时去古文辞之流行已久,当时诸家全异其趣。然芳野金陵并非专念于文章,其注力者乃经学。夙有志于著书,故多抄群籍,屡有编纂,可惜屡遭火灾,传者不多。晚年居大塚,专事经义之述作,惜仅成《大学》《中庸》二卷而病危。

### 三博士之长短

以上略述文久三博士之况,若比较三人之特色,先人有云:"盐谷宕阴精于文章而粗于经学,芳野金陵长于经学而短于文章,独安井息轩兼经、文之长。"

## 八、幕末汉学书生气质

如东汉党锢之狱、明季东林之争,当时学者愤慨政治之腐败,主张正义,而遭政府之压迫,著名学者相继罹祸。因此,无论汉朝,抑或明朝,士气益颓废,学术渐衰,国亦随之而亡。日本幕末之学者,当时以尊王攘夷之论,反对幕府开港条约之议,慷慨激昂而遭刑戮之事,与东汉、明季有相似之处。然日本因此而有明治维新,国运益兴隆,文化愈开明,彼此又不可同日而语。此是因日本国体之尊严,而国家之根本为一统,中枢点未尝动摇。

### 天诛组

文久三博士为幕府所召,皆有当时书生气质之人,前已述及,今就另一方而言,即出所谓直接行动以谋改革国家者,亦出自汉学家,即文久三年(1863)所起之天诛组①事件。天诛组之事详见于史,仅就其有关学者之事略做讲述。

天诛组以大纳言中能卿中山忠光之子为名义首领,实则由松本奎堂、藤本铁石、安积五郎等汉学家为主谋。不幸为幕府兵所破,皆战死,其党人伴林六郎等五十六人皆被捕,次年皆遭杀戮。天诛组以大和十津川为根据地,有替天杀贼之意,故名"天诛组"。

---

① 天诛组,亦称"天忠组",主张"讨幕攘夷",成为武力讨幕的先声。

## 松本奎堂

松本奎堂,三河刈谷藩人。少时因习武太过,伤左目,遂盲,始立志为学。后东游入昌平黉,结交海内名士,浪游京畿尾张,居京都。尝谓:"吾见十津川之险要,他日起兵,当据之而起。"少时于幕府颇抱不平,尝登骏河久能山,至东照公庙前,戟手曰:"汝老黠,吾他日得志,则暴汝墓,鞭汝首。"又诗赋,有"铁锥难入九泉底,此是祖龙埋骨山"①之句。战死时,年方三十四岁。

## 藤本铁石

藤本铁石,备前人。广通众艺,善书画,往来镇西,从广濑淡窗、草场佩川游,有文人风流之概,然愤时事,屡与同道谈己见,遂与松本奎堂共举事,事败而死。

## 安积五郎

安积五郎,名武贞,江户人。父以卖卜为业,安积五郎耻为此业,乃从东条一堂学。其诗作亦有传世者。

以武力与幕府相抗者,自天保中(1830—1844)大盐平八郎以来,以此数人为始。

## 足利氏枭首事件

又有以弱抗强而示与幕府敌对之讽刺性事件,即足利氏枭首事件是也。文久二年(1862)二月,伊豫人三轮田纲一郎、会津人大庭恭平、江户人师冈节斋等十余人,偷袭京都等持院,将足利氏三位将军塑像枭首,并示众于三条河原,立札于旁,大书足利尊氏以下历代将军之罪状,以讽刺德川幕府。时守护职松平容保以彼等托名正义,实则蔑视朝纲,乃不赦之罪,遂捕其党,下狱处刑。长州藩毛利定弘上书求情,三轮田纲一郎等方免于死。此三轮田氏、大庭氏、师冈氏等人,皆学汉学出身之人。

## 坂下门之变

文久二年(1862)正月,又有坂下门之变,即尊王攘夷派武士在江户城坂下门外暗杀幕府老中安藤信正之事。盖安藤信正推行公武合体,迫使和宫下嫁德川氏,以恢复幕府权力,招致尊王攘夷派激愤。刺杀未遂,安藤信正受伤,逃入城中,而暗杀者六人全数死于当场。六人者,下野人河野显三,常陆人平山兵介、小田彦次郎、黑泽五郎、高畠万藏,越后人河本杜太郎

---

① 原汉文。

也。而其主谋,乃是宇都宫藩人大桥讷庵。

## 大桥讷庵

　　大桥讷庵,名正顺,称顺藏,兵学家清水赤城之子。年二十,入佐藤一斋之门,以一斋门下俊秀称。后经佐藤一斋介绍,为宇都宫豪商菊池广兵卫养子,并继其姻亲大桥氏之后。大桥讷庵慷慨忧国,似其同门佐久间象山。而其学问,初主阳明学,后悟而变为朱子学。安政大狱起之前,既愤慨时事,后见政治益非,有志革正。时井伊氏既倒,安藤氏继其后,守井伊氏之遗志,而与外国交通,时因朝廷主攘夷,安藤氏乃谋将皇妹和宫下嫁幕府将军德川家茂①,以为调和皇室与幕府之计。而另一方面,攘夷派以安藤氏欲胁迫皇室而谋一己之私,益痛恨之。大桥讷庵以不革正根源,则诸事不可为,乃授旨门人河野显三,谋暗杀安藤氏,然安藤氏仅被伤,而河野显三等人,或斗死,或自杀,皆死于当场。大桥讷庵亦因此被捕投狱,时已得病,牢狱之苦与疾病交加,虽未死于狱中,然出狱便死,享年四十七。

　　大桥讷庵著述有《辟邪小言》。时或以清水赤城之学出于耶稣教,毒害天下,故当极力排斥之。大桥讷庵因著此书以痛论之。又有《元寇纪略》,述蒙古来袭之时,北条氏威武拒敌之功绩。又有《千代田问答责难论》,顾名思义,乃非难幕府政治之作。

## 安政大狱、樱田门之变

　　此等人举事虽归于失败,然天下闻风奋起,遂一转而为讨幕勤王之举,明治维新之业由此而开。而先声原因,即安政大狱、樱田门之变。

## 九、水户学与幕末

　　樱田门之变起,高杉晋作曰:"天下局面由此而变。"果如其言。然今细考之,天下由一樱田门之变而变,似不能苟同。便无樱田门之变,天下局面亦变。

## 水户藩之尊王攘夷说

　　水户烈公德川齐昭夙忧内外国难,而倡尊王攘夷说。继承祖先之遗风,至烈公益加强。然并非德川齐昭一人特主尊王攘夷,乃水户藩之传统也。

---

① 德川家茂(1846—1866),日本江户时代德川幕府第十四代将军。

## 《新论》《下学通言》

水户藩士会泽正志斋著《新论》,论国体、守御之事。又著《下学通言》,述其师藤田幽谷之遗说。藤田幽谷之子藤田东湖,有德川齐昭之管仲、孔明之称。

## 《弘道馆记述义》《回天诗》

德川齐昭所撰《弘道馆记》,得藤田东湖之述义,其义益明。藤田东湖作《回天诗》自述经历,读之,则可鼓动天下青年书生之士气。盖如维新三杰西乡隆盛、木户孝允、大久保利通等,皆闻此《新论》《弘道馆记述义》《回天诗》等之说而奋发兴起。

大隈重信①侯尝谓:"吾奋发尊王,乃受枝吉神阳之诱掖,闻藤田、会泽两氏之说益兴起。"此不过其一例,海内志士,大抵为水户学说倾倒而奋起。

先是,山崎闇斋、赖山阳等一派倡尊王论,然其势甚微,未至大动天下。宽政三博士及高山彦九郎、唐崎常陆介等,明大义名分,鼓舞士气,然亦止于口舌笔墨之间,未有实力,其憾何如。然德川齐昭以幕府之亲藩,袭累世之祖业,会时幕政衰退,内外多事,人皆推名公以匡救时弊,于是所谓维新三杰之辈多起于雄藩,更以孝明天皇②之英武,而朝廷多名臣,皆与水户藩声气相通,极力鼓吹尊王攘夷。至此,天下形势即欲不变,岂可得乎?而幕府不察,徒拘旧弊而以虚势威压。及安政大狱③起,将天下名士一网打尽,是更过也。然由反面观之,明治维新及幕府之倒台,亦由此而加速。

## 明治维新与水户学

安政大狱、樱田门之变、坂下狙击、天诛组、水户藩武田、藤田氏与幕府兵相斗,长州藩窜入京都炮击禁阙,此后,幕府之征伐长州,将军之奉还大政,不战而三百年霸业崩于一旦。上述一系列事件,殆不可谓与水户学无关也。因此,今就此水户学中心人物稍做讲述。

西谚曰:"罗马非一日而成。"此幕末水户学关系天下之事,溯源甚古,就其最近者而言,则前述藤田、会泽二人必不容忽视。

---

① 大隈重信(1838—1922),日本第八任、第十七任首相,明治时代著名政治家、财政改革家,早稻田大学创始人。

② 孝明天皇(1831—1867),日本第一二一代天皇,1846—1867 年在位。明治天皇之父,支持公武合体,维新倒幕时突然去世。

③ 安政大狱,江户时代期末安政五至六年间(1858—1859),德川幕府大老井伊直弼、老中间部诠胜、阿部正弘等,抓捕不满于幕府与西洋诸国签订条约的尊王攘夷派人士,牵连人数在一百人以上。

## 藤田东湖、水户二田

藤田东湖,名彪,字斌卿,通称虎之助,德川齐昭赐名诚之进。同藩有户田忠敬者,号蓬轩,称银次郎,德川齐昭赐名忠太夫。即以"诚""忠"二字分赐二人,故世称二人为"水户二田"。

藤田东湖乃藤田幽谷之子,幼而奇颖,稍长,嗜武艺,不甚好读书。年逾弱冠,慨然曰:"绛、灌不文,随、陆不武,为古人所笑,士必文武兼修。"遂刻苦读书,后为水户藩彰考馆编辑,摄行总裁之事。

及藩主哀公德川齐修病危,无子,而继嗣未定。德川齐昭乃德川齐修之弟,按理正可嗣其后,然有惮其英明者,谋迎幕府将军家子弟为藩主。藤田东湖激愤,与同道至江户,谒枝藩守山侯,论嗣子之事。枝藩守山侯服其言,誓必以身事之。数日后,哀公德川齐修死,而遗命以烈公德川齐昭嗣位。德川齐昭既已袭封,锐意图治,知藤田东湖有异才而擢用,以侧用人兼学校奉行参与藩政。时人才集于内外,大小共称其职,至通古今,达事体,以藤田东湖为第一,而德川齐昭之眷遇益渥。每有新令出,则皆由藤田氏秉笔,而顷刻成文,辞意明畅,其精思为人所不能及。当此时,论海内人才者,必为水户藩首屈一指,而水户藩实以藤田东湖为第一,名声大噪于一世。

弘化元年(1844),德川齐昭受幕府谴责而致仕屏居之时,藤田东湖亦获罪,居江户之小梅别墅。其时苦难非常,数岁,乃遇赦归乡。而藤田东湖益奋发修学,综览群书,学问大进,远近乞教者,日日满门。西乡隆盛入藤田之门,亦在此时。

嘉永六年(1853),德川齐昭受幕府之命,议海防之事,召藤田东湖复原职。藤田东湖主攘夷,与幕府不合。其作"宝刀难染洋夷血,却忆常阳旧草庐"①之句,即在此时。

## 藤田东湖之攘夷论

熊本横井小楠访藤田东湖,论今日世界大势之下,日本孤立攘夷之事不可行。藤田东湖答曰:"诚如所言。然享二百余年太平之日本国民皆在睡梦之时,非攘夷不能醒其目。攘夷之不可行,吾亦甚知之。"横井小楠曰:"以至诚治天下,无不治也。而初便以伪欺天下者,事可成乎?"藤田东湖默然不答。横井小楠去后,藤田氏一门人以横井氏之言质问。藤田氏曰:

---

① 原汉文。

"吾以横井氏乃世间少有之人物,然终为迂阔之腐儒也。主攘夷不过新一时人心、振一国元气之策,故至后世,并非锁国攘夷,乃使我国进而为立于世界之指导者也。"孝明天皇嘉许德川齐昭留意边备,藤田东湖之名亦由此为天皇所闻。

安政二年(1855)十月二日,关东大地震。时藤田东湖居江户水户藩邸,与户田忠敬皆死于震灾,享年皆五十。此事后传至京都,天皇为之悼,并叹曰:"坤德愆度,万民殒性,水藩亦失二良臣,太可悯伤。"以关东一藩士,而蒙天皇之御叹,实为空前之荣誉。

藤田东湖以明大义、正人心为己任,以敬神振武为政教之根本。是皆由其父藤田幽谷之学出。

明治二十四年(1891),追赠藤田东湖为正四位。

## 西乡隆盛与藤田东湖

西乡隆盛心服藤田东湖,终身称其为"东湖先生",而决不直呼其名。水户有人名唤塚行藏者,明治维新后为政府官吏,出藤田东湖之书画示西乡隆盛,求其作跋。西乡隆盛曰:"东湖先生之作,岂容我等污之?"此固婉拒之辞。后闻西乡隆盛见此书画时,必置之几上,身着羽织袴①,俯身低头拜读。由此可知西乡隆盛敬慕藤田东湖之深。

## 会泽正志斋

会泽正志斋,名安,字伯民,称恒藏。藤田幽谷之高足,幼而警敏好学。家本微贱,初为彰考馆抄写生,后少升给,为江户诘②,任水户诸公子侍读。时德川齐昭最幼。文政中(1818—1829),升给为马回,还水户。时有美国船至常陆大津村。会泽正志斋受藩命,往笔谈,而美国人口不以实。会泽正志斋诘问之,美国人亦屈服,乃以实告。数年后,又在水户守职。

## 《新论》

后幕府出攘夷令,会泽正志斋乃著《新论》五篇,献水户哀公德川齐修。

及藤田幽谷殁后,会泽正志斋摄彰考馆总裁之职,为教授,哀公病笃、藩情恟恟之时,与藤田东湖往江户,为嗣子之事而周旋。及哀公死而烈公袭封,会泽正志斋还水户。烈公德川齐昭擢其为郡奉行,谘以政事。德川

---

① 羽织袴,日本男性的传统正式礼服。
② 江户诘,江户时代管理各藩在江户的宅第等事务的官员。

齐昭设弘道馆,会泽正志斋为制定馆制。

及德川齐昭受幕府谴责而致仕屏居,会泽正志斋亦致仕,号憩斋,未几被谴,幽屏于水户。此时,外患益急,幕府起德川齐昭参与幕政。德川齐昭思会泽正志斋之忠恳,再招请为教授。此时天下志士纷纷作边备之策论,然会泽正志斋在二十余年前,既就此事撰成《新论》以献哀公。

安政二年(1855),幕府将军德川家定召见诸藩老儒,会泽正志斋与焉,时年七十四。德川齐昭赐曰:"今日之荣光,比之前日之幽囚,一何悬绝耶?卿倡导实学,勿背今日之恩。"

### 正义派、俗论党、镇派(抑派)

德川齐昭殁后,藩论一分为二,一曰正义派,一曰俗论党。而居中调停者,尚有镇派,或曰抑派。会泽正志斋因赞成此派,而名望少衰。文久三年(1863)七月卒,年八十二。

### 祖述藤田幽谷遗说

初,藤田幽谷志在经世,未遑著述。晚年欲着手著述,而不幸早殁。其子藤田东湖尽力于政治,又中道而殁。会泽正志斋深悲之,遂着力著书,以述先师藤田幽谷之遗说。盖亦非藤田幽谷之豪迈而不能开其源,非会泽正志斋之笃学而不能竟其业。要之,事功著于藤田东湖,而学问尽于会泽正志斋,水户学由此大显于幕末。明治二十四年(1891),追赠会泽正志斋正四位。此后,水户学尚有英杰辈出。

### 原五轩

藤田东湖门下有一人,名唤原忠成,字仲宁,称任藏,后改市之进,号五轩,又号尚不愧斋,本为藤田氏外甥,后为及门弟子。原五轩后因助德川齐昭之子德川庆喜,而为世所知。德川庆喜入一桥家为养子,因其父为德川齐昭,德川庆喜乃求侍从于水户,此侍从即原五轩。然恰当大正奉还之前,原氏遭暗杀而亡,时年三十八。德川庆喜痛以为憾。原氏著有《督府纪略》《尚不愧斋存稿》。

### 丰田松冈

丰田松冈乃藤田幽谷之门人,与会泽正志斋并称藤门二才子。丰田氏名亮,字天功,称彦次郎,号松冈,又号晚翠。入彰考馆,安政三年(1856),进总裁,继会泽正志斋之后,撰《大日本史》志类,备志类之体裁。

### 栗田栗里

丰田松冈之后,有栗田宽,字叔栗,称八十吉,后改利三郎,号栗里、蕉窗、银庵。安政五年(1858),入彰考馆,与津田信存共撰成《大日本史》之志、表。

## 青山拙斋

青山拙斋,名延于,字子世,称量介,号拙斋、云龙,与藤田幽谷并称。文政六年(1823),继幽谷之后为彰考馆总裁,注力于编纂《大日本史》。其著述另有《皇朝史略》《明征录》《文苑遗谈》《拙斋文集》等多种。此青山氏之学异于藤田一派。

## 天狗党、俗论党、镇派

如前所述,水户后来生出党派,藤田东湖弟子武田耕云斋等呼为天狗党,其反对派则呼为俗论党或奸党。两者互相轧轹,俗论党巨魁结城寅寿被诛,天狗党井伊扫部头亦被杀。盖俗论党排斥藤田东湖,而后天狗党复仇。天狗、俗论两派之间,尚有青山一派,称为镇派。

如此,水户藩因党争而英杰凋落,国力亦渐疲惫。然因有水户藩尊王之士出,方有萨摩、长州藩志士成就维新大业。

## 十、幕末词坛

诗文虽随时代而有盛衰之变迁,然诗文之为物,绝不因时代而消亡。称诗文诱导时代,亦无不可。然在幕末之煞风景中,词坛呈何种光景?

## 宋诗流行

文化(1804—1818)、文政(1818—1829)间,宋诗流行之后,乃有于此一变之时代。即由山本北山、市河宽斋、菊池五山等,为宋诗流行之极,其弊在过于率直、露骨,诗人欠优雅之趣,而此时匡正此弊之巨擘,有梁川星岩、大沼枕山等人。

## 梁川星岩

梁川星岩,名孟纬,字公图,一字无象,通称新十郎,美浓国安八郡曾根村人。村中有星星冈,因号星岩。年十九,游江户,从古贺精里、山本北山学,最长于诗。

## 江湖社

初,大洼诗佛之诗名闻于天下,开吟社于神田柳原之于玉池畔,名曰江湖社。梁川星岩亦在社中,相互唱和。大洼诗佛与梁川星岩之诗各有特色,世以大洼诗佛清逸淡泊,颇类国风;梁川星岩温润浓厚,颇似二雅。此评颇有过褒之嫌。要之,星岩类唐诗,而诗佛似宋元诗。大洼诗佛殁后,江湖社毁于火灾。

**红兰、玉池吟社**

先是,梁川星岩携妻红兰游历四方二十年,天保三年(1832),再归江户,探大洼诗佛之旧迹,然其遗迹皆遗毁于火灾。梁川星岩乃在近旁开池塘,环植竹木,名曰玉池吟社,再兴诗社。其名由此大著。

弘化二年(1845),梁川星岩忽变卖家产归乡。人惊而问其由,答曰:"江户人口辐辏,有五百万之众。每人每日食米五合,则一月不下七十万石,其米皆由海运而来。近来英夷侵略东方,清朝之香港已为彼所有,其势必来犯日本,此不言而喻之事。一旦彼袭江户之品川,海路忽绝,五百万生民之饥馑,只在眼前。我以老弱之身,不忍见此,故决意为归乡之计。"临发江户,留诗于玉池吟社。诗曰:

　　　　文章不作经时用(原注:一作"文章不值半文钱"),才到曹刘也等闲。收拾声名便归去,一簪白发旧青山。①

**赖山阳与梁川星岩**

梁川星岩既去,往京都,构居于鸭川之畔,号曰鸭沂小隐,以诗赋自乐。其诗高雅有风骨,赖山阳睥睨一世、不滥许人,于诗亦推梁川星岩。梁川星岩亦尝曰:"成予之名者,子成(原注:赖山阳字)也;成子成之名者,予之功也。"

嘉永六年(1853),美舰来浦贺,幕府矫诏与彼国结交。梁川星岩素有慷慨之志,甚忧虑之。安政五年(1858),阁老间部诠胜奉幕府命入京都,梁川星岩闻将捕尊王攘夷志士,作诗二十五首,论时弊,讽谏之。俄而,病殁,年七十。殁后三日,始捕志士。

幕府疑梁川星岩必是巨魁,乃捕其夫人红兰,送狱诠议。红兰答曰:"世间岂有谋及妇人之梁川星岩耶?"而后一言不发。幕府无奈,只得赦之。红兰殁于明治十二年(1879)。盖梁川星岩忽离江户归乡,然又隐居京都,此事颇可疑。可推知梁川星岩并非寻常诗人。

梁川星岩居京都,有丁未元旦诗。诗曰:

---

① 原汉文。

旧交零落半归泉,重入京华一怅然。
只喜衰残逢盛典,新皇登极在今年。①

盖因孝明天皇登极在即,有感而赋。

## 梁川星岩之门人

梁川星岩门人甚多,其最著名者,有大沼枕山、远山云如、小野湖山、森春涛、冈本黄石、鲈松塘、江马天江、神山凤阳、谷铁臣、林双桥、市村水香等人。其中,江马天江、神山凤阳、谷铁臣、林双桥等居京都,其余在东京。从彼等学之人,多属明治时代诗人。

## 大沼枕山

前将大沼枕山列为梁川星岩之门人,实则乃与梁川星岩同辈,而非晚辈。大沼枕山,名厚,字子寿,通称舍吉,号枕山、熙熙堂,江户人。生于文政元年(1818),卒于明治二十四年(1891),年七十四岁。其父大沼竹溪,乃尾张藩儒者。大沼枕山少时,在尾张鹫津松隐门下。彼时,森春涛亦偶然入塾,时大沼氏年十八,而森氏年十七,俱以诗才闻名。大沼枕山后出江户,就菊池五山学。一日,访菊池五山,出所作乞正。菊池五山一见,奇之,疑彼少年无此诗才,恐系他人代作,命其席上试赋一首,大沼枕山应声而赋一律。此恰老成之格调。菊池五山惊,使据门生之上席。大沼枕山名声日著,乃与梁川星岩、盐田随斋、大洼诗佛、小野湖山等交,设下谷吟社,一时俊髦,多入其门。植村芦洲、沟口桂岩、杉浦梅潭、中根半岭等,皆入其社。

较之梁川星岩游历四方,慷慨国事,多与志士相交,大沼枕山颇有寂寥之感,然彼以一介诗人立身于幕末,门生辈出,故有"西星岩、东枕山"之称。此外,梁川星岩乃勤王主义者,而大沼枕山之佐幕精神,至死未休。传大沼枕山病笃之际,或问其何所欲,答曰:"吾无他望,惟愿有生之年拜领德川家葵章服,着之而死。"或传之德川家达②。德川家达感其忠,乃赠之,大沼枕山感泣拜谢,遂瞑目。

大沼枕山乃明治初期自他共许之人,其诗风宗陆放翁。其诗无论近体、古体,俱能得其妙,其美句丽章之巧,乃最为得意之处。又,咏物诗乃其

---

① 原汉文。
② 德川家达(1863—1940),日本德川幕府末代将军德川庆喜养子,德川氏宗家第十六代当主。明治维新之后,曾任贵族院议长等职。

特色。

大沼枕山终身在民间,生活杂著颇多,有《江户名胜诗》《日本咏史百律》《中国历代咏史百律》《枕山先生遗稿》《咏史绝句》《枕山咏物诗》《枕山百咏物》《枕山诗抄》《枕山绝句抄》《水竹居集》《东京三十词》《房山集》《下谷吟社诗》《同人集》《远简斋集》《枕山先生遗书诗学明辨》等。

梁川星岩、大沼枕山之外,中国、九州地区更有菅茶山、广濑旭窗、广濑淡窗一派,东北有大槻磐溪,不容不述。先就诗名著于幕末之广濑旭窗而略述之。

### 广濑旭窗

广濑旭窗,名谦,字吉甫,通称谦吉,初号秋村,后因面居室之东窗,乃号旭窗,更以爱梅,而号梅墩,丰后日田人。生于文化四年(1807)五月十七日,殁于文久三年(1863)八月十七日,年五十七。幼受广濑淡窗之诱掖,入后龟井昭阳、菅茶山之门,又出入羽仓简堂、林述斋之门。壮年之时,承广濑淡窗之后,督咸宜园。其后游历四方,学识大进,转居江户、大阪、日田等处,终老于大阪。

咸宜园一派之诗,至广濑旭窗而大成。清末大儒俞曲园所编《东瀛诗选》所选数百家之中,占一人一卷者,有服部南郭、菅茶山、梁川星岩、僧慈周四人,然一人而占二卷者,唯广濑旭窗一人耳。《东瀛诗选》评广濑旭窗之诗曰:

> 吉甫诗才气横溢,变幻百出,长篇大作,极五花八阵之奇,而片语单词,又隽永可味。吉甫罢脱尘务,不入仕途,所亲则墨客骚人,所好则江山风月,宜其为东国诗人之冠。其诗美不胜收,故选入者甚多,所以为分上下卷云。

盛赞广濑旭窗为"东国诗人之冠",可知其为一代诗宗。

### 广濑淡窗

广濑旭窗之兄广濑淡窗,亦以诗鸣天下。今以兄弟二人相较,西村天囚尝云:

> 淡窗以巧思胜,旭窗以天才胜。淡窗之诗,以精练胜;旭窗之诗,以雄大胜。淡窗为人,有循谨老吏之风;旭窗为人,有真率达人之趣。

识见之高远,淡窗之长;规模之雄大,旭窗之美。二窗俱备大家之风度,并为一世之通儒,岂非联璧一双耶?

是可倾听之评也。尚有:

旭窗出于龟门①,无物学②之臭味,好说诚心诚意,不陷宋儒之理窟,盖其学由阅历入,深谙世故,精通人情,处事不迂阔。

又,安积艮斋评曰:

旭窗性骏快,无城府,博涉群籍,尤竭力经世之学,其志措诸事业之上,固非以区区诗人自居者也。

即谓广濑旭窗并非仅仅一介诗人而已。诚然,嘉永六年(1853),美舰来浦贺,广濑旭窗慨然上书幕府,论海防之策,即《识小篇》是也。广濑旭窗夙涉猎译书,通欧美之情状,其说不妄论攘夷,又轻吐开国论,极剀切之见。而彼又深于勤王之志,与佐久间象山、僧月照、土屋萧海、桂小五郎、吉田松阴等交,其门下如长三洲、柴秋村、龟谷省轩、刘石舟、藤井蓝田、尾崎秀民、松林饭山等有志勤王之士辈出。

广濑旭窗有诗稿《梅墪诗抄》四编十二册。此外,著述尚有《日间琐事备忘录》一百六十六册、《九桂草堂笔记》十卷、《明史小批》二卷、《梅墪丛书》二册、《途说》二册、《追思录》一册等。

## 十一、西日本之文学

纵观九州地方学界,一方面与中土较近,易于接受其学术,而另一方面,因其地理之偏鄙,学问自然不如江户、京都。然如长崎一港,乃与荷兰通商之地,随之通荷兰语而研究西洋学,幕末游历长崎而称"出洋"者亦有之。今就此地著名学者试略说之。

---

① 龟门,即龟井朝阳之门。
② 物学,指荻生徂徕之学,因荻生徂徕本姓物部,名茂卿,仿汉式姓名为"物茂卿",故称。

## 安东省庵

安东省庵，名守约，字鲁默，初名守正，省庵其号，筑后柳河人，仕柳河藩主。初从松永尺五学。松永尺五殁后五年，即明历元年（1655），朱舜水[1]来长崎。时世人尚不知朱氏之学，唯安东省庵往师之。朱舜水贫甚，安东省庵乃分其禄二百石之半（原注：名为二百石，实则米八十石，一半，即四十石）赠朱氏，传为美谈。此事详见于朱舜水与其孙朱毓仁之书中。学愈进，行益修。伊藤东涯称安东省庵为关西之巨儒。

## 贝原益轩

贝原益轩，名笃信，字子诚，小字久兵卫，号益轩、损轩，筑前人。正德四年（1714）殁，年八十五。

贝原益轩学无常师，或以其尝从松永尺五学（原注：《先哲丛谈》以为谬）。贝原益轩博见笃学，太宰春台尝评之曰："博学洽闻，海内绝伦。"初学陆象山、王阳明，后读《学蔀通辨》，而入朱子学，晚年又疑之，著《大疑录》二卷。年三十九岁，著《近思录备考》，翌年，著《小学备考》。后学因之而进者多。人见鹤山批曰："本邦先儒，编著固多，而裒辑经传注解者，以益轩先生此二篇始。"贝原益轩好著书，所著百有余种，多以假名出之，语极恳切。平生不好诗，谓之"无用之闲言语"，而时以和歌为乐。

贝原益轩尝过凑川，追想楠木正成，为永存其遗迹而谋之兵库富商，并撰楠木正成碑文。然石工来取文稿时，贝原益轩自思："楠木正成功勋比日月，而如吾浅学之辈为记，乃僭越之事。"遂止。后经水户义公德川光圀之手，由朱舜水撰文建碑，然后世共尊贝原益轩之笃实谦逊。

## 秋山玉山

秋山玉山，名仪，一名定政，字子羽，称仪右卫门，玉山其号，熊本人。宝历十三年（1763）殁，年六十六。

本姓中山氏，为叔父秋山需庵养子，乃嗣其后，又从舅氏水足屏山习儒学。随藩主灵云侯来江户，从林凤冈学。前后十余年，林氏奇其才学，有事则以秋山玉山代为讲学。灵云侯卒，秋山玉山归藩，为嗣主隆德公侍读。隆德公卒，灵感公立，秋山玉山得恩宠，常侍左右。宝历四年（1754），由秋山玉山建议，熊本设时习馆，秋山氏任教头。秋山玉山之学，尚赅博，尤长

---

[1] 朱舜水（1600—1682），名之瑜，号舜水，明清之际学者、教育家。明亡后，东渡日本，在长崎、江户授徒讲学，对日本水户学有深远的影响。

于诗文。

秋山玉山虽出林凤冈之门,然与服部南郭、服部仲英、高野兰亭、泷鹤台等蘐园之徒尤相敬爱。《蘐园杂话》如此评价秋山玉山:

> 玉山虽豪饮磊落之人,然如守三年之丧等事,为人所难及。

### 薮孤山

薮孤山,名悫,字士厚,孤山其号,熊本人。享和二年(1802)殁,年六十八。幼而力学,博波经史,善诗文。藩主岁赐白银二十余,以为学资,命游江户。卒业归藩,任藩校教授。笃信朱子学。与中井竹山、中井履轩、赖春水等交。

### 龟井南溟

龟井南溟,名鲁,字道载,号南溟、信天翁、狂念居士、苞楼。筑前人。幼有锐才,从荻生徂徕之友僧天皓学。又游长门,从山县周南学,其学博洽,以诗文名。又尝在京都,就吉益东洞学医,居五六日,疑其说之偏僻,遂去,往大阪从永富独啸庵学。以儒医著称,黑田侯与禄五十石为藩儒。

福冈旧有主张朱子学之学校,始自贝原益轩弟子竹田定直,藩主更为龟井南溟设蜚英馆,一名西学问所。龟井南溟于此倡导荻生徂徕之学。龟井氏为人士气豪放,直言不讳,或有憎之者,乃遭谗言而被黜,蜚英馆亦废。因此患心病,文化十一年(1814)殁,年七十二。

### 龟井昭阳

龟井昭阳,龟井南溟长子,名昱,字元凤,号昭阳、空石、天山等,通称昱太郎。与赖久太郎、古贺小太郎(侗庵)并称"文政三太郎"。

龟井昭阳继家学,教授学生。宽政十年(1798)罢职,且被免儒业,由是闭门读书,着力著述。天保七年(1836)殁,年六十四。

### 三浦梅园

三浦梅园,名晋,字安贞,后改安鼎,梅园其号,丰后人。

三浦梅园初学于本藩监部绫部绸斋(原注:室鸠巢门人,旁学于伊藤东涯、服部南郭),年十七岁,从中津藩文学藤田贞一学。又,三浦梅园早年即钻研西学,二十岁初便对西洋天文学书有所发明,三十岁始知天地之条理。

### 条理学

天地有唯一之气,气外无物,物外无气。一条妙理贯彻宇宙,玄界无际云云，名曰条理学。三浦梅园所著《梅园三语》，即所谓《玄语》《赘语》《敢语》，颇为有名。《玄语》八卷二十八篇，十余万言，说阴阳消长之度、气物融化之道。然亦有攻击者，三浦氏遂再著《赘语》十四卷补其说。又著《敢语》，述道德说。盖彼为著此三语，溅毕生心血矣。《玄语》起稿于宝历三年（1753），时年三十一岁，脱稿于安永四年（1775），时年五十三岁。前后横跨二十三年，弃旧稿凡三次，易稿本凡二十三次。《赘语》起稿于宝历六年（1756），时年三十四岁，直至去世，其间三十四年，易稿凡十五次。《敢语》起稿于宝历十年（1760），时年三十八岁，脱稿于宝历十三年（1763），前后四年，四易其稿。

## 帆足愚亭

帆足愚亭，名万里，字鹏卿，丰后日出藩人。国学教授，后为家老。为家老时，曾命三十恶人切腹。嘉永五年（1852）殁，年七十五。幼时学于胁愚山（原注：初入薮孤山之门，年二十二岁，访三浦梅园，钦慕其学风，考订其遗书。后从中井竹山学）。十五六岁时，殆通群书。优于作文，数百千言之文，挥笔立就。

尝作《原教论》，论圣人立教之旨，旁及释老异端之辨。又，作《原学》《原名》，道本六经，寓名教，合为一册，即《入学新论》一书是也。

又精于算数，初无师，从二宫氏质一二疑义，悉得其秘蕴。又读荷兰书，由译本而披索考究数年，亦通其义，因修穷理之学，而作《穷理通》十余万言。又攻医学，弟子受其教而为医，皆能切中病之要害。又读佛精禅。此外，地理、兵制、船舶、炮术等，无不审其说。与赖山阳不合，著《日本外史》，攻击赖氏。明治时代著名学者冈松瓮谷乃出其门下。

## 广濑淡窗

广濑淡窗，名建，淡窗其号，别号苓阳、青溪、远思楼主人等，丰后日田人。安政二年（1855）殁，年七十四。从龟井昭阳学。聚徒讲《诗》，四方来学者前后四千余人。家塾如此盛大者，未曾有也。分学级，每月以考试定上下。日本分学级教育法始于此。

## 广濑旭窗

广濑淡窗之弟广濑旭窗，居大阪，亦以诗著名。广濑兄弟所谓咸宜园派，流行于九州、关西地区。前已述及，今不赘言。

## 十二、诗文之变迁

以下就德川时代诗文之盛衰消长概说一番。

**东坡、山谷**

德川时代初期,受五山文学影响,诗汲苏东坡、黄山谷之流,尤以黄山谷诗最为流行,然皆无东坡、山谷之骨力,诚才力薄弱。荻生徂徕曰:"及木下顺庵起,诗始为诗。"

**古文辞、明诗、白云明月流**

元禄(1688—1703)、享保(1716—1735)间,荻生徂徕称古文辞,倡明诗,而新井白石为退宋诗,鼓吹唐诗,诗风由是一变。明诗之弊,在仿唐诗,故李攀龙、王世贞一派剽窃盛行。当时,荻生徂徕一派之诗,被谤为白云明月流,盖此派诗人多用白云明月等熟字入诗,故名。

**宋诗流行、清诗**

天明(1781—1788)、宽政(1789—1800)之时,市河宽斋、山本北山据宋诗,尚性灵,菊池五山、大洼天民承之,诗风又为之一变,宋诗盛而明诗衰。此风持续至幕末。而关西地区有菅茶山、广濑兄弟所谓咸宜园派,咏物诗颇流行。又有山阳一派,以咏史著称。至明治时代,诗风又一变,然幕末已有清诗之流行。

以下概说文章之变迁。

**木下顺庵**

德川时代初期,文章与诗均受五山文学影响而不振。如林罗山、林鹅峰①等,文集卷数浩繁,然其中名作甚少。他人亦皆如此。及木下顺庵倡唐宋八大家,文章与诗同叶格法,而有与唐宋作家颉颃者出。

**古文辞**

荻生徂徕鼓吹古文辞,风行天下,当时学者受此弊,作文颇佶屈聱牙。

**唐宋八大家文**

蘐园之文盛时,室鸠巢独守唐宋八大家之传统。及宽政三博士出,宗唐宋八大家之文,文章亦次第进益,作家亦逐渐出世。佐藤一斋、赖山阳屹立东西,推为大家。文久中(1861—1863),有安井息轩、盐谷宕阴、芳野金

---

① 林鹅峰(1618—1680),林罗山之子,日本江户时代前期学者,著有《本朝通鉴》等。

陵三博士出,乃延至于明治。

幕府之末路,天下时势一变,所谓慷慨激越之诗文盛行,侯雪苑、魏勺庭①之风颇为流行。

### 赖山阳、苏东坡、桐城派

先是,赖山阳学苏东坡,频推东坡。赖氏之文,名高于世,书生喜东坡,仿而作之,其遗响及于明治时代。至明治之世,喜桐城派之风又流行。此详后述。

---

① 侯雪苑、魏勺庭,即清初三大家中的侯方域、魏禧。

# 第四期
# 明治时代(1868—1912年)

## 明治初年之儒教

**明治初年之国体论**

所谓国体,非今日方有之事,明治初年,无论朝野,人人皆已知之。故幕府军败而德川庆喜归江户时,法国公使罗瑟斯(Roces)①频劝再举,愿借兵助之。然德川庆喜谢曰:"我国国体,不可与天子为敌。开辟以来,获罪于朝廷者,无可避也。予不德,误蒙朝敌之名。唯有恭顺以待天裁。"公使无奈而止。

又,明治初年自由之说盛起,板垣退助②与片冈健吉、马场辰猪、河野广中等组织自由党。一日,片冈健吉、马场辰猪、河野广中三氏相携访英国驻日公使巴库斯(Backus)③,偶谈及政体,问共和与君主立宪孰优及日本国体之是否与得失。巴库斯曰:"贵国之国体,冠绝于世界,为各国所无所企及者也。然今何苦为皮相之文明所眩惑,以生如此之迷执耶?此非由崇法兰西民约论而致之乎?"三人相顾怃然,归而告之自由党总理板垣退助。板垣退助曰:"此事固然,何待外人之言乎?"后河野广中谈此事,座中有大隈重信侯爵,哂曰:"维新功臣皆然,岂独见板垣氏乎?"

若问此国体论何来,则自开国以来已然矣。中世不幸,政权移于幕门,一转而为武家政治。犹如日月之食,浮云蔽而忽昏,及云开雾散,天明光辉

---

① 罗瑟斯,据日文译名ロセス转译。
② 板垣退助(1837—1919),日本第一个政党自由党的创立者,第二次世界大战后发行的日元上曾绘他的肖像。
③ 巴库斯,据日文译名バアース转译。

复如常。由天壤无穷、实祚悠久而观之,数百年间之王室式微、权奸专制,亦犹日月一时之食也,终有去云翳而明天日之时。然云翳自其始,便不可绝无,亦自然之法,不可避也。

拨云雾而见青天者,大义名分论是也。而大义名分论实乃儒学之主张,与日本国体自然暗合,是儒教所以为日本之必要也。

# 第一章 明治时代第一期

## 一、汉语词、汉文、汉学书生

明治初年,旧幕府鸿儒尚在,又有汉学书生,故汉语词、汉文颇为流行。

**汉语词之流行**

先讲汉语词之流行。此风及于当下。如当时之用语,改"发床"为"理发店",改"风吕"为"入汤","不都合"则改用"失敬"。当时如不用汉语词,则在交际中便处于不利地位。汉语词何以流行?幕末维新之际,奔走国事之各藩人士,有相互交流会合之必要,然各地有各地之方言,即如今日本标准语之普及,东北之仙台人与西南之鹿儿岛人尚互讹而不能通话,当时则更甚,对话若不能互相理解,则交际即大有障碍,用汉语词则无此障碍,因而流行于维新志士之间。而维新以后,彼等多位居要路,汉语词遂为上层社会之用语。

萨摩人桐野利秋,或在诸藩会合之席,乃问"御敝藩"当出兵几何。或答曰:"尊藩之'御寡君样'此时做何打算?"①此"御敝藩""御寡君样"之用,乃好一对问答。

**汉文**

与汉语词相关,自然是汉文或汉文直译体文风之流行。盖明治初年为政治论盛行之时代,为记此政治论,以雄健简劲之汉文或汉文直译体文章最为合适。于是,当奔走国事之人,自建白书始,凡论说书简等,皆用汉文。

---

① 在日语中,"御""样"是敬语,因此,"御敝藩"是一个敬语和谦语混用的矛盾词,故有人亦用"御寡君样"这样的矛盾词回答。

此风始于幕末,而维新后益盛。尤可留意者,幕末朝廷下萨摩、长州二藩①之讨幕密敕,则纯用汉文。密敕如下:

下萨长密敕

参议:大江敬亲

左近卫权少将:大江广封

左近卫权中将:源久光

左近卫权少将:源茂久

诏源庆喜借累世之威,恃阉族之强,妄贼害忠良,数弃绝王命,遂矫先帝诏而不惧,挤万民于沟壑而不顾,罪恶所至,神州②将倾覆焉。朕今为民之父母,是贼而不讨,何以上谢先帝之灵,下报万民之深仇哉?是朕之忧愤所在,谅闇而不顾者,万不得已也。汝宜体朕之心,珍戮贼臣庆喜,以速奏回天之伟勋,而措生灵于山岳之安。此朕之愿,无感或懈。

庆应三年十月十四日

正二位:藤原忠能

正二位:藤原实爱

权中纳言:藤原经之

## 五条誓文

又,如戊辰年(1868)之《改元之诏》《求辅导直言百官诏书》《敕祭冰川神社诏书》、己巳年(1869)之《战功赏典诏》《赏复古之功臣诏书》、庚午年(1870)之《镇祭及宣教大教诏书》等,皆纯用汉文。而五条誓文、大号令、法规等,殆皆用汉文直译体。维新大变革之际,如此重要之诏敕令,用汉文而非日文,甚可推察在日本汉学之地位如何尊崇。

## 汉学与书生

如"今之参议皆书生"之言,参与维新功业之人,皆通汉文之汉学书生,则明治初年之书生,犹亦汉学书生。

---

① 萨摩藩,今鹿儿岛县一带;长州藩,今山口县一带。武力讨幕以促成明治维新之志士,如西乡隆盛、大久保利通、木户孝允等人,皆出于此二藩。

② 神州,此处是日本方面的自称。

**《新律纲领》**

其原因凡种种,然最为主因者,系明治三年(1870)十二月二十二日颁布之律法《新律纲领》,乃基于《大明律》而作,书中罪名等,皆用《大明律》之名。司法官自有通汉学之必要,而当时书生多志愿为司法官,自然成为汉学书生。如三岛中洲,亦尝为司法官。如此之风潮,明治十年(1877)以后犹存。

**法官与汉学**

当时司法官考试中,有为无点本《通鉴纲目》做训点之事。当时有一流行语曰:"遣可爱书生之生涯者,《通鉴纲目》《史记》《左传》也。"司法官与汉学之关系,乃当时坊间多汉学书生之主因。

当时有关司法令一则逸话,可为参考:淡路有一人,名唤立木兼善。维新之际,为东北某县知事,其时有禁止复仇法令之发。该县偶有一士族,为父被杀而欲复仇,出到县厅。立木兼善告之以法律不许,此子颇明是非,而立木氏以之为狱卒。而彼之杀父仇人又因犯罪被捕,按律当判死刑。立木兼善乃命此狱卒亲自斩其首。狱卒大为感激,事后乃辞狱卒之职。是亦法律因实情而活用之事。

前曾述及,维新之功臣殆汉学书生,故西乡隆盛、大久保利通、木户孝允、伊藤博文等人,皆有种种之评论,然皆以汉诗出之。

石井南梁(原注:名不详)有《祝复古》,其一曰:

锦旗翻风圣武扬,滔天霸气忽然收。
九重城阙飞龙影,七道山河出日光。

其二曰:

赤子多年无父母,苍生今日仰君主。
余泽远布怀柔策,行见源源贡筐筥。

秋月韦轩(原注:名胤永,称悌二郎,会津人)有《有故潜行北越归途所得》,其一曰:

行无舆兮居无家,国破城倾乱雀鸦。
治不奏功战无略,微臣有罪何复嗟。

其二曰：

闻说天皇元圣明，我公贯日发至诚。
恩赐敕书应在近，几度额手望京城。

其三曰：

思之思之夕达晨，愁满胸臆泪沾巾。
风渐沥兮云惨憺，何处置君又置亲。

云井龙雄有《失题》，诗曰：

问说八小洲外别有五大洲，长风好访破浪风。
乌拉之山太平海，去笑一周全地球。
一世俊髦悉把臂，万国奇胜尽嘱眸。
然后税驾故善潇洒伴松菊，一世能事庶几将始休。

注曰：

长风好放破浪风，晋宗悫故事也。即客问宗悫，答曰："愿乘长风破万浪。"

木户孝允有《从圣驾供天览》，诗曰：

邈矣二千五百年，皇威长与日月传。
万机余暇高台上，请见民家多少烟。

大久保利通有《戊辰作》，诗曰：

万里陛辞向关东，独拜天颜恩赐洪。
一夜难酬臣职重，鞠躬愿致太平功。

西乡隆盛有《横山安武碑》，碑文曰：

横山安武，称正太郎，森有恕之四子，母隈崎氏。出继为横山安容之后。为人忠实而泛爱众，事亲有婉容愉色之养，而至于事君则犯颜，言人不能言者，皆发忠爱之心矣。安武在君侧十余年，排因习革旧弊，且欲宫中府中为一体，论辩不止。其言一时能行，而下情上达，宫府无间隔者，安武之功居多焉。

一日，英舰来战鹿儿岛。人家数百罹兵燹，安武之家，亦逢其灾。邦君每户赐金，以救其急，安武以多年勤劳之功，特蒙赏赐。安武恤故人贫苦无资给者，乘夜以赐金窃投于其家，而穷家不知其故，踊跃以为天神之冥助也。安武死后，亲戚朋友检其日记，始知安武所为。呜呼！为己不谋，为名不设，之发于至诚，未闻如是人也。

安武任近侍，专辅导公子，孜孜不怠。以为公子成长于深宫，疏下情，切劝游学而自随行焉。有故召公子还，安武亦从而归藩，则被夺其职。于是反身曰："当益励志以修德业耳。"再请游学，始到西京，又去，至东京。

当此时，朝廷百官，游荡骄奢，而误事者多，时论嚣嚣。安武乃慨然之奋，谓："王家衰弱之机，兆于此矣。苟为臣子者，不千思万虑以不救之。然而，虽常谏疏百方陈之，力不能矫正，则无寸益而已，不如一死以谏之，若有所感悟，岂无小补乎？"乃作谏书，陈弊事十条，持至集议院，插之门扉，退屠腹津轻邸门前，实明治之庚午七月廿六日夜也。拂晓，门吏开门，则有僵卧者，以为萨人也。告诸藩邸，邸吏到，则安武也。扶起入邸，气息未绝，曰："奉书集议院。"语仅通。乃遣人问之于院，答曰："今朝院门有封书，上于政府。"吏归以其状告安武，安武若有自得焉者，而即瞑。

呜呼！以身当难，安武平生之言，果不食也。于是乎，世人感安武之死谏，空论忽止，时弊亦以渐而改。惜哉！安武以忠实之资，未能大有为，而为史鰌之尸也。噫！

又有《送木尾君日高君救仁乡君三子之法国序》①，序曰：

---

① 此文原为汉文所作，但"法国"的日文汉字译作"佛国"，今据中译文酌改。

三子者将行,临别不能无言,而我岂特为痛离群乎哉!乃欲言之,泪先下。吾情犹见昔日战亡之诸君而别也。呜呼!虽彼人亡,以此人代之,彼魂魄必有保护焉。何以得代彼人乎?特有正气焉。彼正气,正气愤然发而毙焉,子其维持正气而行矣。正气所存一焉而已。三子者,往矣!呜呼!正气谁惮而不维持乎?

## 二、汉学者与国学者之轧轹

明治中兴之伟业,或称为王政复古,或称为维新改革,皆权宜而用。若以"复古"为复原古代,"维新"为变革求新,则"王政复古"与"维新改革"生新旧之冲突,非独政界,学界亦有此痕迹。即汉学者与国学者之轧轹是也。

汉学固为舶来品,然自应神天皇以来已有两千年历史,与日本之政治、教育、文化等各方面,皆有根深蒂固之联系,殆非固有之国学所能及,在国学之为国学而兴之前既有。国学之发生发达,虽较汉学为迟,既名曰国学,则有其自然之背景。自德川时代中叶始,国学者与汉学者常起纷争,其原因之一,亦在于此。

**两者之主张**

明治维新大业出于汉学者流,使黯淡已久之大义名分论,再发光明,其结果乃有幕府之大政奉还,此大义名分论,源自《春秋》。且如前述,敕令亦用汉文,而居庙堂之高位者,多为昔日之汉学书生,故汉学味甚浓。德川时代汉学者以中土为最上国,与此相对,国学者以此华夷之辨为误,有损国体之尊严,甚或以为幕府为日本之君主,天皇不过有名无实之虚位,以至于伊势大神宫①之神官,起而非难,攻击幕府支持者,主张维新大业,尊神道一教,儒、佛等外来之宗教,皆被压倒。一时呈现两者对抗之局面。其斗争之结局,乃两败俱伤,而西学者坐收渔翁之利。此明治初年(原注:至明治五年左右)学界之概况。

次就汉学者与国学者之对抗做一讲述。

---

① 伊势大神宫,位于日本三重县伊势市,祭祀皇室始祖神天照大御神,是日本级别最高的神社。

### 大学校

明治元年（1868）七月十七日，江户改称东京，然国都名义上仍在京都。同年九月十六日，决定在京都创建汉学所、皇学所①。此事触及取代原大学寮，故明治二年（1869）九月二日，汉学所、皇学所因被京都大学校之筹建所代替而废止。然此京都大学校之创立亦于明治二年（1869）十一月二十二日中止。新政府另于明治元年（1868）六月二十九日，复活幕府时代之昌平学校，明治二年（1869）六月十五日改称大学校，十二月十七日更改称大学，教授汉学与国学，并以此大学为本部，统管教授西学之东校、南校（原注：此大学，当时兼有教育机关及教育行政机关之双重角色）。

明治二年（1869）六月十五日，昌平学校改称大学校，所布达之教育方针中，述及大学校之目的："依神典国典，辨国体，兼而讲明汉籍，以实学实用为要。"由此可知，大学校并非昌平学校之单纯复兴，乃以国学中心主义重建者也。同年八月，在大学校举行学神祭之事，亦出于国学者之议。如此，在大学校中，汉学遂立于国学之下风。然明治三年（1870）二月，新大学规则公布，稍采国学、汉学并立主义。盖因明治二年（1869）九月，大学校内国学者与汉学者之间酿成巨大纷议，故稍做调和。其纷议之焦点，乃京都皇学所之祭神问题及东京大学校之祭学神问题。

### 京都皇学所之祭神问题

明治元年（1868）九月，《规定》第四条中有"皇学汉学互争是非，固我之偏执，乃不可有之事"，可推察后来在大学校中两派争论之事，早已存在。明治二年（1869）正月八日，下旨由行政官员于十五日在皇学所开讲，十七日在汉学所开讲。本月所定之《皇学所规则书》中，记合祀诸神之事如下：

皇祖天神大宫

中央：天御中主大神、皇产灵大神、伊邪那岐大神、伊邪那美大神、天照皇大御神、须佐之男大神、御代代代②天皇命及大后御子命等。

左：风神、火神、金神、水神、土神、大雷神、大山祇神、高灵神、袚户神、海神、丰受毘卖大神、大汝命、少汝命、言代主神、天神地祇八百

---

① 皇学，是作者以日本人的口气对日本固有之学问的称呼，意同前文的"国学"，但因为"京都皇学所"是固定的机构名称，姑且沿用。后文仍有"皇学"与"国学"交替使用的情况，视语境而定。

② 原文如此，疑衍一"代"字，当作"御代代"，即"尊敬的历代"之意。

万神。

右：武御雷神、经津主神、八意思兼神、五伴绪神、大伴佐伯物部八十伴绪等、太命齐部神、久延毘古神。

**大学校之学神祭**

明治二年(1869)八月,在大学校举行学神祭(原注:仅一次)。所谓学神祭,即相对于《大宝令》以来大学等处之孔子祭,而以日本固有之神为学神以祭之。学神祭受前述京都皇学所规定之影响,此亦汉学、国学两派轧轹之一端。明治二年(1869)六月,大学所开设之学课,亦以国学为中心,而兼以儒学,自又生两派之争执。由同年九月八日大学大丞仙石政固及九月十日大纳言德大寺实则分别致大学别当①松平春岳之书状,可推察当时两派之轧轹已至何种不可收拾之情态。明治政府遂就此问题广征舆论以决之。同年九月十二日,以合并国学、汉学之《四条学制》下问集议院。全文如下:

奉仰博士共议皇汉学合并规则　朝裁
纲领如左:
一、祭皇国学神,废孔庙释奠。
二、废汉籍素读,专用国书。
三、设讲课质问席,学业分四科,国、汉学博士教授各司其一科,以授生徒。
四、《孟子》论名分处,于国体不合,不许入正科,禁自行讲习。
右揭大纲,其细目追记于别册。
大学别当

然各藩对政府以国学为中心之学制,殆皆持反对意见。丰后国森藩藩主久留岛通靖提出:"释奠乃文武以来之国家大典,废此不可。又,退《孟子》,乃狂猛之徒。国学唯由真渊传之宣长者,乃属确实。"他之十一藩皆表赞成。此亦可证当时各藩士多汉学书生出身,汉学乃支配其思想之根

---

① 别当,原为日本佛教寺院内的职务名称,掌管整个寺院事务,后为朝廷公职引用。"大学别当",即大学最高管理者,相当于后来的总长(即校长)。

本。此次学制下问之结局,乃国学派败退,然其根基甚强,后遂至严禁读《孟子》。此皆出于国学者玉松操之力。要之,因此次学制下问而起国、汉之议论,政府遂于明治三年(1870)二月颁布《改定规则》,以调和两学派。

### 大学本部之国、汉学者

昌平学校在德川幕府时代,既已居大学之地位,固以汉文为专门学问。自幕府倒台至王政复古之初,累世大学头林氏之下有大学头林昇(号学斋),此外尚有儒者奥村季五郎、永井三藏、佐野令助、中村敬辅(号敬宇)、龟谷甲藏(号省轩)、芳野立藏(号金陵)、若山壮吉(号勿堂)、望月万一郎(号毅轩)等二十余名。

明治元年(1868)八月,昌平学校改属东京府。十二月,定新官制,以松冈七助为头取①,芳野金陵、赖又次郎(号支峰)为二等教授,大桥焘次为三等教授,川崎鲁辅、盐谷修辅为试补,中纳言山内丰信(号容堂)为知学事,秋月种树为判学事。

明治元年(1868)夏,以幕府昌平校、开成校、西洋医学校为官学,明治二年(1869)称大学校。八月,在大学校祭思兼命及久延毘古命。

试看明治二年(1869)八月大学校职员:

别当:约当今日之大学总长,又兼文部大臣。后改称总裁。由越前藩主松平庆永(春岳)担任。

小监:别当之副手有大监、小监,当时大监暂缺,小监由秋月种树从四位担任。

大丞:仙石政固从五位、松冈七助从五位(高知藩)。

小丞:三轮田纲一郎(松山藩)。松冈氏负责汉学,三轮田氏负责皇学。

教授有大博士、中博士、小博士,以下又有大助教、中助教、小助教。助教举其汉学者。小助教暂不举。

大博士:平田铁胤从六位(父笃胤)、水本保太郎(鹿儿岛藩)。

中博士:青山春梦、谷森种松、权田直助。

小博士:西川善六、赖又次郎、芳野金陵(长尾藩)。

大助教:冈松辰吾(号瓮谷,熊本藩)、龟谷甲藏(号省轩)。

---

① 头取,意即头领、总管。

中助教：川崎鲁辅（号也鲁斋，沼田藩）、盐谷修辅（号诚轩，盐谷宕阴之弟，后为嗣）①。

以上数人之中，以为人观之，松平春岳、秋月种树乃温厚之人；三轮田纲一郎，如前所述，乃幕府时代之愤激者，曾将京都等持院足利尊氏木像斩首；松冈七助未常任于此职；博士之中，以国学者平田铁胤、权田直助最为气象猛烈之人；汉学者青山春梦乃温厚之人；水本保太郎为人诚实；赖又次郎不久便隐居。盖国学与汉学之对抗轧轹，亦由此等人而生。其势如何？由上述诸人观之，国学者一方处于攻势，而汉学者乃处于守势。国学与汉学之轧轹，难以调和。

**分科制度**

明治五年（1872），实行学制改革。此学制乃据西洋尤其是法国制度而定，又参照英美尤其是美国制度分学科，定名称，汉学、国学之名皆撤废。今日所行分科制度，其起因即在于此。

### 三、国汉学者与洋学者之对抗

以下考察新兴之洋学者②与国学、汉学之关系。

**蕃书调所、洋书调所、开成所**

幕府时代之官立西学学校，称为洋学所，安政二年（1855）以讲兰学③之儒者古贺谨一郎为头取。安政三年（1856）二月，洋学所改称蕃书调所，文久二年（1862）五月，又改称洋书调所，同年八月，改称开成所。

**大学南校**

明治元年（1868），开成所划归东京府管辖。明治二年（1869）十二月，以昌平学校为大学本部，教授国学、汉学，兼总辖管理诸学校之际，将此开成所改称大学南校，并以新设之医学所为大学东校。明治五年（1872），大学南校又改称开成学校。明治十年（1877），本部、南校、东校合并，名曰东

---

① 括号内均为原注。
② 日语习惯将"西学"称为"洋学"，中文亦有"洋学"一词，流行于晚清，故暂沿用。
③ 兰学，由于日本在江户时代实行闭关锁国政策，只开放长崎一港，对中国、荷兰通商，故把由荷兰传入的西方科技与文化统称为兰学。"兰学"与"洋学"意近，但又有因时代而异的内容。

京大学。此即今日东京帝国大学①之前身。

南校、东校之洋学,未如本部国学、汉学之猛烈内斗,且其教授谋以西式新法入本部。时任大学大丞楠田英世、小丞小松彰与南校教授相谋,仿西法定学则。大学别当松平春岳、大监秋月种树、辨事田中不二麻吕赞成。由此,本部国、汉学者中止其对抗轧轹,转而一致反对采用西式学制。小监岛义勇、参与副岛种臣赞成国、汉学者。副岛种臣此时管理校务。于是,国、汉学者上书政府:"大学专为教授国学、汉学之所,南校、东校当与本部分设;此外,大丞、小丞等行政官员不得左右大学学生,教学之事当由教官专任。"然此时政府之中,主张仿外国教育制度而改革学制者多,遂对大学本部教官之议却而不许,下谕教官与行政官员当合奉戴朝旨。此事遂终不可行,别当松平春岳因而引咎辞职。

### 大学本部之废止

明治三年(1870)七月十七日,下令废止大学本部,教官与行政官员皆免职,学生皆退学。昌平校改为大学,至此不过两年许,便闭门落锁。而洋学之南校、东校得以存续,并再次分设为独立学校。

### 文部省

明治四年(1871)七月十八日,政府废大学而置文部省,此前由大学兼司教育与教育行政之职,教育行政事务至此由文部省专管。

而至明治四五年(1871—1872)左右,世人注目于西洋新文明,国学、汉学因乃旧有之文化思想而少有人问津。

### 学制改革

学制改革又由此而起,其改革委员会多由洋学者担任,国、汉学者殆无缘与之。

### 汉学精神犹存

国学者于明治五年(1873)三月十四日,废止神祇省,置教部省,以从事神道之教导。汉学亦渐次衰微,然在南校学者,犹有以汉学精神而持治国平天下思想者。此外,当时汉学鸿儒所设之家塾、私塾,遍布天下,颇可留意。

---

① 东京大学校名屡有变迁:明治十年(1877),定名东京大学;明治十九年(1886),更名帝国大学;明治三十年(1897),因在京都又设一所帝国大学,故更名东京帝国大学;第二次世界大战后,昭和二十二年(1947),正式定名东京大学。因为作者撰写、讲授该讲义时,校名为东京帝国大学,故仍沿用。下文所称"大学",大体专指该校。

## 四、私塾、藩学、地方学者

**私塾**

所谓私塾者,幕末以来,国学私塾有之,西学私塾亦有之,然犹以汉学私塾为多。今举其著名者,东京府有:

| 私塾名 | 主持者 | 私塾名 | 主持者 |
| --- | --- | --- | --- |
| 三计塾 | 安井息轩 | 有为塾 | 蒲生重章 |
| 晚香堂 | 龟谷甲藏 | 绥猷堂 | 冈千仞 |
| 双桂精舍 | 岛田重礼 | 雕雪亭 | 市川万庵 |
| 大沼学舍 | 大沼厚 | 交有塾 | 鲈松塘 |

明治三四年(1870—1871)为私塾隆盛时代,其数最多。又,以开塾时间而观之,而明治初年已然私塾繁昌之时代也。

**洋学塾**

新政前后,已有如福泽谕吉①之庆应义塾、尺振八之共立学舍、箕作秋坪之三叉学舍,皆教授外语。学制颁布以后,汉学塾渐次衰退,而洋学塾代之而起。

**藩学**

世所谓藩学者,当时尚有坚守大义名分者,招收各藩子弟入学,以汉学为主要科目,于斯文影响甚大。今举二三有名之藩学:尾张藩明伦馆、加贺藩明伦堂、佐贺藩弘道馆、水户藩弘道馆、彦根藩弘道馆、米泽藩兴让馆、高松藩讲道馆、熊本藩时习堂、冈山藩冈山学校。此等藩学在地方有相当之势力。

**地方汉学者**

在地方开家塾者亦甚伙。今举地方著名汉学者,如京都有春日潜庵、神山凤阳、江马天江、中沼了三,大阪有草场船山、藤泽南岳,尾张有佐藤牧

---

① 福泽谕吉(1835—1901),日本近代著名启蒙思想家,庆应义塾大学创始人,曾作为日元最高币值万元纸币的人物肖像,其"脱亚入欧"等思想在近代日本影响极大。

山,近江有中村栗园,但马有池田草庵,秋田有根本通明,备中有山田方谷,广岛有吉村秋阳,丰后有村上佛山等。

**汉学者之潜势力**

上述诸家,或以经学文章,或以诗赋风流,或以慷慨忧国之时务论,散布全国。其中如春日潜庵,幕府时代曾坐安政大狱,后遇赦,居京都,其名为天下所知,西乡隆盛最尊敬之,乃遣子弟、部下从其学,西乡氏本人亦就其问政治之事。非独春日潜庵,盖有如此政治色彩之人物颇多。明治十年(1877),西南战争之时,春日潜庵固然,神山凤阳、中沼了三等人亦受嫌疑。又,当时有受内务卿大久保利通之密令而探藤泽南岳之举动者。明治政府暗中注目此等人物,监视未尝稍怠。由此观之,当时汉学者有自然之潜势力。

## 五、学制颁布与汉学

**江藤新平之意见**

如前所述,国、汉学者与洋学者之轧轹,至明治四年(1871)七月十八日废止大学本部,而设专司教育行政事务之文部省,以江藤新平为大辅,一时统辖文部省事务。盖政府有改革学制之意志,而以江藤新平为能决行之人。江藤新平以学不宜分国、汉、洋,宜按学科分为文学、法学等,然彼于八月四日即转任左院副议长。而稍早前之七月二十八日,大木民平就任文部卿。大木氏继承江藤新平既有之计划,于翌年(1872)八月二日,以太政官之名颁布学制。

当时,教育经费是一大问题。时任大藏大辅井上馨(原注:部下有涩泽荣一)以为不可能之事。江藤新平以大木民平之案乃出自家之提议,要求政府拨款,而井上馨以国家经济不许答之。江藤新平大声叱之曰:"君等知'经济'耶?不知也。'经济'者,乃由'经世济民'出也。"教育经费问题,因大木民平同乡、时任参议大隈重信极力赞成,大藏省①遂亦出二百万元。

**颁布学制之主旨**

此次颁布学制之主旨,盖因向来沿袭之弊,在于学问有阶级,庶民宁以

---

① 大藏省,日本明治维新以后主管财政、金融、税收的中央机构。

学问为危险有害之感,必得官费方可为学,此大错也。凡为人,无论华族、士族、农、工、商及妇孺,皆必为学。学问乃立身之资本。学问者,磨炼知识,增长才艺,以立身、治产、昌业,然后人可得生。务以邑必无不学之户,家必无不学之人(原注:太政官第二百十四号有关学事奖励布告)。

如此之奖学主旨,专以知识与利益为主,轻视道德修身。故国、汉学者,其间尤其是儒学口称忠孝仁义者,皆被视为顽固迂阔之辈,招致排斥,此事已成一股风潮。

### 西村茂树之意见

西村茂树①后日有如下之回忆:"学问乃立身之本,见太政官所颁布之学制,专说治生兴产,无一字教人仁义忠孝。彼时余在民间,颇疑之。盖政府之意,从前武士之教育,唯教以道德,而视实业为迂阔,故矫正之。然余以为,不说仁义忠孝,偏执于一方,恐其弊将不堪欤!"(原注:《往事录》)

### 《劝学篇》之流行

福泽谕吉与其门下士小幡笃二郎等,专主洋学,而福泽氏所著《西洋事情》,风靡海内。又著《劝学篇》,其发行量在数百万部,国内小学视之如金科玉律,政府之新教育方针,殆皆基于福泽氏之说。

故在颁布学制同时,关闭私塾、寺小屋②等。又,废藩置县之后,尚有私立、公立等名称,旧有之藩校,或自行废止,或强制关闭。

### 私塾、寺小屋之废止

私塾、寺小屋多教读书、算术、习字等。所谓读书,殆指读汉文。据明治四年(1871)六月东京地区之调查,东京有寺小屋凡五百二十一处,其收男生者四百二十二处,收女生者九十九处。与家塾合计,凡七百七十五处。因学制之颁布,汉学之衰退,其影响甚大。政府当局下令,私塾、寺小屋如欲继续开张,须提交申请书。在地方,受政府之命而奖励兴学,然高官显贵之中,亦有见汉学之衰溃而有意见者,故对继续开张之申请书,无不许之。因此而失业之汉学者多,勉强在家授徒,又为逻卒③所检举。于是,读汉籍者日稀,汉籍遂遭贱卖,一文不值。

---

① 西村茂树(1828—1902),日本明治时代启蒙学者、道德伦理学者,兼通儒学与洋学,著有《日本道德论》等。

② 寺小屋,也称寺子屋,日本寺院内所设的私塾,是主要以庶民子弟为对象的初等教育机构,其数甚多。

③ 逻卒,亦作"逻倅",巡逻的士卒。

**圣堂废止**

文部省设立以后,汉学大本营大成殿绝祀,孔子及弟子像被撤,其地或为博览会场,或为图书馆,或为地方会议场所。圣堂废止之时,有一书生作诗叹曰:

儒生可坑书可焚,难亡天下人心公。《源氏物语》《枕草子》,本科奉之代六经。地下没人应一笑,针线游戏字治清,一痕残月茫不明。呜呼!君不见昌平桥头妖鸟呼,青竹之重锁孔庙。

又,长崎明伦馆因学制颁布而废止,致有将所祭之孔子像装箱而浮之于海之议者。

**中村栗园之议**

此时,近江儒者中村栗园有慨于新制,乃上书滋贺县权令,论小学教育曰:"小学只教技艺,而将忠孝仁义之置之膜外,此非一大缺陷耶?舍道而取技,此非外本而内末乎?"(原注:《栗园文稿》卷之一《上滋贺县权令笼手田君论小学校事书》)又与亲友福泽百助①书曰:"君生儒者之家,尝出洋,极学之堂奥,名声闻于天下。虽不仕官,然以当局或肯嘉纳,故著述论小学教则,宜以孝悌之道为先,然后继之以技艺,否则本末失序,彝伦不明,非教学徒之意。天下之皆谓福泽先生修西洋之学,而其倡孝悌之道,可不尊信乎?必争率子弟入黉受教。我等二三老儒,同心勠力,共改教则,以振孝悌之道。以君为之速且易,拜托。"(原注:《栗园文稿》卷之一《与福泽氏书》)。由此可推察,面对忘却忠孝仁义之学制,当时老儒有何等之愤慨,并设想重振汉学。

**汉学衰退之原因**

维新以前倡大义名分以促成大业,汉学者负力甚多,其倡尊王攘夷者,亦汉学者也。然今汉学却遭如此之衰运,此非学问本身之力,实因遗憾败北于官方权力也。遭此厄运之汉学,其反扑亦颇盛。其理由如前所述,安井息轩、芳野金陵等著名汉学家尚在,且时势亦不得不知汉学,官僚来自全国各地,非汉语词不能交流。《新律纲领》据《大明律》而出,故欲知法律,则须有汉学之素养。大学虽废,然学生皆各地之秀才,同道切磋,诗文之会

---

① 福泽百助,福泽谕吉之父。

常开。此等皆新学制不行之理由。

又，诗文杂志之发行，幸有政治家之参与，入西乡隆盛、木户孝允、大久保利通、副岛苍海、伊知地正治、春日潜庵、伊藤博文等。纯粹之学者，如安井息轩、芳野金陵、林鹤梁等，盖因大学废止，日益欧化，学生之气质亦大变，惊讶于与明治初年风气之迥然相异。有《书生放吟》诗曰：

> 把杯相对墨江流，一气吞来五大洲。
> 皇素禺廷汉传陋，英吾所好佛吾侪。
> 铁车道通横滨畔，电信机接两京头。
> 酒是剑菱妓今紫，银红春色金瓶楼。①

又曰：

> 大丈夫当有知己，世态悠悠何足论。
> 醉枕窈窕美人膝，醒握堂堂天下权。②

## 六、学制颁布至明治十年前后之汉学

如前所述，新教育方针之结果，乃以实利实用为主，西洋文化之输入甚为活跃。其大势所趋，已不容有反省批判之空隙，几乎变为盲目摄取。明治六年(1873)，岩仓具视③一行视察鲁美，为其机械之动所惊叹，归国后，与所谓文明开化呼声愈发合拍。而在思想上，《明六杂志》亦于明治六年(1873)创刊，中村敬宇、西村茂树、福泽谕吉、津田真道、箕作秋坪、箕作麟祥、杉亨二、加藤弘之、西周、森有礼等学者，成为新知识同人之思想指导者。

---

① 原汉文。其中，"英吾所好佛吾侪"句中之"佛"，指法国。
② 原汉文。
③ 岩仓具视(1825—1883)，日本明治时代政治家。明治四年(1871)，任右大臣，与大久保利通、木户孝允、伊藤博文等共四十八人，另有留学生五十余人随行(史称"岩仓使团")访问欧美，历经二十个月，其规模之大，人员之重要，历时之长，效果之显著，影响之深远，在日本历史上绝无先例，在世界历史中也属罕见。

## 西洋文明崇拜时代

如此,以学制颁布为转折点,日本暂时进入西洋文明崇拜时代。随着前述汉学私塾之衰退,西学私塾取而代之。西学输入之有功者中村敬宇于明治六年(1873)二月在小石川江户川町大曲自宅内设家塾,名曰同人社,讲泰西之学,此在当时与福泽谕吉之庆应义塾相对,以西学而为学界之重镇。

当时,大学专用西学,教科书用西式原版书,教师亦用西人。即便是日本籍教师,在课堂上亦须用西语。故不学西学,便不得入大学。而国学、汉学随之俱衰微至极。

## 《日本杂事诗》

当时,清朝驻日公使馆书记官黄遵宪有《日本杂事诗》,其中有咏及汉学界者。诗曰:

> 五经高阁竟如删,太学书生守兔园。
> 犹有穷儒衣逢掖,著书扫叶老名山。①

如四书五经等,皆束之高阁,学校所用教科书成批由西方进口,除有关日本地理学、历史学外,汉文几废。而在中学,如《唐宋八大家文》《通鉴揽要》《二十一史约编》,后不过用一《国史揽要》。

## 硕学之凋谢

此外,使汉学界愈发衰退之事,乃硕学鸿儒相继凋谢。今举其主要人物之卒年及其享年,明治十一年(1878)尤为厄年。

| 人物 | 卒年 | 享年 | 人物 | 卒年 | 享年 |
| --- | --- | --- | --- | --- | --- |
| 小原铁心 | 明治五年 | 五十六岁 | 安井息轩 | 明治九年 | 七十八岁 |
| 门田扑斋 | 明治六年 | 七十七岁 | 关藤藤阴 | 明治九年 | 七十岁 |
| 岩垣月洲 | 明治六年 | 六十六岁 | 山田方谷 | 明治十年 | 七十三岁 |
| 盐谷簣山 | 明治七年 | 六十三岁 | 林鹤梁 | 明治十一年 | 七十三岁 |
| 三上是庵 | 明治七年 | 五十九岁 | 春日潜庵 | 明治十一年 | 六十七岁 |

---

① 原汉文。

(续表)

| 人物 | 卒年 | 享年 | 人物 | 卒年 | 享年 |
|---|---|---|---|---|---|
| 冈本况斋 | 明治十一年 | 八十二岁 | 池田草庵 | 明治十一年 | 六十六岁 |
| 大槻磐溪 | 明治十一年 | 七十八岁 | 东条琴台 | 明治十一年 | 八十四岁 |
| 芳野金陵 | 明治十一年 | 七十七岁 | 望月毅轩 | 明治十一年 | 六十一岁 |

然彼等之门人尚存，当时著名之汉学先生有中村敬宇、重野成斋、鹫津毅堂、川田瓮江、秋月韦轩、根本羽岳、岛田篁村、三岛中洲、堤静斋、蒲生裘亭、阪谷朗庐、神山凤阳、江马天江、藤泽南岳、近藤南洲、五十川迁堂、土井赘牙、江木鳄水、西微山、赖支峰、片山冲堂、东泽泻、村上佛山、古贺茶溪、木下犀潭等人物，然其大势之衰则不可挡。

### 七、西南之役与汉学

**开设私立学校之趣旨书**

西乡隆盛之征韩论①败而归鹿儿岛故里，创立私学，其所谓之开设趣旨书，乃以汉文撰写。书曰：

> 盖学校者，所以育善士也。不只一乡一国之善士，必欲为天下之善士矣。夫戊辰之役，正名踏义，血战奋斗而毙者，乃天下之善士也。故慕其义，感其忠，祭之于此，以鼓舞于一乡之子弟，亦所以尽学校之职也。西乡隆盛谨志。

**不平党与汉学**

由此可见西乡隆盛于私学教育何等重视汉文、汉学。政府据新学制奖励西学，且有福泽谕吉、中村敬宇等有力者之积极倡导，世人亦欢迎西学，而此时，自西乡隆盛始，江藤新平、奥平谦甫、横山俊彦等在野之不平党人，以汉诗文吐露悲愤慷慨，自然酿成奖掖汉学之气运。如前所述，当时春日潜庵、藤泽南岳等汉学者，隐然有潜在之势力。

---

① 征韩论，西乡隆盛等人提出的征服朝鲜半岛的对外扩张计划。

西南之役起，自东京至地方，文士皆作诗作文，时有为政府忧而攻击西乡隆盛者。有《后兵儿谣》诗曰：

蕉衫如雪不受尘，长袖绶带学都人。
怪来健儿语言好，一操南音官长嗔。
蜂黄落，蝶粉退，倡优巧，铁剑钝。
以马换妾髀生肉，眉斧解剖壮士腹。①

政府以朝廷之威与官军之力，平定佐贺之乱、荻之乱、西南之役等不平党之反抗，然平定其武力叛乱易，而欲镇压其思想则难。

**言论战与汉学者**

板垣退助之立志社由此而起，并以此为母胎而形成言论战，愈发成为政府之强敌。而参与言论战之斗士，以汉学者、汉学书生出身者为多。

## 八、废刀令与汉学

日本刀，不言而喻，乃三种神器②之中属御剑之流者也。日本刀闻名于世久矣。宋人欧阳修有《日本刀歌》③，传唱后世。藤田东湖亦有此作。

中世以降，武家之盛，刀剑乃珍重之物，至有为之而起争斗者，刀剑作为"武士之魂"，直至幕末。尊王攘夷论起幕末，遂至王政复古，明治维新后，世相一变，举世而为欧化主义、文明开化主义时代，遂至有废刀论之起。

**森有礼与废刀说**

废刀说④由谁而发，难以明确。然维新之初，召外国公使进宫，其中有

---

① 原汉文。
② 三种神器：即八咫镜、八尺琼曲玉、草薙剑，是日本天皇及皇权的象征。
③ 《日本刀歌》："昆夷道远不复通，世传切玉谁能穷。宝刀近出日本国，越贾得之沧海东。鱼皮装贴香木鞘，黄白闲杂鍮与铜。百金传入好事手，佩服可以禳妖凶。传闻其国居大岛，土壤沃饶风俗好。其先徐福诈秦民，采药淹留丱童老。百工五种与之居，至今器玩皆精巧。前朝贡献屡往来，士人往往工辞藻。徐福行时书未焚，逸书百篇今尚存。令严不许传中国，举世无人识古文。先王大典藏夷貊，苍波浩荡无通津。令人感激坐流涕，锈涩短刀何足云。"也有人认为此诗是司马光所作，如宁群娣《关于〈日本刀歌〉作者及其影响的考证》(《沈阳大学学报》2011年第4期)。
④ 废刀说，刀是日本武士的身份象征，废刀令颁布之后，引起旧武士的愤懑，相继出现一些动乱，最终引发日本历史上规模最大的一次内战——西南战争。

法国人遭土佐藩士袭击而死,而政府乃令刺杀者自杀,以结此案。在此前后,森有礼倡废刀之说,于是有人以森氏欲废"武士之魂"而排斥之。森有礼乃萨摩鹿儿岛人,藩论有"有如此之人出,实为我藩之耻辱",遂有暗杀森氏之议,而政府为惜森氏之人才,乃命其为驻美公使,将其派往美国。

## 废刀令颁布之原因

明治九年(1876)三月二十八,朝廷颁布废刀令。其实施者,乃时任陆军大辅山县有朋也。其原因大体有如下三点:第一,因文明开化,西方人大量来到日本,而日本常有杀害外国人之事,故西方人不喜日本人佩刀,恐由此招致外交之障碍;第二,当下战争以西式枪战为主,日本刀之威力已微乎其微;第三,全民皆兵之今日,军人且不佩刀,士族佩刀而行,乃毫无意义之事。

## 废刀令之反对者

对此,萨摩西乡隆盛、大久保利通、岛津久光等人,上奏明治天皇,以示反对废刀令。

学者之中,除洋学者外,国学者、汉学者大体皆反对废刀令,当时不似现今这般言论自由,故又不敢公然反对。在东京之学者,大多碍于形势,而地方学者多持强硬之反对论。今以藤泽南岳之诗《掷剑诗》为例,藤泽氏时年三十七八岁。诗曰:

明治九年春三月,侍臣传诏出宫阙。曰维朕德在好生,憎汝擅相杀。自今海内丈夫儿,不许腰间带寸铁。一介书生草莽臣,捧诏感泣泪满巾。遽取宝剑十袭之,掷却匣里不近身。千年旧俗忽替废,不免愚夫惊而怪。或曰剑是君子服,堂堂威容何可坏。或曰此以备不虞,脱弃何得御暴夫。叱叱议者何多口,治国岂用刀剑乎。剑乎剑乎是凶器,用诸乱邦变为利器。叛乱之臣固可戮,聚敛之臣亦可刺。卖国诳主悉可斩,剑利于是美而贵。今也升平无事时,人无奸宄邦无乱危。何用长物,以招官家之嫌疑。卖为耕牛固不妨,换得爱妾亦无恶。方须饮酒舞且歌,欢笑皞皞浴皇泽。独奈我也性不刚,弱如蒲柳驯如羊。受侮恐为海内兄弟辱,脂韦又恐失我丈夫常。自今誓炼胸中一片义,不恃腰间三尺霜。①

---

① 原汉文。

## 九、修史局之内讧

**修史诏书**

明治二年（1869）三月二十日，三条实美任修史馆总裁，并赐诏书。诏曰：

> 修史乃万世不朽之大典，祖宗之盛举，三代实录以后绝继，岂非大阙典耶？今革除镰仓以降武门专权之弊，振兴政务。故开史局，继祖宗之芳躅，欲大施文教于天下，任总裁之职，须速正君臣名分之谊，名华夷内外之辨，以扶植天下之纲常。

**修史之必要**

由此观之，维新之初修史之主旨，全由水户《大日本史》之精神发挥而来，此外别无他物。只不过《大日本史》系水户德川氏之私撰，终于南北朝合一之处。而此时之时势，乃王政复古，是非有修史之举不可。有此诏书，可知当时朝廷重视修史一事如何。

于是，政府下令各府、藩、县，搜集文书、文物等史料，废藩后，记各公卿、旧藩主之家记、藩记之类，皆须献纳，由修史馆整理修正之。此系明治二年（1869），学制改革以前之事。

**修史官**

修史官有总裁（原注：敕任①）、一至四等编修官（原注：奏任）、一至八等掌记（原注：判任）、缮写生（原注：明治十六年为一等，十七年分二等），更有馆长一名。一等编修官有重野安绎②、川田瓮江③等人。

**以汉文撰史**

修史馆撰史之际，有关编纂用语文体等议论起。有主张以继《大日本史》而用汉文者，又有如前述国、汉学者之抗争，主张国史当用国语撰写，然

---

① 敕任官，日本官员制度，敕任官由天皇直接敕书任命，分为三等；奏任官，由大臣奏请、天皇批准，再由大臣任命，分为六等；判任官，由官员判定任命，分为四等。

② 重野安绎（1827—1910），号成斋，日本近代著名汉学家，东京帝国大学史学科奠基人。

③ 川田瓮江（1830—1896），名刚，号瓮江，日本近代汉学家，东京帝国大学教授，与重野安绎修史意见相左。

最终以汉文撰之,乃编修官多汉学者故也。先有岩谷修、重野安绎、川田瓮江等人当之,后重野安绎、川田瓮江等殆握全权,二人皆汉学者也。

### 菅政友之史观

水户有一人,名唤菅政友①。此人与修史馆并无直接关系,然有当时极少见之考证学史观:编纂史书,史料之搜集、选择、剪裁皆为重要,如此方可着手修史之事。此事入重野安绎之耳,重野氏颇赞成,致力于史料之搜集。而随着史料之搜集,发现此前之史书颇有讹误之处。如儿岛高德②、樱井驿诀别③之事等,据确有之史料可知,皆为虚构之故事而已。

### 重野安绎之史观

重野安绎因此而修正其史观,此前认为可信之事,征之史料,皆可抹杀,重野氏为此而得"抹杀博士"之诨名(原注:南北朝并立无正闰之说,维新以来由重野安绎提出,三岛中洲亦持同论)。

### 川田瓮江之史观

川田瓮江反之,主张史料归史料,史学归史学,不得一概抹杀。当时二人共为一等编修官,且俱为著名文章家,所谓两雄并立者,其史观之不同,亦是一原因。二人各自形成一股势力,遂演变成重野派与川田派之对抗。重野派有久米易堂、星野恒、藤野南海(原注:殆中立)等,川田派有依田学海、信夫恕轩等。二派以重野派占优势,川田瓮江遂退出修史馆而入宫内省,修史馆成为重野安绎一人之天下,得以大展拳脚。

### 修史局之沿革

以下略述修史局之沿革。

明治二年(1869)三月二十日,朝廷决意修史,置史料编辑国史校正局于旧和学讲谈所(原注:东京九段坂上表六番町)。同年五月九日,设国史编纂局于昌平学校内,寻以昌平学校为大学校,而以国史编纂局附属之,设博士、助教,以修撰国史,以大学别当监督之。其后,国史编纂局忽又关闭。

明治五年(1872)十月四日,改设历史及地志二科于太政官正院,翌年五月二日,改太政官职制,历史科属内史。明治八年(1875)四月十四日,改革正院职制,历史科改为修史局。

---

① 菅政友(1824—1897),日本明治时代汉学家,曾任修史馆一等书记。
② 儿岛高德,日本军记物语《太平记》中的人物,但是否为历史上实有的人物,存在争议。
③ 樱井驿诀别,也是《太平记》中的故事,写楠木正成与年仅十一岁的幼子在京都樱井诀别之事。江户时代著名诗人、学者赖山阳曾有《过樱井驿址》一诗,但此事的真实性同样存在争议。

明治十年(1877)一月十八日，修史局与正院共废，同月二十六日，改设修史馆，属太政官。明治十九年(1886)一月九日，废修史馆而置内阁临时修史局。明治二十一年(1888)十月三十日，又废内阁临时修史局，以修史之业属之帝国大学①。

## 十、诗文杂志之刊行

### 诗文杂志之创始

德川时代有诗话、文话，如《葛原诗话》《五山诗话》《拙堂文话》《渔村文话》《天保三十六家绝句》《嘉永二十六家绝句》《近世名家文钞》等是也。然其每月刊行、网罗批评者，盖始于明治时代。此亦日本汉学之创始，谈汉文学不可忽视之。

### 明治诗文

明治时代之报纸、杂志等勃然兴起，殆如雨后春笋。其中含汉诗文专门性刊物，盖以佐田白茅之《明治诗文》为首。在此之前，并非绝无类似之杂志，然俨然成为海内权威，以《明治诗文》为始。

### 佐田白茅

佐田白茅，久留米人也。少从真木和泉学，倡勤王论。维新后，为外务官吏，与西乡隆盛、江藤新平、副岛种臣等主征韩论，败而辞职。佐田白茅以自家乃维新后最早倡征韩论者，临终嘱刻其墓碑曰"征韩论首倡者之墓"。尝游历海内，后因有马家之嘱，而编纂旧藩史，居墨水之畔。为人磊落爱才，因与重野安绎、川田瓮江两大家交善，故其所创之《明治诗文》杂志，自重野、川田两氏始，当时日本国内名家高官之作，皆常有登载，自然成为权威杂志。

《明治诗文》创刊于明治九年(1876)十二月，重野安绎作序文。此文为《成斋文集》中一名文。不啻表彰明治时代之作，亦可以见中古以来汉文变迁之概略。今录于下：

---

① 帝国大学，此时日本仅有一所帝国大学，位于东京，即后日之"东京帝国大学"，但"东京帝国大学"之名，是1897年在京都设立第二所帝国大学时，以示区别而用的，1886年时，校名即"帝国大学"。下文所引《圣谕记》中的"大学"，亦指该校。

## 明治诗文叙

加茂真渊,深于和歌者也。常爱镰仓右府之作,曰:"自王政不振,朝绅之作,骫骳艳冶,殆类妇孺口气。镰仓建府,兵马之权归焉,于是乎右府氏出,其言雄浑踔厉,直嗣响《万叶》《古今》二集,是和歌之复古也。"

善哉!其为说也。文运随气运污隆,诗歌文章莫有二致。盖延喜以前,气运方旺,政教醇美,宿学巨匠,接踵庙堂,其言蔼然,其气蔚然。降至天历以后,叛乱继作,朝廷不敢制驭之,并政刑文学,终为幕府之所有,而幕府亦随其治乱,迭有得失。镰仓氏偶得而忽失,北条氏以陪臣执国命,其气欿然,足利氏多乱世,其文无足观者。独德川氏,执政权二百有余年,海内服其威。自元禄、享保,终宽政、文政,文辞之盛,极矣!和歌则有真渊、宣长、景树诸子,诗文则有物茂卿、源君美、柴邦彦、赖襄之徒,扬风扢雅,与王朝盛时抗衡。迨其失政刑,不免有颓靡纤佻之病,观近人之作而可知已。

王室中兴,不独克复旧物,新政之美,日就月将,实旷古所无。当是时,其发乎文辞者,宜雄伟光明与世运相称也。而吾独怪颓靡纤佻,犹带季世余习者,何哉?岂气运已复而文运未复邪?抑挽回气运已有其人,而挽回文运未得其人邪?韩愈之文,起八代之衰;李杜之诗,光焰万丈。彼皆遭遇盛世,以斯文自在,故其所树立如此。镰仓右府之和歌,凡三变而后进乎古,不有所变,安有所成?不有所任,安有所立?今之世能以变浇季余习,而鸣文明盛运自任者,谁也?盖有其人焉,而吾未之见也。

佐田白茅募集今人诗文,名曰明治诗文,将陆续梓行以公诸世。向之所谓其人者,倘或于斯集乎见之,故余乐而为之序。呜呼!余亦夙业操觚者,今又簪笔,列朝班之末,不能自奋以酬遭遇,而徒期之于人,抑将何心也?临文怩怩者久之。

丙子岁十一月,成斋重野安绎撰。①

《明治诗文》颇行于世,明治十三年(1880)一月起,改为每月二册,影响更大。然因登载岸南岳所作之《木户大久保知利而不知义论》一文,触

---

① 原汉文。

及政府之忌讳,此后该刊之投稿、购买力顿衰。后虽改名《明治文诗》续出,然未几便废刊。

重野安绎倡儿岛高德抹杀论,佐田白茅偶游作州,作《谒院庄作乐神诗》以攻击之,二人由此生隙。《明治诗文》废刊后,佐田白茅欲再兴之,未果而殁。

### 大正诗文、昭和诗文

至大正中(1912—1926),高桥作卫纠合同道,继佐田白茅之志而创《大正诗文》。高桥氏殁后,日下宽承之,由大正而至昭和(1926—1989)。日下宽殁后,同道相继经营至今,即《昭和诗文》是也。

### 各种杂志

当时以诗文为主之杂志,可列表如下:

| 题名 | 创刊年月 | 主笔者 | 废刊年月 |
| --- | --- | --- | --- |
| 《新文志》 | 明治八年七月 | 森春涛 | 明治十年一月 |
| 《东京新志》 | 明治九年四月 | 服部诚一 | 明治十六年一月 |
| 《东洋新报》 | 明治九年七月 | 冈本监辅 | 明治十一年十二月 |
| 《明治诗文》 | 明治九年十二月 | 佐田白茅 | 明治十四年一月 |
| 《花月新志》 | 明治十年一月 | 成岛柳北 | 明治十七年十月 |
| 《诗歌杂辑》 | 明治十年七月 | 碳稻绮道秀 | 明治十一年一月 |
| 《圭玷新评》 | 明治十一年三月 | 不详 | 明治十七年左右 |
| 《桂林一枝》 | 明治十一年十一月 | 碳稻绮道秀 | 明治十五年四月 |
| 《昆山片玉》 | 明治十一年十一月 | 大内青峦 | 明治二十年左右 |
| 《古今诗文详解》 | 明治十三年十二月 | 不详 | 明治二十四年左右 |

备注:服部诚一既非诗人,亦非文士,然确为非常之才子。彼曾于此刊登载《东京繁昌记》。冈本监辅乃阿波人,维新之际,从事北海道开拓,一时有相当之功。文优于学,然时运不济,事皆以失败告终。作自叙传《冈本志》以发刊,颇有名。《明治诗文》于明治十四年(1881)一月改题为《明治文诗》。《诗歌杂辑》于明治十一年(1878)一月改题为《观光小诗》。

此外,各大报纸大抵皆有文苑、诗林专栏,以登载汉诗文。

# 第二章　明治时代第二期

## 一、概　　说

**自由民权说**

西南之役平定之后,四方有志之士皆以板垣退助马首是瞻,板垣退助因在土佐再兴爱国社,盛倡民权论。以冈山县、福冈县志士为首,各地纷纷上书,请求开设国会。明治十四年(1881),以板垣退助为总理,成立自由党。翌年,大隈重信主张速开国会之说,而与政府同僚不合,下野而组织改进党。自由民权之说在国内殆有如此之影响。

**自由主义论**

此时,法兰西派自由主义者隐然出现,有侧面援助自由民权论者之意。明治十四年(1881)三月十八日,西园寺公望①发行《东洋自由新闻》,自任社长,大倡自由主义于天下。又,中江兆民②垂帷于府下番町,而讲法国自由主义,且于翌年,刊行杂志《政理丛谈》,倡民权自由之可贵。

**国粹主义**

自由民权之说,有夺天下人心之倾。而其论者之中,有吐极为过激者,恐动摇国体之基础,于是乃有与欧化主义者相对抗之国粹主义。

**福冈孝悌、和汉文学科、古典讲习科、斯文学会、《幼学纲要》**

至是,文部省见此前西式功利主义教育方针之缺陷,痛感东洋式道德教育之必要,故其方针渐有转向。而明治十四年(1881)四月七日,议官福冈孝悌(原注:明治十六年十二月十二日,转任参议兼参事院议长,文部卿由参议大木乔任兼任)任文部卿,愈助长国粹主义之气运。先在帝国大学文学部设和汉文学科,再附设古典讲习科,又得朝野名士之援助而创立斯文学会,加藤熙之大同学馆、西村茂树之讲道馆(原注:由明治九年创立之修身学社改名)等学舍、学馆之创设,皆由此出。此外,明治天皇尚敕令侍

---

①　西园寺公望(1849—1940),日本明治、大正、昭和三朝元老,立命馆大学创始人,曾留学法国十年。

②　中江兆民(1847—1901),原名笃介,日本明治时代自由民权运动理论家、政治家、唯物主义哲学家。

讲元田永孚撰《幼学纲要》,乃斯学复兴最有力之事。《斯文学会讲义笔记》《二松学舍学艺杂志》等刊物,皆乘此气运而出。

## 汉学塾隆盛

东京有三岛中洲之二松学舍、岛田篁村之双桂精舍、蒲生褧亭之有为塾等汉学塾,颇为盛大。京都有草场船山,大阪有藤泽南岳等,塾生亦有三四百人。各地亦效仿之,汉学塾遂呈隆兴之状。

## 森有礼

然明治十八年(1885)十二月组建新内阁,伊藤博文为内阁总理大臣,即所谓伊藤内阁是也。萨摩人森有礼入阁,为文部大臣,此后至明治二十年(1887)左右,欧化主义达到最极端,而汉学又随之衰微。

## 《圣谕记》

明治十九年(1886)十月二十九日,明治天皇驾幸帝国大学,游览之后,颇有感想,遂于十一月五日,御告于侍讲元田永孚,元田氏谨记之,名曰《圣谕记》,以传有关教育之圣虑。中有:

> 朕前日临大学,巡视所设之学科,理科、化科、植物科、医科、法科等皆盛,专为进身之道,而虽闻有古典讲习科,然所设如何,前日未见。抑大学乃日本教育之高等学校,成就高等人才之所,然欲于今之学科求讲习政治治要之道之人才,绝不可得。假令理科、医科等卒业,虽成其人物,亦非入相之人。虽入当世复古功臣内阁执政,亦不能保永久。可育成继之之相材,然今大学之教科,不知有无和汉修身科,国学汉儒虽有固陋者,其固陋乃其人之过,其学本身固可宣扬。

又有:

> 故朕今命德大寺侍从长欲问渡边洪基总长①,渡边氏有何考虑耶?文部大臣森有礼改正师范学校,虽有三年而改良地方教育面目之自信,然中学稍改,如大学所见,此中欲养成真正之人物,决难得,汝所见如何。
>
> 臣谨对曰:"陛下之旨如此,实乃皇国生民之幸。臣尝闻大学学科

---

① 总长,即校长,但起初专指帝国大学校长。渡边洪基,时任东京帝国大学总长。

之设,无修身科;和汉之学,文学科虽有和汉文,仅作和汉之文章;哲学科虽有东洋哲学,是亦仅述经书圣贤之言;加之以仅有之课时,匆匆讲过,和汉修身之学,不过徒有虚名,势将废弃。国学、汉学固陋,然得向来教育之宜,其忠孝道德之主本,乃和汉之固有。今以西洋教育之方法,设其课程,置以穷东洋哲学道德精微之学科,由忠孝廉耻之近,进而知经国安民,堪称日本之帝国大学也。(原文中略)更希速命德大寺下问渡边总长,更欲示伊藤博文大臣、吉井友实次官等圣意之所在。(原文下略)"

明治天皇差德大寺侍从长就和汉修身之学问渡边总长,然逾期未有答。翌年五月十二日,侍从长又至大学,问总长日本哲学之事,总长以日本无固有之哲学答,侍从长据实回奏明治天皇。古典讲习科亦于明治二十一年(1888)废止。由此《圣谕记》与古典讲习科之废止观之,可推察当时醉心于西方功利之学而轻视和汉修身之科已至何等程度。

**森有礼之学制改革**

文部大臣森有礼尝出洋,又曾为驻清朝、美国公使。其赴美之时,尝就日本国语改用西式字母之意见与某学者谈话,某学者以此乃大错之事忠告之。森氏虽颇悟,然仍抱日本学制务必一变之持论。

**明治十九年《学校令》**

故森有礼任文部大臣之后,便着手改革学制,明治十九年(1886)之《学校令》是也。先改东京大学为帝国大学,废大学预备门,改为第一高等中学校,尚在仙台、大阪、金泽、熊本等处,分设第二、第三、第四、第五高等中学校,鹿儿岛县立中学造士馆,亦改高等中学校之制。中学校分高等中学校与寻常中学校,并改称为高等学校、中学校,奖掖设立中学校,各府县必须设立。

**汉学衰退**

因此次学制改革,在前文部卿福冈孝悌时代复兴一时之汉学,顿然衰退。何以故?欲出仕为官,则非中学校毕业,不能有其资格,即征兵之法,亦有优待官立、公立学校在读者之特典。与此同时,改正对外条约之论起,世人复醉心洋学,而置汉学于不顾。

**条约改正论**

明治十九年(1886)五月一日,外务大臣井上馨在外务省始开第一次条约改正会议,尔后又召开八次。井上馨就条约改正之政略,乃在日本举国感染欧洲风习,即以欧洲人观之,日本亦其同情同体之国。

### 鹿鸣馆舞踏会、内地杂居论、人种改良论

著名之鹿鸣馆舞踏会即其表现之一。且主张应撤去治外法权,以许外国人杂居日本国内,日本大审院当用外国籍法官,以裁判内外原被告诉讼事件。日本人可与外国人通婚,以为改良人种之计,即人种改良论由此而出,遂至欧化主义之极端。

### 国字改良论、罗马字会、假名会、言文一致运动

如此之社会状态,民心以不知英语则不能立足于社会,亦无法交际,生活之事皆有困难,故一时间皆注目于英语。由此倾向,遂生国字改良论。即讴歌、憧憬英语之时,外山正一、矢田部良吉等创立"罗马字会"①。然另一方面,作为欧化之反动,保守、反欧化之国粹主义者,于国字问题亦持对立之意见,以罗马字与汉字皆外国文字,主张以纯粹假名为国字之"假名会"②,于明治十七年(1884)由大槻文彦、上田万年等诸人设立。此国字问题必将导致汉学之衰退,乃自然之事。明治十九年(1886)左右起,又生所谓"言文一致运动"③。此固以小说创作为主要对象而起,然与国字问题相关联,故于汉字、汉文乃至汉学之消长,皆有相当影响。

### 欧化主义与国粹主义之对抗

再就欧化主义与国粹主义略述一番。如前所述,可以想见当时欧化及于各方面,而基督教亦随欧化而隆盛,而反欧化主义者乃著书驳击基督教,如富樫默惠《破邪论》(明治十六年)、目贺田荣《洋教不定理》(明治十六年)、英立雪《日本魂》(明治十八年)、井上圆了《破邪新论》(明治十八年)、渡边玄秀《天邪教十条戒评破论》(明治二十年)、鸟尾小弥太《真正哲学无神论》(明治二十年)等。此等论争,在《教育敕语》颁布后愈加炽烈。

### 《日本道德论》

又,反欧化思想者又相继著书,以阐明日本之国体,如木哲傍二郎之

---

① 罗马字会:主张以罗马字母书写日文。
② 假名会:主张以日文假名书写日文。与罗马字会一样,两者都主张废除汉字。
③ 言文一致运动:由于特殊的历史地理原因,导致日语口语与书面语相差很大,而日语书面语存在各种文体之间的差别,使得日语言、文之间的关系尤为复杂,而言文一致运动即主张日语口语与书面语一致。

《主权论》(明治十五年)、岩崎田实也之《国教一斑》(明治十五年)、三木整之《皇国政教论》(明治十六年)等。明治十九年(1886)十二月,西村茂树集朝野诸士于大学讲堂,讲明忠孝大道,以翌年付梓之《日本道德论》最为有名。

### 《国民之友》、政教社、《日本人》

欧化主义、国粹主义之抗争对立,其在舆论界之代表者,前者有明治二十年(1887)二月十五日发刊之《国民之友》,后者有明治二十一年(1888)四月三日发刊之《日本人》。明治二十年(1887),三宅雄二郎、志贺重昂、杉浦重刚、井上圆了、辰巳小次郎、岛地默雷、菊池熊一郎等人组成政教社。翌年起,《日本人》作为该社之机关杂志发刊,主张反对模仿欧美,倡导保存国粹之必要。

### 大八洲学会、日本弘道会、日本国教大道社、《帝国宪法》

在政教社创立之前,国学者本居丰颖、久米乾文等,发起反欧化团体大八洲学会。明治十七年(1884)四月,原由西村茂树、阪谷朗庐等创立之东京修身学舍,改称日本讲道会。至明治二十年(1887)九月,更扩大事业,改称日本弘道会,发行《弘道会杂志》,呼吁国粹道德。与政教社同时,川合清丸、鸟尾小弥太、山冈铁太郎等创立日本国教大道社,发行《大道丛志》,倡神、儒、佛三教合一。明治二十二年(1889),《帝国宪法》颁布以后,国粹主义益占优势,国学一派于明治二十年(1887)创立惟神学会,发行《随在天神》杂志。

### 《教育敕语》

前已屡述及,本时期后半段,即明治二十年(1887)左右,乃欧化主义最极端的时代,在前半期复兴一时之汉学,再次偃旗息鼓。虽有反欧化团体,然皆较微弱。明治二十年(1887)起,反欧化团体之创设、活动渐多,进步与保守,欧化与国粹,思想极为混乱,民心全迷于归趋。当此时,明治二十二年(1889)十月三十日,《教育敕语》颁布,在教育上以示民心之归向。以《教育敕语》为基础,国体论甚盛,或由国学之立场,或由汉学之立场,其衍义、解释等类书续出,其中以汉学立意者,如那珂通世之《教育敕语衍义》、重野安绎之《教育敕语衍义》、栗田宽之《敕语述义》等是也。

## 二、帝国大学文学部和汉文学科①

### 和、汉学复兴之原因

如前所述,明治四年(1871),教授和、汉学之大学本部被废,后重设之大学,分法、理、文三学部,另有医学部,皆以西学为本位者也,故大学毕业生皆通西洋之学,而于日本固有之学问殆无所知也。另一方面,文部省、大学两方皆主倡大学须为世界之大学,因此,日本之大学须照搬西式大学之模式。

### 和汉文学科

对此,大学部分教员甚为忧虑,谋和汉学之复兴,建议文部省于法、理、文三学部之外,再设和汉文学科,乃极为必要之事。文学部遂于明治十年(1877)分为二科,第一为史学哲学及政治学科,第二即和汉文学科,由此承认和汉文学之必要。然和、汉学有偏狭固陋之弊,一时以英语文学为必修课,尚命兼修法语、德语等。史学哲学及政治学科内,虽有教授和、汉学之课程,然诚极少也。

### 和文学、汉文学

明治十二年(1879)九月十八日,改正第一科,将此前统合之和汉文学课程,分设为和文学、汉文学,并规定:"第一学科第四年之英文学及汉文学,虽由学生任选,然必得作汉文章之业。"将作汉文置于重要位置,给予相当之课时。

明治十五年(1882),又分为三科:第一哲学科、第二政治学及理财学科、第三和汉文学科。而鉴于和汉文学科之学业范围过于广泛,难以究和、汉文之精髓,自明治十八年(1885)起,第一学年为和汉文学科共通课程,第二学年起,分为和文学科、汉文学科,选其一科而精研之。

## 三、帝国大学附属古典讲习科

### 古典讲习科开设之原因

明治十年(1877)所设之和汉学科,如前所述,并非纯粹专业之学科,

---

① 和汉文学科,即"和文学"与"汉文学"合并设立为一科,是以中国、日本固有的传统学术为主的科系。"和",指日本。"文学",偏向于传统的文章学概念,而非今日的"文学"概念。"和文学""汉文学",意近于前文的"国学""汉学"。因"和汉文学科"属于固定专有名词,故暂沿用原名。

其修业范围甚广,其研究方向甚多。于是,为史学、政治学等研究之必要,授和、汉之古典、历史、文章等知识,以培植史学研究等之根底,且斯学之老大家日渐凋谢,而绍述斯学之新秀甚少,为养成后继者计,故于帝国大学附设古典讲习科以挽救之。

### 加藤弘之之议

明治十二年(1879)十二月,大学三学部综理加藤弘之建议文部省设古典讲习科,然当时犹为文部省所不取。加藤弘之于明治十四年(1881)十二月十日再次建议,文部省才感此事之必要,遂于翌年五月三十日,新设古典讲习科,附属于帝国大学文学部。

### 滨尾新与汉文学讲习科

明治十五年(1882)十一月二日,文部省专门局长滨尾新特述设汉文学讲习科以图养成后继者之必要,帝国大学亦承认此必要,以前设之古典讲习科为甲部,新设乙部,以讲习汉文学,修业年限为四年,学额限官费生二十二名,自费生十八名,并将此设想申报文部省。翌年二月十九日,得文部省许可。乙部首次招生之际,报名申请入学者有一百六十名之多。以此可以窥当时汉学气运之一端。

### 《古典讲习科乙部规则》

欲知乙部之教学内容,可参考当时制定之规则。《古典讲习科乙部规则》:

第一条:古典讲习科乙部之课程,分为四学年八学期。
第二条:该部兼修经学、史学、诸子、法制、诗文、毕业论文六科。
第三条:八学期讲习课程如下:
　　第一学期:经学、史学、诸子、诗文
　　第二学期:经学、史学、诸子、诗文
　　第三学期:经学、史学、法制、诗文
　　第四学期:经学、史学、诸子、诗文
　　第五学期:经学、史学、诗文
　　第六学期:经学、史学、诗文
　　第七学期:经学、史学、诸子、法制、诗文
　　第八学期:经学、史学、诸子、法制、诗文、毕业论文
第四条:入该部就读者,年龄须在二十岁至三十岁之间。

第五条：入该部就读者，须已种痘，身体健壮，且通过相关科目考试，限录取官费生十五名、自费生二十五名入学。考试科目为：

一：经书、辞书、书经

二：历史答辩（《左传》《史记》）

三：即席作文（三百字至五百字）

其余规则同古典讲习科甲部。

**讲师**

当时担任古典讲习科乙部授课之讲席，有东京大学教授中村正直（原注：汉文学、中国哲学）、三岛毅（原注：汉文学）、岛田重礼（原注：汉文学、中国哲学）、助教授井上哲次郎（原注：史学、东洋哲学史）等人。此外，秋月韦轩、南摩羽峰、信夫恕轩、内藤耻叟等人亦曾授课。

**变迁**

明治十七年（1884）一月四日，古典讲习科甲部、乙部分别更名为古典讲习科国书科、汉书科。明治十八年（1885）二月二十六日，原一年两期之规则，改为一年三期，与文学部同。原本在帝国大学经费之外，更申请古典讲习科经费，然此事有困难，故迟迟未得许可。文部省以古典讲习科经费，应在帝国大学总经费中支出，故自开办之初起，此项经费便颇困难，且时势又倾向于洋学，故至明治十八年（1885）停止招生。如此，则古典讲习科前后仅在明治十六年（1883）、十七年（1884）各招生一次。至明治二十年（1887），修业年限又由四年缩短为三年。至明治二十一年（1888），古典讲习科废止。至此，古典讲习科仅在明治二十年（1887）、二十一年（1888）各有一届毕业生。毕业生之中，后来颇有在国学、汉学界成名者，由此观之，庶几已遂古典讲习科开设之初衷。

## 四、斯文学会

**思齐会**

明治初年，阿波人冈本监辅仕朝为显官，下野后，愤慨于当时专趋洋学而置国、汉学于不顾，遂与森重远发起学会，名曰思齐会，以为斯文复兴之计。虽有沼间守一、马场辰猪、福地源一郎、矢野文雄、小野梓等赞襄之，然因时势之所然而不振。而冈本监辅尚不屈，更仰于斯道造诣深厚之朝野诸家援助。

**岩仓具视之援助、斯文学会**

此时,幸有忧虑醉心欧化主义、欲养成儒家坚实思想、维持风教以巩固国基之人,即右大臣岩仓具视是也。岩仓具视闻思齐会之事,与太政官权大书记官股野琢、少书记官广濑进一论援助之策。二人与思齐会诸人及重野安绎、川田瓮江、长光、金井之恭、长松干等人谋,改会名为斯文学会,做成趣旨书,制定规则书。明治十三年(1880)二月,地方官会议召开之际,由岩仓具视劝诱入会,且委嘱归任职地募集会员,一时忽得一千五百余名会员。

**斯文学会成立仪式**

明治十三年(1880)六月六日,斯文学会在东京神田区锦町学习院举行盛大成立仪式。当时,明治天皇御赐内帑金一千元,太政大臣三条实美、左大臣有栖川宫炽仁亲王、右大臣岩仓具视皆到场,并各赠金三十元。自清朝公使始,日本朝野名士尽集于此。明治十四年(1881)五月,推戴有栖川宫炽仁亲王为会长,谷干城为副会长。宫内省十年内每年下拨二千四百元,并拨校舍。其校舍初在麹町区实田町,后移至神田区锦町一丁目。

**斯文会记**

川田瓮江有汉文所撰《斯文会记》一文,可作斯会之参考。记曰:

> 斯文会为何而设也?振起斯文也,以文会友也。夫经纬天地之谓文,道德博闻之谓文,学勤好问之谓文,慈惠爱民之谓文,有仪可象之谓文,辩而不争、察而不激之谓文,贵本之谓文,道艺之谓文,法度之谓文。其书则经史子集,其艺则礼乐射御书数,其德则知仁圣义忠和,其行则孝友睦姻任恤,其业则修身齐家治国平天下。

> 斯文也,亘古今,通内外,横目两足,戴天而履地者,莫不资焉。伹①生不同,其国风气随异,则语言文字政体教法,各从其所宜,不必概而一之也。我邦文字传自汉土,人智由是开,伦理由是明,工艺由是兴,文物制度由是立,则其学之为必用,固不待论。而学者往往胶柱刻舟,不达时务,是以中兴以还,采用洋学,海内靡然,舍鸟迹而讲蟹文。然一利所载,一弊随生,道德变为功利,敦厚化为轻浮,俭素移为华奢。

---

① 伹:笨拙的人,指未经教育的人。

语政教,则不曰立君,而曰共和;语教法,则不曰孔孟,而曰耶稣;语伦理,则不曰夫唱妇随,而曰男女同权。呜呼!彼不辨国体土俗之同异,唯新之趋,与夫迁儒泥古者,均非圣贤实学之旨也。

顷者,社友相议,欲振起斯文,此唱彼和,传播四方,不出旬月,得同志者一千五百余人。乃卜兹庚辰六月初六,开会于东京锦街学习院,社会更诵祝词,又投票推举干事五十人。是日也,天气晴朗,堂上揭圣迹图,堂下合奏古乐,亲王公卿及清国公使以下,内外众宾,陆续来观,圣上闻而嘉之,赐金一千元。盛哉会也,文运之兴,可指日而待矣。

抑传曰:"人之其所亲爱,而辟焉。"洋学之弊如彼,讲汉学者独无所辟乎?然则雕虫篆刻,非斯文之谓也;索隐行怪,非斯文之谓也;孤陋寡闻,非斯文之谓也;道听途说,非斯文之谓也;曲学阿世,非斯文之谓也;褒古毁今,非斯文之谓也;知己不知彼,非斯文之谓也;大言少成事,非斯文之谓也。

刚①不敏,滥列席末,得列盛举,因述所见,责备于贤者云。

## 斯文学会之组织结构及事业

斯文学会之组织结构,大体如下:

会　　　长:有栖川宫炽仁亲王
副　会　长:谷干城
学　　　监:川田刚、重野安绎
书记兼室长:秋月胤水
讲　　　师:详见后述
编　纂　员:南摩纲纪、长光、龟谷行、藤野正启、小野长愿、岩谷修、岛田重礼、堤正胜、箕作麟祥、四谷恒之、大乡穆、蒲生重章、荻原裕
书　　　室:冈千仞
出　纳　科:内藤耻叟、奥并继、小野梓
检　查　科:长濑时衡、小原重哉
讲　说　科:大内青峦、藤田茂吉、小野梓

---

① 刚,作者自称己名。川田氏,名刚,号瓮江,详见前文。

学　　　监：秋月种树、何礼之、长松干

《规则》第一条，分为学校、讲说、撰述三条，大体实施如下：

（一）学校。学校名曰斯文黉。初借地于麹町区实田町御用邸，于明治十六年（1883）八月二十一日开学。当时之学科及其任课教师，有修身学教授根本通明，文章学教授冈本监辅，史学、法律学教授内藤耻叟，书学讲师长光、岩谷修、日下部东作，数学教授川北朝邻。后听讨论热议，追加英学、德国学讲师井上勤。该校于明治二十年（1887）七月关闭。

（二）讲说。自明治十四年（1881）三月二十二日起，在旧修史馆举行讲说，每星期一回，讲说者皆为硕学鸿儒，听讲者每回皆有二百余名。当时登台讲说者有根本通明讲《周易》、三岛毅讲《孟子》、鹫津宣光讲《书经》、岛地默雷讲《庄子》、广濑范治讲《诗经》、冈松辰讲《论语》、中村正直讲唐宋八大家文、小中村清矩讲《令义解》。其后数年间，又有种种之变动，另有秋月胤水讲《中庸》、丰岛毅讲《韩非子》、内藤耻叟讲《孝经》《周礼》、佐藤楚材讲《孙子》、四谷恒之讲《文章轨范》。

（3）撰述。当时斯文学会有以下三种出版物：

甲：《斯文一斑》。明治十四年（1881）七月五日创刊，刊行至第十三集。

乙：《斯文学会讲义笔记》。明治十四年（1881）六月十六日发刊，每月刊出一号或两号，刊行至明治十九年（1886）六月二十日第六十九号。

丙：《斯文学会报告书》。此与汉学无直接关系。明治十四年（1881）十一月三十日发行第一号。

斯文学会之盛虽继续维持，然如前所述，对外条约修改及其他因素，当时社会状态乃欧化主义、文明开化主义之全盛时代，而文部卿森有礼又主张废日语，全国皆改用英语，英语盛极一时。此外，明治十六年（1883）左右起至十八年（1885）、十九年（1886），文部省法令一变，而斯文学会之中坚，如小野梓、矢野文雄、藤田茂吉等人，相继病故，斯文学会自然趋向衰微，遂于明治二十三年（1890）七月关门大吉。

## 五、大同学馆

常陆人加藤樱老（原注：名熙，字伯敬，原拜京都汉学所御用人，寻为京都大学准中博士)于明治十二年(1879)十二月(原注:此据年谱,然《日本儒学年表》作明治十三年)在小石川上富坂开大同学馆。先建神宫,以祀天照大神、八幡大神、天满大神,次设孔子庙,行释菜①之礼,曰学神社。明治十四年(1881),加藤樱老模刻家传之孔子像,以相赠有志者。

## 六、《幼学纲要》

明治十二年(1879),元田永孚据敕谕着手编辑《幼学纲要》。明治十五年(1882)十二月,《幼学纲要》编成呈上,明治天皇命颁布天下。今读元田永孚所撰之序文及颁布之添书②,可知天皇对当时以知识为本、忠孝仁义为末之情势甚为忧虑。今举明治十六年(1883)二月二十一日赐给斯文学会之添书,以作参考。书曰:

彝伦道德乃教育之主本,专为我朝、中土所崇尚,欧美各国虽亦有修身之学,今采之用于本邦,未得其要。方今学科多端,本末之谬亦非鲜。年少就学,最当以忠孝为本、仁义为先,因命儒臣编辑此书,以颁赐群下,明伦修德之要,知在于此。

右

读圣谕之大旨者,要谨奉体服膺。

明治十六年二月

宫内卿德大寺实则

# 第三章　明治天皇与侍讲

## 田中绥猷

明治天皇幼时,养于其生母中山庆子之父中山忠能官邸,当时中山忠能以教育明治天皇之事委任田中河内介(绥猷)。然传田中河内介以其子田中守呗代教《孝经》音读。盖可察知明治天皇在幼年时代,已不知不觉

---

① 释菜,也作"释采",古代入学时候祭祀先圣先师的典礼。

② 添书,作为附属的书信或意见。

对汉学产生兴趣,并颇得汉学之教养。及明治天皇长,明治元年(1868)正月十八日,大久保利通以迁都大阪之议上朝廷而不得行,代之以明治天皇行幸大阪,而其在行幸中,屡屡听讲汉籍。同年十月十三日,车驾幸江户,以江户城为皇居之际,其驻跸中仍不废听讲,以此又可知其好学之程度。有《东京城日志》记当时之事,其第一曰:

>每月逢十、六日:御休日
>逢二、七日:朝,御手习、昼《史记》御讲义、御学问所
>逢三、八日:朝,《保建大记》御轮读、昼御马
>逢四、九日:朝,御手习、昼《神皇正统记》御轮读
>逢五日:《资治通鉴》御讲义、小御所①

如上乃一定之事。

**侍讲**

明治二年(1869)正月二十日,中沼了三以汉学所御用人任侍讲,四月间,又任侍读。关于四月十二日天皇改定日课,太政官日记所记如下:

>每月逢二、七日:朝食半刻,《诗经》,主讲:中沼了三
>　　　　　　　　昼午半刻,《资治通鉴》,主讲:秋月种树
>逢三、八日:朝辰半刻,《诗经》(御稽古、御复读),主讲:秋月种树
>　　　　　　午半刻,御亲讲《贞观政要》《帝范》
>逢四、九日:朝辰半刻,《诗经》(御稽古、御复读),主讲:秋月种树
>　　　　　　昼半刻,《大学》,主讲:中沼了三
>逢五、十日:朝辰半刻,《诗经》(御稽古、御复读),主讲:秋月种树
>　　　　　　昼午半刻,国史,主讲:福羽五位、平田六位②

---

① 原著此处所引,系《东京城日志》原文,记载颇简略。"御"是敬语,用以尊称明治天皇。"讲义",此处作动词,即讲授、讲课。

② 原著此处所引,系太政官日记原文,记载颇简略。午半刻,指正午的半刻时刻;昼半刻,指整个白天中的某个半刻;昼午半刻,是指正午和白天其他时间各有半刻时间。至于这里的"半刻",究竟是古代铜漏计时(一昼夜分为一百刻,半刻约当今7分12秒),还是明治后采用西式一刻(15分钟)的一半(即7分30秒),难以确知,祈方家指正。

六月,侍讲秋月种树讲《十八史略》。明治三年(1870)二月,以病辞侍讲。明治四年(1871)五月三十日,由岩仓具视推荐,以元田永孚为侍读。元田永孚有一月十二回进讲之记录。明治八年(1875)一月,元田永孚进为侍讲,明治十年(1877)八月兼侍补,明治十一年(1878)六月为皇后宫大夫兼二等侍讲,明治十四年(1881)五月任一等侍讲,为天皇、皇后进讲。明治十年(1877)一月三十日,诏令每月十二回定期进讲,自《论语》始。明治天皇喜此书,并以此书为中心,论古今之道德、政治之得失。

木户孝允、大久保利通、西乡隆盛等去后,人才匮乏之时,起用伊地知正治、副岛种臣。明治十二年(1879)四月二十一日,以副岛种臣为宫内省御用人,兼任一等侍讲。明治十九年(1886)二月四日,因宫内省官制改革,废侍讲,以元田永孚为宫中顾问官。明治二十四年(1891),元田永孚殁后,不置侍讲,然每年进讲仪式未尝废。其间,中沼了三、秋月种树、元田永孚、副岛种臣等世间难得之才皆曾进讲,明治天皇遂成为世界之名君,为世人所景仰。

**有关汉学之圣意**

今拜读明治天皇有关汉学之圣意,其主旨在前述明治十九年(1886)元田永孚所记之《圣谕记》中最为了然。即和汉学科为主本,专事修身。讲习政治之道,以养成人才。国学汉儒有固陋者,此固陋乃此人之过,其道之本体固不能不宣扬。

明治天皇有关汉学之圣虑,不唯明治十九年(1886)之时,在此之前,明治十四年(1881)敕元田永孚编纂《幼学纲要》,此后又于明治二十三年(1890)颁布《教育敕语》。在人心堕入浮华、思想流于矫激之时,而明治天皇发布如此之圣虑。斯文之隆盛,遂有斯文学会之创设,明治天皇又赐金一千元。凡此种种,皆可察知明治天皇对汉学之圣意,换言之,可察知其与日本汉学史之关系。

讲述汉学史上之明治天皇,则必不得不讲与汉学关系最深之侍讲。然限于篇幅,如元田永孚与汉学之关系须做特笔外,其余诸人皆较简述。汉学侍讲,初为秋月种树、中沼了三,后为元田永孚、副岛种臣。

**秋月种树**

秋月种树,日向高锅藩主秋月种任第三子,号古香,明治元年(1868)任侍读,为明治天皇进讲鹤卷版《史记》。此外,如前所述,所进讲之书尚有《资治通鉴》《诗经》《十八史略》。

## 中沼了三

中沼了三,字之舜,号葵园,隐岐人。明治二十九年(1896)殁,享年六十九。天保六年(1835),游学京都,受业于闇斋学派铃木恕平之门,即其学统本属朱子学崎门派浅见䌹斋系,后改入阳明学系。为人慷慨,戊辰伏见之役,侍总督仁和寺宫(原注:后之小松宫彰仁亲王)幕下,在阵中讲《靖献遗言》。明治二年(1689)正月拜侍讲,同年四月拜侍读,明治三年(1870)任昌平学校一等教授。后与右大臣岩仓具视意见不合,辞职。

## 元田永孚

中沼了三退后,元田永孚于明治四年(1871)出仕宫内省,明治十四年(1881)五月为一等侍讲。元田永孚,字子中,号东野。文政元年(1818)生于熊本,学于藩校自习馆。因与藩主细川氏同族,受家老长冈监物照顾而讲习道义。学奉朱子,为一代醇儒。

明治天皇薰德之养成,元田永孚居功最伟。元田永孚竭诚开导、辅佐天皇,天皇亦极信任,凡有大事,必下问之。

明治十年(1877)五月,明治天皇幸驾京都辇中,元田永孚上宋人李纲《忠义编》以供御览,天皇精读之,为诸葛亮《出师表》所动。元田永孚有感于天皇之意,乃仿李纲草《论十事意见书》以上。

## 讲书之始

明治五年(1872)至二十三年(1890),元田永孚每年一月七日为天皇讲书,所讲皆为汉籍。前后十九年,凡十九回,唯明治十九年一月因风邪而缺讲。而明治二十四年(1891)一月二十二日,元田永孚殁,享年七十四。

## 《经筵进讲录》

元田永孚记其进讲之事者,有《经筵进讲录》,乃有关名教重要之作,亦可窥知元田永孚之汉学思想。明治十四年(1881),元田永孚奉敕命所编之《幼学纲要》,作为当时小学校修身书而普及全国,裨益世道人心之所颇大。明治十九年(1886)之《圣谕记》,亦有不逊前二书之有益记载。此外,元田永孚参与起草《教育敕语》之事(原注:另有与井上毅参议《帝国宪法》《皇室典范》等成案之功),乃道德思想史上而非仅汉学史上特笔大书之事,于西洋功利思想炙手可热之际,大力提倡汉学尤其是修身道德之儒家思想,其推动汉学发展之功,永可铭记。

## 副岛种臣

副岛种臣,号苍海,佐贺藩人。文政十一年(1828)生,明治三十八年

(1905)殁,享年七十八。幼年时受学于其亲兄枝吉神阳。明治十二年(1869)四月二十一日,为宫内省御用挂兼一等侍讲。副岛种臣与元田永孚意见一致,致力于培养天皇之涵养。副岛种臣进讲时,常参以时事,多论政治之得失,为政府权要者所不喜。明治十二年(1869)十月,以参议黑田清隆为首,企图排斥副岛种臣,成为内阁与宫内省之间一大问题,然明治天皇极信任副岛氏,故彼得以无事。然副岛种臣于翌年自愿辞职,既因疾病,亦因与政府关系之不谐。明治天皇思如此硕学人物,特遣侍官,赐书于副岛种臣,望其务必再进宫讲书。书曰:

卿以复古之功臣,朕至今犹不忘其功,故以卿登庸侍讲之职,以磨朕之德义,然卿讲道之日犹浅,朕未能学其教。此日来,卿在病褥,久缺讲,仄闻卿辞侍讲之职,入山林,朕不堪愕然。卿何以至此耶?朕闻道勉学,岂止三年?特欲竭毕生之力也。卿亦宜诲朕勿倦,如辞职入山等,朕所不肯许,更望时时讲说,赞朕以遂晚成。

副岛种臣由此感激,复出任侍讲。然明治十五年(1882)五月,副岛种臣或与同道共组改进会,或访岩仓具视以倡导官民调和论,未能尽进讲之始终。至以官民调和论游说天下之事出,遂罢侍讲之职。

# 第四章　明治初期之汉诗

### 时期划分

明治时代汉诗史大体可以分为三个时期,即:

第一期:明治初年至二十三年(1890)左右,乃下谷吟社(原注:大沼枕山)、茉莉吟社(原注:森春涛)之时代,诗坛处于含苞待放之时;

第二期:明治二十三年(1890)左右至三十年(1897)左右,乃星社之时代,诗坛处于繁花盛开之时;

第三期:明治三十年(1897)至末年,诗坛处于花谢之时。

今先述就第一期之诗。

## 一、诗　　家

**诗人即政治家**

　　松平春岳、锅岛闲叟、山内容堂、伊达蓝山等人,皆长于政事,且秀于文学,为当时一流之侯伯。此等有力之侯伯赋诗于上,其下附随者作汉诗乃当然之事。在前"汉语词、汉文、汉学书生"一节中曾述及,副岛种臣、木户孝允、大久保利通、西乡隆盛、伊藤博文等维新元勋,亦皆有汉诗之作。国家多事之秋,有为之士皆投身政治社会,彼等固有汉学之素养,作诗未足见之,然赋诗者甚多确属事实。故当时之汉诗多与政事相关,亦其一大特色。换言之,国家多事之际,能维持天下局势者,多为参与政治之诗人。

　　维新之际,勤王诗人小野湖山,乃当时诗坛之泰斗,备受注目。又,以诗人闻名者,冈本黄石、向山黄村、成岛柳北、丹羽花南、栗本锄云、桥本蓉塘、岩谷一六、末松青萍等,查其履历,可知皆官场之人。森春涛之茉莉吟社乃此时期之代表,此派之诗人皆有官位,最能说明。明治时代第一期之诗人,实即政治家。

## 二、诗　　坛

**三派**

　　维新以后之诗坛,大凡为三派系统:其一,九州有咸宜园一派(原注:丰前稗田村村上佛山、丰后日田村广濑淡窗义子青村、广濑旭窗之子林外);其二,江户诗家之遗老、中国地区菅茶山诗风之传人;其三,梁川星岩门下之人。

　　前两派俱为梁川星岩派所压,诗坛之牛耳亦为梁川星岩派所执。然则梁川星岩门下果有何如人耶?当时诗名甚高之小野湖山、大沼枕山、远山云如、江马天江、舻松塘、冈本黄石、森春涛是也。于是,诗坛之主权移至梁川星岩门下。其中,江马天江在中国、四国地区传其诗风,小野湖山、大沼枕山以下俊才殆居东京。而本讲义仅讲述东京之诗坛。

**小野湖山、冈本黄石**

　　小野湖山、冈本黄石者,世人以诗人目之,然彼等却未以诗人自居,故未虑及执诗坛之牛耳等事。冈本黄石创立麴坊吟社,此不过设帐授徒以教其学说而已。故其所宗,如小野湖山之白乐天诗、冈本黄石之杜工部诗,皆不行于世,世间所行者,乃下于杜、白之陆放翁诗。此由大沼枕山可知也。

## 大沼枕山

大沼枕山非独宗陆放翁诗,乃出入苏东坡、黄山谷、范石湖、杨万里之间,然其为世人遴选宋三家,则首倡陆诗。梁川星岩殁后,小野湖山、冈本黄石本无意于争雄,鲈松塘亦谦让大沼枕山,又,植村芦洲、向山黄村、杉浦梅潭等亦重大沼枕山,且大沼枕山亦有自信,遂握诗坛之主权,其所主之下谷吟社,一时颇得势力,当时固无可与之颉颃者。然鲈松塘亦自有七曲吟社。

## 森春涛、明诗、清诗

至明治七年(1874)十月,及关西地区知名诗人森春涛上京,称说大沼枕山者渐少,终至以森氏之名取而代之。其原因之一,乃森春涛介绍明末清初之诗。即当时凡事皆以一"新"字是趋,于诗亦然。弃旧取新之情,自喜听森春涛新说明清诗。森春涛于明治十年(1877)十月,选张船山、陈碧城、郭频伽之绝句付印,名曰《清三家绝句》。明治十一年(1878)八月,又创刊《清廿四家诗》,系当时此方面包罗最广之书刊。大沼枕山固非不说明清之诗,如袁枚诗,尤夙所好,然其功底仍在宋诗,尤其是陆诗。

又一原因,乃在于教授法。大沼枕山教初学者,皆先作长篇之古诗,以古诗熟则作绝句、律诗自然容易。或又以火车、汽船、电信、铁路等为诗题,实难以作诗。如此,则就大沼枕山学,作诗一首亦非易事。然从森春涛学,忽然便可作诗,即森氏深谙因材施教之道。养成后学之手腕,乃森春涛第一巧技。故后学入其门者多,而曩者推崇大沼枕山之诗坛,不知不觉间变作推崇森春涛。

## 《新文诗》

明治八年(1875)四月,《东京才人绝句》二卷刊行,忽博得江湖之欢迎,森春涛诗名为之而高。于是,同年七月起,茉莉吟社发行机关刊物《新文诗》,采用报纸形式。报纸在当时尚属令人耳目一新之物,森春涛颇知投时所好之巧。而欲得诗坛之主权,必得官吏为后援,故《新文诗》以采录为官者之诗为当务之急。

## 成岛柳北、《花月新志》

大沼枕山、森春涛相角逐之时,中立于局外并与大沼枕山之奇巧派、森春涛之流丽派争一日之长者,乃成岛柳北。成岛柳北为《朝野新闻》社社长,特辟杂录栏目,登载江湖寄赠之诗,一二年之后,大惹人目(原注:《新文诗》于翌年创刊)。如前所述,森春涛之处世较大沼枕山为巧妙,然成岛柳北又出森氏之右,万事制其先机。此系成岛柳北非惟诗人,且有优秀政治家之才能也。如彼见森春涛《新文诗》之二三缺点,遂于明治十年(1877)一月起,发行《花月新志》。《新文诗》之缺点,在其材料限于台阁,其范围限于诗文,而制本之雅致又致使成本过高,成岛柳北即看破此缺点而改正之,而《花月新志》遂居《新文诗》之上。成岛柳北对《花月新志》之态度,如前所述,多采录江湖之诗,且限当代之大家。一反《新文诗》之以人取诗,而以诗取人。而察其诗之气运所向,政治诗人较纯粹诗人为多。

成岛柳北善于交际,诗坛如大沼枕山一派、冈本黄石一派、森春涛一派、鲈松塘一派,彼皆与之亲,大沼氏等四人亦皆视成岛柳北为畏友。非独诗坛,文诗亦然,成岛柳北与川田瓮江、重野成斋、岛田篁村等交。如此,则诗文之大家皆成岛柳北之友,当时诗运、文运之维持、发展,成岛柳北与有大力焉。

森春涛、成岛柳北之诗闻名天下之时,别有独树一帜者,晚翠吟社是也。该社由向山黄村创立于明治十一年(1878)九月。向山黄村与小野湖山、冈本黄石皆诗坛之重镇,其诗宗苏东坡。晚翠吟社之外,尚有前述宗杜之冈本黄石麴坊吟社(原注:一名读杜诗社)。由吟社之盛观之,皆不及森春涛之茉莉吟社。

## 三、吟 社

**下谷吟社、性灵派、熙熙堂派**

梁川星岩废玉池吟社而还京都,大沼枕山乃于东京下谷御徒士町三枚桥畔所居之处创立吟社,即下谷吟社是也。大沼枕山宗宋诗,尤其是陆放翁诗,并鼓吹之。如前所述,天下之诗人、学诗者,殆入下谷吟社之门下,然因其教法不适于养成后学,故其门下所出诗人极少,唯植村芦洲、杉浦梅潭、关雪江、沟口桂岩、中根半岭等数人而已。世称此派为性灵派,又称熙熙堂派。

**七曲吟社**

下谷吟社名压天下之时,与大沼枕山同属梁川星岩门下俊才之鲈松塘,开诗社于东京浅草向柳原,即七曲吟社是也。该社之诗集,有明治十年

(1877)鲈松塘所编《七曲吟社闺媛绝句》一册及明治十二年(1879)有马则兴、关三一所编之《七曲吟社诗》四卷二册。

## 茉莉吟社、《东京才人绝句》、新文诗

明治七年(1874),森春涛由尾张上京,卜下谷摩利支天街居(原注:春多雨书屋)而起诗社,即茉莉吟社是也。明治八年(1875)四月,出版《东京才人绝句》二卷,森氏之诗名由此而高。同年七月,发行吟社机关刊物《新文诗》,社运较下谷吟社尤盛。自小野湖山、冈本黄石起,鹫津毅堂、丹羽花南、岩古一六、日下部翠雨、北川云沼、野口松阳、股野蓝田、铃木蓼处、广濑雪堂、岩崎秋溟、青木碧处、神波即山、德山樗堂、蒲生裵亭、长三洲、永坂石埭、桥本蓉塘等皆参与,然社运之隆盛,丹羽花南与力最多。

森春涛与大沼枕山不同,有养成门生之手腕,其门下之成名者多。其中,丹羽花南、永坂石埭、神波即山、德山樗堂、桥本蓉塘、奥田香雨、杉山三郊、岩溪裳川、关三桥、永井禾原、坂本苹园、田边碧堂诸子,人皆以俊才目之。森春涛尚居桑名①之时,在桑三吟社,丹羽花南、奥田香雨、永坂石埭、神波即山,即有"春门四天王"之称。上京以后,德山樗堂、桥本蓉塘、森川竹溪、岩溪裳川又有"春门后四天王"之称。

## 香奁体、神韵派

森春涛鼓吹清诗,其诗体被称为香奁体(原注:香奁体,乃中国南北朝时起于江南之诗,因系妇女想爱之趣,故称),其诗派称神韵派。

## 晚翠吟社

晚翠吟社由向山黄村于明治十一年(1878)九月创立,明治三十九年(1906)七月解散。向山黄村宗苏东坡。该社在东京上野不忍池畔湖心亭开诗会,每月一回,请大沼枕山为评正,时或亦请小野湖山、鲈松塘。明治二十四年(1891)十月一日,大沼枕山殁后,由向山黄村本人当之,与河田贯堂、杉浦梅潭共评。明治三十年(1897)八月十二日,向山黄村殁后,由西冈宜轩、田边莲舟、杉浦梅潭、冈崎春石诸氏续当之。诗卷有三百三十四辑。

参与该社者,先有杉浦梅潭、稻津南洋、东久世竹亭、中泽机堂、山口泉处、镰仓醉石、宫本鸥北、小牧樱泉、近藤铎山、古泽介堂、田边莲舟、关根痴堂、河田贯堂、西冈宜轩、岩古一六、胜间田铁琴、冈崎西江、冈鹿门等人,其

---

① 桑名,日本地名,在今三重县北部。

后又有泽野江舟、横尾幽石、町田柳塘、池田梅所、西川菊畦、熊田晋香、冈崎春石、荒浪烟崖诸人。

**麹坊吟社、读杜诗社**

麹坊吟社(原注:即读杜诗社)乃冈本黄石所率之吟社,宗杜少陵。冈本黄石在幕末时代曾为彦根藩大夫,然时势一变而为隐士,全以天分,成为当时屈指可数之诗人。然彼未以诗人自居,固未以执诗坛之霸权为意。不过教人作诗而已,吟社势力等事,不在其眼中。然其人品、诗品俱高,集于门下者自多。有杉听雨、田中青山、乡五三、岩谷一六、大岛怡斋、丁野丹山、日下部鸣鹤、横田竹泉、矢土锦山、田边松坡、福井学圃、增村成堂、须永輓斋、武藤竹隐、佐成芹川、多田东芜、安田老山、金井金洞等数十人。

**白鸥吟社**

明治十一年(1878),成岛柳北、依田学海、瓜生梅村等,创白鸥吟社于墨上①。

## 四、诗　　人

此时期之诗人,毕竟不能一一列举,仅就其代表人物说明之。

**森春涛**

森春涛,名鲁直,字希英,春涛其号,尾张人。初在名古屋授徒作诗,门人甚多,后游览美浓、越前等地,所到之处,皆以诗为人所重要。明治七年(1873)上京,创茉莉吟社,挽回当时醉心洋学、置汉诗于不顾之诗运,于诗坛有大贡献,已见前述。明治二十二年(1889)殁,享年七十一岁。

森春涛为艳体派首领,其诗称香奁体,乃艳体之诗风。如:

环郭皆山紫萃堆,夕阳人倚好楼台。香鱼欲上桃花落,三十六湾春水来。②

此诗称森氏第一之作。以其词之丽,其声之清,可见艳体之诗风。

森春涛之诗,以绝句为第一,古诗次之。诗风虽艳丽,然其间亦有雄伟

---

① 墨(mè)上,日本地名,在今东京隅田川(流经东京城区的河流)东。
② 原汉文。

之作,如《老将行》即其一例也。

其诗集有《岐阜杂诗》《春涛诗抄》《新泻竹枝》等,所编辑者有《东京才人绝句》《新文诗》《旧雨诗抄》《清三家绝句》《尤西堂诗》等。

## 大沼枕山

大沼枕山,名厚,字子寿,通称舍吉,号枕山、熙熙堂,江户人。文政元年(1818)生,明治二十四年(1891)殁,享年七十四岁。如前所述,大沼枕山少时,在尾张鹫津松隐门下。当时,森春涛亦偶来入塾,大沼枕山年十八,森春涛年十七,俱以诗名闻。大沼枕山后出江户,从菊池五山学。

大沼枕山乃明治初期人所共许之诗人,而其诗风宗陆放翁。其有题读放翁诗之作,可见其一端。诗曰:

宋余才俊各骎骎,窥见陆家诗境深。别有天成难学得,青莲风格少陵心。①

大沼枕山之诗,近体、古体俱得其妙,而其美句丽章之巧,乃最为得意之处。又,咏物诗乃其特色之所在。

## 小野湖山

小野湖山,本姓横山,名卷,字怀之,一字舒公,通称仙助,又名长愿,字侗翁,号湖山、晏斋、狂狂老夫,近江人。文化十一年(1814)生,明治四十三年(1910)四月十日殁,享年九十七岁。

小野湖山系旧彦根藩大夫。安政大狱起,天下志士遭其厄,皆小野氏所亲善之人。小野湖山乃奋不顾身,为之奔走努力,遂获罪于其藩,遭禁锢达八年之久。在此期间,作诗固未废。明治元年(1868),拔擢,为征士,仅数月,辞归故山,而后甘为隐士,尽情发挥其天分。小野湖山之经历如此,故其诗忧边事,讽刺幕政,赞颂皇猷之休美,乃慷慨、忧国、勤王之诗。又,映照其为人,正、直、豪、真,可谓传其师梁川星岩之衣钵者也(原注:小野湖山十七岁时,梁川星岩漫游九州而终寓冈本黄石家,遂入其门)。

小野湖山好诗而善作,故世人以诗人目小野氏,然小野氏并未以诗人自任。明治十六年(1883),内廷赐以御砚,因名其书斋曰赐砚楼。后游京都,与冈本黄石、江马天江、谷如意、赖支峰等诸子应酬唱和,又来大阪,结

---

① 原汉文。

优游吟社。然如诗坛之主权等,固非所顾。小野湖山钦慕白乐天,宗白诗。仿白乐天,集录师友所寄赠之作,或关乎时事,或假以讽诵,编为《诗屏风》。

小野湖山诗集有《湖山楼十种》(原注:《湖山楼诗抄》《火后忆得诗》《北游稿》《莲塘唱和集前后篇》《消闲集前后篇》《湖山近稿》《郑绘余意》《赐砚楼集》)①、《湖山楼百律》、《归展小稿》、《梦梦集》、《湖山老后集》、《湖山楼诗屏风》、《鸭西寓楼杂诗》、《鸭西唱和》、《感旧余泪》、《清人俞、陈二家精选湖山诗》等,选诗有《赵瓯北诗》《新选三体诗》。

## 鲈松塘

鲈松塘,本姓铃木,名元邦,字彦之,松塘其号,别号东洋钓史、十髯叟堂、七曲吟社主人,安房人。文政六年(1823)生,明治三十一年(1898)殁,享年七十六。

鲈松塘不汲名利,以诗人自任,而风流自适,以高士自处。参与梁川星岩之玉池吟社,与冈本黄石、小野湖山、大沼枕山齐名。或评曰:"小野湖山传梁川星岩其人,而鲈松塘传梁川星岩之诗。"小野湖山、鲈松塘有一脉相通之处,然鲈松塘较小野湖山之豪宕,有格局颇小之憾。其诗以七律为第一,绝句、古体次之,七律得高启之神髓,咏物则逼肖于袁枚。

诗集有《松塘小稿》、《房山楼集》、《香山游草》(与熊谷三村共著)、《芳云游草》等,又编有《七曲吟社闺媛绝句》,选有《蒋藏园诗》。

## 冈本黄石

冈本黄石,名迪,字吉甫,黄石其号。文化八年(1811)生,明治三十一年(1898)殁,享年八十八岁。原为彦根藩之家老,世人以政治家诗人目之。癸未(1883)移居东京,结巍坊吟社。其诗如论诗绝句"天地无奇又有奇。君看声色自然妙,花发鸟啼皆是诗"②,由性情出,宗杜少陵。

诗集有《黄石斋诗集》《黄石遗稿》,选诗有《吴谷人诗》。

## 成岛柳北

成岛柳北,初名温,字叔厉,号确堂。后因有所避,乃更名弘,字保民,号柳北,别号潺上渔史,东京人。天保八年(1837)生,明治十七年(1884)十一月殁,享年四十八岁。

---

① 括号内为十种,"前后篇"算两种。
② 原诗缺首句,俟考。

年甫十八,嗣家,为幕府将军德川家定、德川家茂侍讲。幕末为外国奉行、勘定奉行、会计副总裁。有此经历,则成岛柳北之为诗人,乃政治家之诗人。明治六年(1873),周游欧美而归,翌年任《朝野新闻》社长。此番周游所得《航西杂诗》,乃咏新世界之作,别开诗坛一生面。于《朝野新闻》揭载《江湖诗丛》栏目,引世人之注目,此乃诗界发展史上不可忽视之事。

其文似随园,诗有剑南、瓯北之风。诗集有《柳北诗抄》《柳桥新志》《鸭东新志》,选诗有《张船山诗》。

### 向山黄村

向山黄村,名荣,字欣夫,黄村其号,书斋号曰小草庐、景苏轩。文政十年(1827)生,明治三十年(1897)殁,享年七十二。旗本之士,曾为若年寄①。维新后,从末代将军德川庆喜赴静冈,后住沼津,为藩校尽力。后出东京,以吟咏自适,结晚翠吟社。

其诗宗苏东坡,各体皆擅。诗集有《景苏轩诗抄》《游晃小草》。

### 垣内(菊池)溪琴

垣内溪琴,本姓菊池,名保定,字子固,号溪琴、海庄,纪井人。宽政十年(1798)生,明治十四年(1881)殁,享年八十三。幼时从大洼天民学。梁川星岩评其诗曰:"五古学韦、柳,七古学杜、韩,兼及遗山、北地。律体则学青田、青邱,而出入于李、何之间。"(原注:《溪琴山房序》)晚年称融化浑合。

诗集有《秀餐楼集》(原注:又名《溪琴山人第一集》)、《溪琴山房集》(原注:又名《溪琴山人第二集》)、《海庄集》(原注:又名《溪琴山人第三集》)、《溪琴遗稿》,选诗有《元遗山诗抄》《诚意伯诗抄》等。

### 鹫津毅堂

鹫津毅堂,名宣光,字重光,一字毅堂,称九藏,尾张人。幕末为藩督学,维新后,为司法官。明治十五年(1882)殁,享年五十八。博学洽闻,兼擅诗文。诗集有《毅堂集》《薄游吟草》,选诗有《吴梅村诗》。

### 柴秋村

柴秋村,名莘,字绿野,称六郎,阿波德岛人。初问诗于大沼枕山,不合而去,从广濑旭窗学。尝访咸宜园,淹留三载,与广濑青村、广濑林外兄弟

---

① 若年寄,日本江户时代德川幕府的职务名称,直属于幕府将军,仅次于老中,定员三至五人。

切磨。明治三年（1870），坐藩老稻田氏之事，遭禁锢，翌年殁，享年四十二。其诗精敏警捷，清隽秀朗，长于古体，极变化之巧。诗集有《秋村遗稿》。

## 村上佛山

村上佛山，名刚，字大有。明治十二年（1879）殁，享年七十。幼时从龟井昭阳学，后游京都，下帷于乡里丰前稗田村。平生好读白、苏二集，故其诗温厚而奇姿纵横自在，凡天地间之物，巨细无不入其诗，称曲尽其妙。诗集有《佛山堂诗抄》《佛山堂史绝句抄》。

## 广濑青村

广濑青村，名范，字世数，本姓矢野，号青野、东宜园。广濑淡窗义子。文政二年（1819）生，明治十七年（1884）殁，享年六十六岁。诗集有《青村遗稿》，选诗有《朱竹垞诗》，诗评有《摄政六家诗评》。

## 广濑林外

广濑林外，名孝，字维孝。广濑旭窗之子。天保七年（1836）生，明治七年（1874）殁，享年三十九。作诗有冲淡之致。诗集有《林外遗稿》。

## 长三洲

长三洲，名光，字世章，又字秋史，初称富太郎，后改光太郎，号三洲，丰后人。天保四年（1833）生，十一二岁便能赋诗，称神童。十五岁入广濑淡窗之门。广濑淡窗称其为门下第一才子。后任一等编修官、东宫侍书。明治二十八年（1895）殁，享年六十三。其文简洁，其诗淡雅冲穆，得广濑淡窗之衣钵。诗集有《三洲居士集》，诗选有《王渔洋诗》。

## 菊池三溪

菊池三溪，名纯，字子显，号三溪、晴雪楼主人，东京人。文政二年（1819）生，明治二十四年（1891）殁，享年七十三。博涉经史，兼工文艺，有"明治之袁枚"之评。诗集有《东京写真镜》《晴雪楼诗抄》。

## 大槻磐溪

大槻磐溪，名清崇，字士广，通称平次，号磐溪、磐翁，仙台人。明治十一年（1879）六月殁，享年七十八。尝曰："为文则得之葛西因是、松崎慊堂，作诗则得之梁川星岩。"清人俞樾在《东瀛诗选》中选大槻磐溪诗六十余首，评曰："大槻子广[①]诗清丽可诵，且能为五七言古诗，乃东国所难也。"

---

① 大槻子广，大槻磐溪字士广，俞樾称其为"子广"，或讹误，或另字子广。

可知其诗清丽,长于古诗。诗集有《宁静阁一集》(原注:《磐溪诗抄》)、《宁静阁二集》(原注:《龙蛇集》《一百诗》)、《宁静阁三集》(原注:《昨梦诗历》《国诗史略》)、《宁静阁四集》(原注:《磐溪诗抄五篇》《横滨一夕话》《爱古堂漫稿》《文明余韵》《博览余吟》《太平唱和》《爱敬余唱》),诗选有《新选十二家绝句》。

# 第五章　明治初期之汉文

## 一、文　　运

**汉文隆盛之原因**

　　概而言之,明治时代有奖励西学、废止汉学之气运,然其初期之汉文界却有隆盛之势。究其原因,其一,乃是政论家活跃之时代,其政论以雄健之汉文最有魅力。其二,当时幕末文坛之老大家尚存,而如西乡隆盛、木户孝允等元勋,为国奔走之志士,皆汉学书生出身。其三,明治二年(1869),开国史编辑局于大学校,有以汉文编辑国史之计划;明治八年(1875),太政官为创编纂编年史而设修史局,各藩文章家云集东京,彼此相约,创立文会。以上三者,盖其主因。而刺激其文运者,乃明治八年至九年(1875—1876),佐田白茅《明治诗文》、吉田次郎《古今诗文详解》、总生宽《日本古今名家诗文圭玷新评》等杂志陆续发行,文运益隆盛。

**文章衰颓之原因**

　　至明治二十年(1887),时势大有变化,文章界亦随之而变化。今看川田瓮江之评论,有"举世争作文章"之隆盛,亦有"文章之衰颓,莫甚于今日"之叹息。何以故?川田瓮江曰:"一则业安小成,衒才求售;二则小说流行,语涉鄙媟;三则六籍道废,学无根据;四则宿儒凋谢,法不师承。"[1](原注:《金陵遗稿序》)三则云云,中村敬宇旁注曰:"今之学汉文者,徒诵《文章轨范》《日本外史》等,而付四书五经于不问。"[2]由此二人之言,可知当时文章界之概况。

---

[1] 原汉文。
[2] 原汉文。

## 二、文　格

**清初三大家**

至幕末,明末遗民侯方域(原注:字朝宗,号雪苑,有《壮悔堂文集》)、魏禧(原注:字冰叔,号勺庭,人称魏叔子,有《魏叔子文集》)、汪琬(原注:字苕文,号尧峰。侯方域、魏禧著闻于顺治朝,汪琬则著闻于康熙朝)三家之文颇受学者欢迎,此三人即所谓"清初三大家"。侯、魏二人实为清朝文章之祖。

三人在明清易代之际,共有反清复明之志,对清朝皆大不平,故皆表现出此种情绪,或悲壮凌厉,或才气奔放,其文亦以议论为主,有雄健之笔力。日本幕末形势,尊王攘夷之论炽起,如赖山阳《日本外史》《日本政记》、藤田东湖《弘道馆记述义》、会泽正志斋《新论》《下雪迩言》等书出,书生意气异于前代,昌平黉内亦有论史会之创,因此,遂与上述三家之文章意气相投。明治九年(1876)十月所刻之清文选《文海指针》,乃最投机缘之物。选编者川田瓮江曰:"一时海传,始遍海内,于是也或有谓今日文格一变,吾为之首倡者。"①(原注:《文章指针序》)

**日本文章界**

先是,日本文章界因柴野栗山等宽政三博士,而有宗唐宋八大家之倾向,此时犹是此系统之延续,然其表现之所,与宽政间(1789—1800)又自有异。即其不问其文之体裁如何,序也好,书也好,抑或碑志也好,一概流行以议论出之。书生案头所置者,皆如苏东坡之论文、陈龙川之论策也。明治维新成于此际,故明治初年之文章,依然不脱此风气。然至明治十年(1877)前后,文坛有学李渔、张潮等小说家而好新奇之一派。

**黎莼斋、桐城派**

至明治十五年(1882)左右,文体变之,文格亦大体颠覆唐宋八大家之正系,其转折之关键,在黎庶昌之来日本。黎庶昌,号莼斋,编有《古逸丛书》,曾受桐城派大家曾国藩之诱掖。明治十五年(1882),黎庶昌为驻日公使,与东京文人墨客敦同文之欢,往复切磋诗文(原注:读当时文人文集,大抵可见其文)。受其影响,文章一变为倾于桐城派。日本文章,虽非皆变

---

① 原汉文。

为桐城派之文,然重野成斋在《读惜抱轩文》(原注:《成斋文二集三卷》)一文中,以桐城派方苞、刘大魁、姚鼐为文章之正宗,颇可见其端倪。重野成斋、川田瓮江等大文章家效仿之、鼓吹之,以致作此派之文者甚多。盖桐城派文章,较清初三大家奇丽,然其笔力薄弱,缺乏气魄。

## 三、文　会

**文会之盛衰**

最早之文会,乃明治五年(1872)创立之旧雨社,其次是丽泽、回澜二社。明治三十四五年之交(1901—1902),因旧雨、丽泽之社友大抵凋落,存者较少,旧雨社乃并归丽泽社,至明治三十六年(1903)春,丽泽社亦归并回澜社。明治三十五年(1902)九月,以文会创立,回澜、以文二社延续至今。此即明治年间主要文会盛衰之大略,其间亦有文运兴替之故事。此就各文会说明之。因以文会创立较晚,暂略而不述。

**旧雨社**

由创立者藤野海南所作之《旧雨社记》及《海南手记》,可知彼尝集重野成斋、冈鹿门、鹫津毅堂、阪谷朗庐、小野湖山、鲈松塘等九人于自宅相谈,可知彼等每月一回会于不忍池畔之长酡亭,亦可知此社社员不定额,凡社员相识且嗜文墨者皆得与会,常有十数人相会。

社友互相品评诗文,文由重野成斋评之,诗由小野湖山评之。其文集稿本《旧雨文传》原在重野成斋家,现藏于京都帝国大学。龟谷省轩有《旧雨文传序》(原注:《省轩文稿卷一》),作于旧雨社创立之后二十余年,人名之下附以小传,并加以品评。其诗集,森春涛尝于明治十年(1877)抄录之,初集分为上下二卷,以"旧雨诗抄"为题刊行。《省轩文稿》卷四有《题〈旧雨诗抄〉后》。

此外,尚有名曰《旧雨社小传》之物,然未公之于世,内容不详。由与此社相关之人而推知,殆有武富圯南、松冈用拙、小野湖山、庄田胆斋、平野林下、松冈环翠、川副永邱、青山铁抢、阪谷朗庐、小笠原午桥、南摩羽峰、鲈松塘、小桥橘阴、秋月韦轩、木原老谷、横须贺静斋、鹫津毅堂、增田岳阳、藤野海南、那珂梧楼、重野成斋、小山春山、关雪江、堤静斋、大乡学桥、松平春岳、秋月古香、川田瓮江、小永井小舟、三岛中洲、中村敬宇、村山拙轩、四谷穗峰、薄井小莲、冈鹿门、依田学海、天岸静堂、蒲生裵亭、高云外、平田虚舟、横山德溪、岩谷迂堂、猪野熊渠、西冈宜轩、信夫恕轩、座光寺半云、川口江东、龟谷省轩、岛田篁村、股野蓝田、井上樱花塘、冈本韦庵、青山清幽、石津灌园、小岛蚕涯、广濑林外、大须贺舟门、关籁笯、森春涛、冈松瓮谷、石幡东岳、日下勺水等人。

## 丽泽社

丽泽社创立于明治十二年(1879)。社名"丽泽"二字,取自《周易》。创立之缘由,据小山春山《丽泽文社记》云,既欲结如前述旧雨社之敦谊燕饮之会,又因遭幕末艰危之际幸存而遇今日圣明之世,必当振兴衰颓之文运,润色维新之鸿业,以图报效。以重野成斋为盟主,会场初设于东京麹町米花堂,每月第一个星期六集会。后移之不忍池畔长酡亭。席上必课一文,由重野成斋评之。作文评论毕,则饮酒以欢。与会者,有藤野海南、冈鹿门、岩谷一六、小山春山、龟谷省轩、蒲生褧亭、村山拙轩、野口犀阳、星野丰城、小牧樱泉、川口江东、西尾鹿峰、日下勺水等,后又有植松果堂、秋叶猗堂、盐谷青山、服部爱轩、中村樱溪、松平破天荒、丸山龙川、浅见饭峰等与之。

明治三十四五年之交(1901—1902),旧雨、丽泽二社之社友大抵凋谢,旧雨社乃并归丽泽社。当时,藤野海南、小山春山、岩谷一六、村山拙轩、蒲生褧亭、小牧樱泉等皆已就仙籍,岿然尚存者,乃重野成斋、冈鹿门、龟谷省轩、星野丰城、小牧樱泉等数人,余皆新进者。于是,明治三十六年(1903)春,丽泽社复并归回澜社。

## 回澜社

明治七年(1874)十月,川田瓮江创立回澜社。其社友有鹫津毅堂、岸秋洋、四谷穗峰、横山钝轩、小永井绿海、土肥石斋、田中从吾轩、依田学海、小桥橘阴等。

时川田瓮江受文部省嘱托,设史局于家,招五弓久文及门生数人编纂史料,名其亭曰斠史亭。于是谋之同道,创立文社,欲以讲立言之道,于每月第三个星期天集会,此即回澜社是也。

第一次集会于九段今川小路玉川亭。与会者有津轻斋藤岩城、北总秋叶猗堂、南总小药且大、土浦铃木晴峰、东京日下勺水,东京盐谷青山以斠史亭之一员而与焉。

以玉川亭在闹市之中,不适于构思,决定设于各会员之私宅,轮流集会。未几,佐仓荒野益堂、植松果堂、信浓丸山龙川、松前长盐绿渊、伊势矢土锦山、桥村景玉、播磨服部爱轩相继入社。于是,私宅因之不能容纳全体社员,遂于明治十年(1877)春移席于上野莺阪之一林亭,迨此亭废后,转至牛込筑土之风松楼。

明治二十八年(1895),在风松楼举行创会二十年纪念会。当时会员有中村樱溪、松平破天荒、藤田春堂、斋藤竹海、浅见饭峰、内田远湖、奥平笠峰、田中潮野、佐藤双峰、西尾松坡诸人。彼等皆明治十年前后之加盟者。其后,川口江东、浦井子信、山县文哉、藤波五民、本城间亭、石川文庄诸人入社。又有冈本韦庵、河野荃汀、森槐南①、鞍悬鹤峰、饭郡拙诚、远山静藏、村上伯行、置盐棠园、太田子文、古川郁、真山某氏、西村某氏、芳野某氏、岸泽醉经等青年人出入此社。

风松楼废后,移至牛込赤城清风亭,又移至江户川清风亭。其后之详情,姑略而不述。明治三十六年(1903)春,丽泽社并归回澜社。独重野成斋至晚年,仍每会临席。

有关回澜社之著述,有中村忠诚之《回澜余话》。

## 四、文　　人

明治初期,推为文章名家者,乃幕末既已知名之安井息轩、芳野金陵、林鹤梁、大槻磐溪诸翁。前已述及,安井息轩、芳野金陵仕幕府,为昌平学校教官,与盐谷宕阴共称"文政三博士"。盐谷宕阴殁于庆应三年(1867)八月,正值维新前后,而安井息轩、芳野金陵以老儒雄视学界。前已稍稍述及,今再补充之。

**安井息轩**

盐谷宕阴精于文章而粗于经学,芳野金陵长于经学而短于文章,经、文兼擅者,独推安井息轩。安井息轩有《管子纂诂》《左传辑释》《论语集说》等有名之经解,然又名高于文苑。其文"规摹先秦,食古能化,有气魄,有光焰。论道辩理,尤为擅场,宏深沉雄,卓然大家。但其为人聪明而耿介,故

---

① 森槐南(1863—1911),日本明治时代著名汉诗人、汉学家,是最早在东京专门学校(早稻田大学前身)、东京大学讲授中国小说戏曲的日本学者,影响极为深远。详见张真《明治词曲开山——森槐南平生及其南戏研究考述》,载《戏剧艺术》2015年第4期,人大复印资料(《舞台艺术》2016年第1期)全文转载。

文亦乏风韵"①。

芳野金陵序《息轩遗稿》曰:"亡友安井君仲平,志气雄鸷,学宗汉唐,而簸扬淘汰,毫不偏倚,必归之至当,以阐明斯道,振作斯文为己任。已丰乎学,而又赡乎文,世之所以推重为泰斗也。(原文中略)仲平之文,隽伟雄健,类其为人,而至色秀格苍者,直逼乎西汉,所谓腴中而彪外。学与文,一而非二,予于仲平乎见之。"②川田瓮江亦评曰:"取法唐宋,上溯秦汉,古色苍然。"③(原注:《近世名家文评》)以安井息轩之文,上溯秦汉,各评皆同。

安井息轩之文,明治时代有排斥外来宗教之《辨妄十篇》《锦山神社改建记》著称于世。据《饭山文存》所收《复广濑维孝书》,安井息轩于清诸儒中,最称朱竹垞。

安井息轩小传已经见于"文久三博士"一节,名衡,字仲平,息轩其号。日向饫非肥人。明治九年(1876)殁,享年七十八。有《息轩文钞》四卷、《息轩遗稿》四卷。

### 芳野金陵

芳野金陵,小传亦见于"文久三博士"一节。名世育,字叔果,通称愿三郎,后改立藏,号金陵、鲍字、东总葛饰郡松崎村人。享和二年(1802)生,明治十一年(1878)八月五日殁,享年七十七。

其父使芳野金陵学于龟田鹏斋,然龟田鹏斋已老,乃就其子龟田绫濑学。龟田之学出荻生徂徕之系,故芳野金陵之文亦带荻生徂徕古文辞之风,俱不免佶屈聱牙之弊。古文辞之流行已久,与当时诸家全异其趣。藤野海南序《金陵遗稿》曰:"先生之文,宏博雄健,亦以道胜,固不似今人之巧。"④然如前所述,芳野金陵固非专念于此文辞,其专攻者,乃经学也。著述有《谭故书余金陵文抄》二册、《金陵遗稿》四册。

### 林鹤梁

林鹤梁,名长孺,通称伊太郎,鹤梁其号。上野人。文化三年(1806)生,明治十一年(1878)一月十六日殁,享年七十三。学古文于长野凤山,受经义于松崎慊堂,文名大著。林氏尝背诵秦汉唐宋诸家数千万言,锻炼

---

① 原汉文,但未注明出处。
② 原汉文。
③ 原汉文。
④ 原汉文。

陶熔以出之，简洁清亮，如在冰壶。见一世之文，皆华缛可厌，独喜森田节斋之文，以谓得古人之矩矱，虽无一面之识，而千里商榷，以为知己。

林氏少壮尚意气，与藤田东湖为亲友，其文章本应具骨力而有大气魄，然往往不免屡弱，大有其人与其文相违之感。唯《与小松生论出处书》，风霜凛然，有使顽夫廉而懦夫立之概。龟谷省轩序《鹤梁文抄》论此点，亦曰："独以文辞称，未尽先生也。昔者，侯雪苑与吴梅村论出处大义，正气凛然，字挟风霜。今此集中，往往有论出处之书，其志未尝不以古人自期。雪苑所谓身隐而道弥彰者，先生盖其人也。"①盖林氏非独以文辞称，其志以古人自期。

林鹤梁在麻布②教授子弟，其居处有梅花数百株。龟谷省轩评其梅并林鹤梁之文曰："清芬绝尘，犹梅之瘦劲带雪。如其小品，孤标别韵，更多隽味。不止此，至其俊节高操，则尤与老干槎枒相类。宜哉！君之爱梅。"③（《林鹤梁传》）其小品文多隽味，乃通评。文集有《鹤梁文抄》四册、续编二册。

## 大槻磐溪

大槻磐溪在"诗人"一节已略述及，其文名亦夙著。年甫十六，始作文，请葛西因是正之。葛西因是一阅，曰："前程可期。"后西游京都，访赖山阳以示之，赖氏曰："后来有望。"大槻磐溪终身不忘，常谈及此事。然此系鼓励之语，而大槻磐溪之自负由此而出。实则亦有赖山阳不重其文之说。

大槻磐溪少时文章多轻俊流滑，而少持重之气，及老，识见笔力亦进，然一味平直，少变化之妙。林鹤梁晚年作《题〈磐溪文抄〉后》，评曰："安井息轩之严而狭，大槻磐溪之清而快，惟其是尔。而磐溪则纡余淡宕，风致有余，最不易及焉。"④中村樱溪评曰："大槻磐溪，家学、西学兼通，盖学问之广稍过，故不得达文章之巧。"大槻磐溪文集有《宁静阁诗文集》，另编有《奇文欣赏》。

以下再看重野成斋、川田瓮江、中村敬宇、三岛中洲，即所谓"明治四大家"是也。

---

① 原汉文。
② 麻布，日本地名，在今东京都港区。
③ 原汉文。
④ 原汉文。

## 重野成斋

重野成斋与川田瓮江称"明治二大家",宛如唐人韩退之、柳子厚之并立之感。重野成斋,名安绎,字士德,通称厚之丞,鹿儿岛人。文政十年(1827)生,明治四十三年(1910)十二月六日殁,享年八十四。如前所述,重野成斋起丽泽社,招旧友知己,钻研文翰及三十年,于明治时代文运之维持与兴隆,有伟大之贡献。壮岁好欧苏,晚年专则桐城派。最喜姚鼐,以为后学劝。

其作,以序、记、碑版文最多。文章庄重典雅,内收才气而又重自然,唯亦有乏气古之作。《成斋文集》以初集最佳,二集便等而下之,遗稿益拙,然其中《故越后侯上杉谦信神道碑》乃罕见之杰作。

## 川田瓮江

川田瓮江,名刚,字毅卿,备中人。受业于乡师镰田玄溪,后出江户,就古贺茶溪、大桥讷庵学经史,问文于藤森弘庵,与山田方谷、安井息轩、盐谷宕阴诸老交。明治二十九年(1896)二月二日殁,年六十七。

川田瓮江文章以格法之奇、文字之古为特色,然好用突起格、层句法为手段,有稍使人厌之感。又好混用谐谑,颇损文品。

川田瓮江与重野成斋同时并立,为文坛之泰斗。重野成斋有《大久保公碑文》,川田瓮江有《木户公碑文》;重野成斋有《盐谷宕阴墓表》,川田瓮江有《安井息轩墓铭》。两相对比,二人之特长优劣立判。重野成斋或优于序、记,亦未可知,然于碑文须让川田瓮江一筹。重野氏之文集尚未刊。

## 中村敬宇

中村敬宇,名正直,通称敬辅,敬宇其号,江户人。原为幕府昌平学校教授,幕府派为留英学生之领队赴伦敦。维新后归国,创设同人社。明治二十四年(1891)殁,享年六十。

中村敬宇博学审思,学兼东西,随笔发挥,理深语精,一篇之中,必有独创之见识,决不陈腐。无意作文,却言则成章,清新隐秀,有他人不易及之处。身在明治时代而为后世必传之文字,首推中村敬宇。唯信基督教,文中亦带有耶稣之趣味,乃其弊病。所译《西国立志篇》最为世人所知。另有《敬宇文》一册、《敬宇文集》八册、《敬宇先生诗文偶抄》一册。

## 三岛中洲

三岛中洲,名贞一郎,后改毅,字远叔,号桐南、中洲。与川田瓮江同为备中人。三岛中洲出山田方谷门下,又学于伊势斋藤拙堂。明治十年

(1877),开二松学舍①。大正四年(1915)五月十二日殁,享年九十。

三岛中洲作文,不论题之大小,皆整齐划一,必设照应起伏,必点字眼,文法秩序整然,其弊则在拘泥,缺乏变化。其碑文最多杰作,重野成斋、川田瓮江亦须让其一步。文集有《中洲文稿》四集二册。

## 阪谷朗庐

阪谷朗庐,名素,字子绚,初称素三郎,后改希八郎,朗庐其号。备中川上郡九名村人。明治十四年(1881)一月十五日殁,享年六十。

初就乡儒昌谷精溪学,后游古贺侗庵之门。古贺侗庵尝曰:"文不满千言,观之不足。"故阪谷朗庐之所长,在雄篇大论。其文才华坌涌、笔力健举,然有斡旋不足而乏转折之感。其晚年之作,冗漫而无纪律,字句亦滥。中村樱溪以为,此是因阪谷朗庐晚年入明六社,与西学之徒征逐之故。文集有《朗庐文抄》三册、《朗庐全集》一册。

## 阪田警轩

阪田警轩,乃阪谷朗庐之甥,亦以学问文章为人所推崇,有《警轩文抄》三册。

## 冈鹿门

冈鹿门,名千仞,字振衣,号鹿门。初名修,字天爵,通称启辅,仙台人。大正二年(1913)二月十八日殁,享年八十二。尝入藩学养贤堂,又学于昌平黉。其才不若同乡斋藤竹堂,其学不及大槻磐溪,唯气力则过之。松本奎堂尝评曰:"纯以气胜者。"(原注:《藏名山房文初集跋》)其文慷慨,独擅于明治文苑。即文章豪宕奔放,有数千言挥毫立就之风,盖宋人陈龙川之流亚。冈氏亦以人中之龙、文中之虎自任,惜不免有具体而微之评。植松果堂尝曰:"读鹿门之文,意其为策士。然鹿门并非策士,其文大欺其人。"其著《尊攘纪事》乃名作,故冈鹿门之长在其有史笔。文集有《藏名山房文集》六卷、《观光纪游》。

## 龟谷省轩

龟谷省轩,名行,字子省,对马藩士。大正二年(1913)一月二十一日殁,享年七十六。二十四岁时,游大阪,问诗于广濑旭窗。广濑旭窗称其才,不绝于口(原注:《饭山文存·左传集腋序》)。明治二年(1869),补大学教官,然国、汉二学议论纷起,遂辞职,终于野。

---

① 二松学舍,今二松学舍大学前身。

文章主沉练干净，尊崇省赘句冗语、简洁有风韵之文，其弊在有瑟缩不振之感。其贵简，与冈鹿门相反。重野成斋尝评龟谷省轩之文曰："省轩之文贵简，削之又削，恐必将文字削完为止。"此系酷评，然龟谷省轩文不免确有此憾。文集有《省轩文稿》四册，编有《论文汇编》五册。

## 藤野海南

藤野海南，名正启，号海南、伯迪，伊豫松山人。学于幕末圣学维新后为昌平黉教授、大学少博士、三等编修官。明治二十一年（1888）殁，享年六十三。

藤野海南兄事重野成斋，然其殁早于重野成斋，其名声亦不如后者。为人温厚，有见识，其学问为清朝驻日公使黎庶昌所推重。文章如其人，雅饬温润，无慷慨扼腕之态。其文虽有君子风度，然亦有才力薄弱之憾。藤野海南自评曰："辞不求巧，笔不求婉，言直而意达，吾之所以设规也。（中略）且吾尝谓：'庄、列、孟、荀，未必讲文法，唯能达意之文，照应顿挫存其中焉。'"①（原注：《海南遗稿》卷三《题自制诗文卷》）而重野成斋评之曰："朴直不饰，伯迪之文犹其人。"②文集有《海南遗稿》四册。

## 岛田篁村

岛田篁村，名重礼，字敬甫，江户人，仕越后村上藩。幼受句读于大沼赤城，及长，从松崎慊堂、海保渔村学。治汉唐之古学，又邃于《诗》、《书》、三礼，博闻宏览，以明治时代考证学大家而为世所推。创立家塾双桂精舍，后为东京帝国大学教授、文学博士。明治三十一年（1898）殁，享年六十一。

岛田篁村初从安积艮斋、盐谷宕阴问文，其后屡变，晚年浸润厌饫，自具一家之体，而得于班、史之处最多（原注：《篁村遗稿跋》）。

岛田篁村初有志于文章，四十岁后，起以经学立之志，及为帝国大学教授，益勉于考证。岛田篁村以考证家而酷嗜文章，推桐城诸子。然常耻为文人，无关经术道理之大者，不肯下笔，故无如墓碑文等之作。故寻常考证家之文，往往烦琐，行文枯燥，味同嚼蜡，是为通病，而岛田篁村非惟考证家，其文异之，淡而腴，实而华，有光彩，与其他考证家不同。文集有《篁村遗稿》三册。

## 依田学海

依田学海，名朝宗，字百川，学海其号，佐仓藩人。幼学于藩校，尝受经

---

① 原汉文。
② 原汉文。

史于藤森弘庵,旁修文辞。废藩后,仕官不得志而罢。明治四十二年(1909)殁,享年七十七。

依田学海为文,古好韩非子,中好苏老泉,近好魏叔子,称为中土三大家。其评魏叔子曰:"魏叔之事理的切,不涉陈腐,议论新奇而是适情状,叙事述议,本情后理,不饰不伪,可谓天下之至文。"

依田学海与川田瓮江同门,亲密无间,然川田瓮江尝曰:"依田氏之文才实可惊,吾到底不能及。"依田学海实才气敏捷之人,然其文才有余而失之平易,气有余而失之粗犷,此系其弊,是亦其境遇之不平使然。依田学海自语曰:"吾为文如拔村正之刀,以不见血不罢手之气出之。"故其文有气骨,如名作《高山操志序》。

另一方面,依田学海又有如《谭海》《谈薮》等记事杂史、小说体之作。要之,其文不平之余,有韬晦弄视之倾。著述有《谭海》、《谈薮》二册、《学海画梦》二册、《学海记纵》等文。

## 信夫恕轩

信夫恕轩,名粲,字文则,号恕轩、天倪,鸟取人。初为法华僧,还俗后为学者。明治四十三年(1910)殁,享年七十六。从海保渔村、芳野金陵、大槻磐溪究经史,兼修文辞。著《文话》,川田瓮江序之曰:"余读君文,奔放恢奇,才思横逸,不肯墨守一家法。"①依田学海序其文集曰:"文则之文,驰骋纵横,奇思泉涌,有涉嘲谑者。文即识见卓荦,树立一家,不欲倚他人门墙,盖以嬉笑怒骂为文章者也,以圣贤为法也。"②信夫恕轩之文,大体近依田学海,然其人物、学力不及依田氏。亦有以其文笔佳而文品恶之酷评。如秋月新太郎,极力褒扬信夫恕轩之文,然世间有以其文带滑稽而品位恶者,亦有以其文脉络清晰而议论明确者。著述有《恕轩文抄》七册、《汉译文则》等。

## 菊池三溪

菊池三溪姓名字号在"诗人"一节已述及,今从略。

菊池三溪好作汉文小说之事,与依田学海相似,然比之依田学海,菊池三溪学问浅薄,文章亦浮靡纤丽,有女子之口吻,为轻薄之人所喜。然亦有以其所著《国史略》第三篇为见笔力之作者,未必皆浮靡纤丽。要之,典正

---

① 原汉文。
② 原汉文。

之文少见。其文长于游记,《弥陀窟记》《纪州庭记》等,尤为出色。著述有《国史略》、《三溪文略》、《本朝虞初新志》三册、《译准绮语》一册等。

## 副岛苍海

　　副岛苍海小传见于"明治天皇与侍讲"一章,今从略。

　　副岛苍海虽生于千年之后,而作古色苍然之文章,其语言似秦汉之简洁,况又有唐宋之气概。即直学周诰殷盘。人或评之曰:"副岛苍海之文虽系模拟,然商彝周鼎,虽赝亦珍。"

　　副岛苍海自作文时,必读司马迁《史记》三复之,而后执笔,然读其文,有似《史记》之处,又有不似《史记》之处。袭神避形,乃其平常之持论。

## 土井聱牙

　　土井聱牙,名有恪,字士恭,通称几之助,号松径、聱牙。仕津藩。明治十三年(1910)殁,享年六十四。

　　与副岛苍海共作有力之文,实魄力绝大,尤注力于论策,而不作序、记。其行状曰:"初受经义于石川竹厓,受古文于斋藤拙堂,后皆跳出门墙。其作文,嵬垒郁勃,雄伟因衍,结构每出意表,而精彩字句溢其间,纵横奔驰,愈出愈奇。"文集有《聱牙斋存稿》三册。

　　此外,尚有小山春山、青山铁枪、广濑林外、鹫津毅堂、村山拙轩、高桥白山、小笠原午桥、蒲生裘亭、木原老谷、田口江存、南摩羽峰、冈松瓮谷、堤静斋、神山凤阳、松冈毅轩等前"文会"一节所举之文人,然终不能一一枚举尽说于纸上,姑且割爱。

# 译 后 记

　　记得小时候，有一次偶然间看到一部日本电视剧，当时根本也就没注意剧名，只看到是一家日本的小饭馆，小饭馆门前挂着一只白色的小灯笼，灯笼上写着"中村"两个汉字。我觉得有点奇怪，为什么日本小饭馆门口的灯笼上会有两个汉字？"中村"又是何意？是这家小饭馆所在地名，还是小饭馆的店名，还是别的意思？这只是我少年生活中的一个片段，准确地说，只有几秒钟，但我对日本和日语的兴趣却由此而发。我想，我总有一天会知道"中村"的意思。

　　时间一闪而过，但藏在我心里的念头却从未消失。在那个信息很闭塞、知识传播很慢的年代，我不知从哪里得知上大学可以选读自己感兴趣的专业，于是我就暗暗盘算着要读日语专业。但高中没有日语课，我也几乎没有时间和办法可以了解更多关于日语的知识，所以只好先默默地藏在心底。好不容易熬到了高考结束，我飞也似地跑到了那家我常去的书店，去买有关日语的书，结果当然是毫无悬念的失望。但我并不甘心，也没有绝望，决定再找几家书店试试，终于找到了一本《日语无师自通》的小册子。

　　小册子不厚，大概只有一百多页，都是一些日常的会话，当然欢喜得没来得及仔细看就买回家了。回到家，恭恭敬敬地拿出来一看，这才发现这本小册子印刷很差，而内容几乎就是把一个日语词或一句话用汉字谐音的方式标注出来，意思是你只要记住了这些谐音，就可以说日语了，是谓"无师自通"。这种方式当然是不科学的，这本小册子当然对我学习日语没有起到任何作用，它独特的意义在于使我确定了日语中是有汉字的。但有些汉字和繁体字、简化字又似是而非，而且又不只有汉字，还有一些弯弯曲曲的符号，这更加引发了我的兴趣：这些弯弯曲曲的符号是什么？它们和汉字组合在一起又表示什么？这些似是而非的汉字又是什么意思？从小就有极强的好奇心和破案癖的我，当然不可能就这样轻易地"放过"它们。

## 译后记

　　这本小册子尽管没什么用,但却陪伴了我从高考结束到填报志愿的十几天时间,那段时间,我几乎天天拿着它翻来翻去,它几乎是我当时所能找到的唯一的"日语书",也正是因为它,我下定决心要读日语专业。至今我还记得,那个夏天,我几乎把《高考志愿填报指南》上凡是有日语专业且大体符合我的分数要求的学校都画了出来,然后再根据学校所在地和交通方便与否层层筛选,最后确定了几所自认为比较合适的学校,并试图以这样严谨的"研究成果"说服父亲。然而,最终还是被父亲说服,选了另一个我感兴趣的专业,就是汉语言文学。前不久,我还翻出那本被我画得伤痕累累的《指南》,回忆着那夭折的高考志愿。

　　高考志愿虽然夭折,但我并未死心。在大学里愉快地读着中文专业的同时,我利用图书馆的资源,学到了更多关于日本和日语的知识,甚至逐渐产生了自学日语和赴日留学的念头,虽然这些念头在现在看来是很朴素的,但确实存在过。因为还很爱看书,大学毕业的时候想考研,但又因各种原因放弃了,去了一所高中任教。繁忙的教学任务和班主任工作,使我逐渐重燃起了少年时的旧梦。不敢想太多,只想从自学日语开始,至于学了有什么用,我也不知道,大概也可以在现实压力之外稍做解脱吧。

　　几年过去了,我依然还没迎来在网上购书全面普及的时代,虽然在大学的时候就在网上买过书,但因为要自学日语,不知道网上的书怎么样,于是仍然还用从前一家一家书店去淘的老办法,这次我知道自己要买什么书,就是新版《中日交流标准日本语》教材。这次果然在一家书店里找到了,但只剩下唯一的一套了,而且店主说已经有人预定了,但很久都没有来买。我一听,就央求他卖给我,店主想了想,也就同意了。或许在他看来,卖给谁都是卖,何必一定要等谁来。我就这样很幸运地买到这套唯一的教材,我不知道后来那位预定的人究竟有没有去买,但我知道,如果我当时没买下这套书,或许就没有后来的事了。买到教材之后的我,像对待宝贝一样给这套书包上了书皮,直到今天,书还在,书皮当然也还在。

　　从那以后,我几乎沉浸在了自学日语里,从五十音图开始,一课一课,认真地、虔诚地学着。自学的同时,我又买了日本地图和一些有关日本的书和资料,总之,是以当时可能的方式和办法,尽快尽多地学习。日语的特点是入门简单,但是越学越难,越到第一册后半部分的时候,感觉难度越来越大,而且每一课之间的难度梯度也很大,毕竟这套教材的初、中、高每级都只有上下两册,其进度之快是可想而知的。

正当我自学日语遇到瓶颈期的时候，一个偶然的信息刺激了我，就是下一年度的考研招生信息。这个消息像一根锋利的铁针，刺痛了我深埋心底很久的考研梦。当时我在邻县教书，任教的学校在县城外围的凤山脚下，信息极为闭塞，而我已经毕业三年，更不可能有像应届生那样的环境和一起考研的战友。怎么办？一切靠自己。为了考研，我买了人生第一台完全属于自己的笔记本电脑，一边硬着头皮继续苦学日语的同时，一边上网广泛地了解、搜集考研信息。当时我正在教高中，教的班级又多，加上担任班主任，每天几乎从学生早操到晚自习第四节，都在连轴转。学生都是寄宿制，两个星期才放一次假，我也住在学校，每天几乎都是晚上10点半以后才有自己的时间，夜里还要随时待命，以应付突发事件。在这种情况下，我每天用来睡觉的时间也只有六七个小时，而我还要在这六七个小时里抽出一定的时间来自学日语和复习考研。整个过程都是秘密进行的，连考试那两天，我都不是请假去的，而是连夜偷偷跑出去的。

大概是苦心人天不负吧，我在很没有把握的情况下，竟然真的考上了研究生。虽然是遥远的新疆，但我仍很感恩，因为并不是谁都有机会远赴新疆求学的。但是，那一年新疆正好发生了一件大事，原单位也几次打电话来建议我再回去工作，但我还是毅然决然、义无反顾地踏上西行的求学之路，因为我知道如果不去，那么之前所有的辛苦都白费了，而且这时我已经有了下一个目标，就是考博。我的家乡在东海之滨，而新疆师范大学所在的乌鲁木齐是世界上离海洋最远的城市，各方面的情况相差之大，不必细说。读研以后，我深感自己的日语水平还远远不够，因此，一方面继续自学的同时，又每天去日语系旁听，一连三个学期，这也总算多少弥补一些当初没能读日语专业的遗憾。因为新疆和内地有两个多小时的时差，加之乌鲁木齐冬季漫长，而我几乎都是在冰天雪地的黑暗中第一个到教室，有一次半夜赶到另一所大学去考日语等级，因为全国性的考试都按北京时间，而等我考完，酷寒的乌鲁木齐，天还没亮。

在新疆求学的三年，是我人生中极为难忘的时光，或许是因为珍稀到难以复制和重现吧。我的硕士生导师刘坎龙教授，硕士课程任课老师朱玉麒教授、栾睿教授、星汉教授、广中智之教授及日语系班主任钟响老师等，都在不同方面给了我不可替代的帮助和提携，使我虽然身处雪域，但内心却始终燃着一股火热的感恩之情。在朱玉麒老师的鼓励下，我在读研期间就尝试着翻译了日本汉学家石田干之助所著《长安之春》一书中的部分内容。经过这样的熔炼,我的日语总算有了一些起色,面对考博的日语考试,就稍微有一点把握了。

后来,我终于如愿以偿地考上了博士,有幸拜在南京大学苗怀明教授门下读书。在苗老师的指导下,我开始真正接触海外汉学这门历史悠久而又颇感陌生的学问,尤其对日本汉学下了一番功夫。日本对中国研究到如此的地步,而反观我们对这个邻国的了解,其反差之大,使我不禁想到了曾留学日本的民国元老戴季陶在其所著的《日本论》第一章《中国人研究日本问题的必要》中所说的那段令人触目惊心的话:

> 你们试跑到日本书坊店里去看,日本所做关于中国的书籍有多少?哲学、文学、艺术、政治、经济、社会、地理、历史,各种方面、分门别类的,有几千种。每一个月杂志上所登载讲"中国问题"的文章有几百篇。参谋部、陆军省、海军军令部、海军省、农商务省、外务省、各团体、各公司,派来中国长住调查或是旅行视察的人员,每年有几千个。单是今年出版的丛书,每册在五百页以上、每部在十册以上的,总有好几种。一千页以上的大著,也有百余卷。"中国"这个题目,日本人也不晓得放在解剖台上解剖了几千百次,装在试验管里化验了几千百次,我们中国人却只是一味地排斥反对,再不肯做研究功夫,几乎连日本字都不愿意看,日本话都不愿意听,日本人也不愿意见。

他同时又讲到了当时的中国人对日本的了解情况:

> 中国到日本去留学的人也就不少了,准确的数目虽然不晓得,大概至少总应该有十万人。这十万留学生,他们对"日本"这个题目有怎么样的研究,除了三十年前黄公度先生著了一部《日本国志》而外,我没看见有什么专论日本的书籍。

他的《日本论》出版于1928年,这些话也带有一定的情绪,未必经过严密地考证,今天的情况当然也早已不大相同,但反差仍然是存在的。这种反差不是某一个人在某一段时间能弥补的,我几乎所有的时间都给了学习,但仍不过是完成了一篇40万字的博士论文而已,而这篇博士论文也只是研究了日本汉学中极小的一个方面和部分,大概只能用沧海一粟来形容。值得庆幸的是，读博期间我终于如愿以偿地获得了赴日访学的机会，在访学导师早稻田大学冈崎由美教授的指导和帮助下，我得以尽可能地搜集与研究课题相关的资料。早稻田大学是我心仪已久的著名学府，牧野谦次郎先生的这部《日本汉学史》就是20世纪20年代在早稻田大学授课的讲义，我也是在早稻田大学图书馆亲手复制的此书，这似乎真的是一种缘分。当时我把要赴日访学的消息告诉父亲，并告诉他我藏在家里书架上的日本地图，父亲找了出来，跟我说："原来你为了去日本，准备了这么久。"谁能想到，这个夙愿的实现距离它当初朴素地产生，已经过了十几年的时间。十几年呵！

  我与北京语言大学阎纯德教授从未谋面，但他却一直无私地鼓励我、提携我，从读博期间在他主编的《汉学研究》上发表小文开始，他给了我许多意外的感动。他又命我写一部有关海外汉学的专著，收入他所主编的"汉学研究大系"，惭愧的是，我尚无能力完成这样的重任，于是向阎教授汇报了自己这几年有关日本汉学的读书心得。日本汉学浩如烟海的研究成果里，有不少是称得起经典之作而尚未译介到国内的，牧野谦次郎的《日本汉学史》就是其中不可多得的一部。当我斗胆向阎教授提出翻译此书的时候，阎教授的肯定和鼓励，给了我巨大的信心。阎教授年届八旬，仍在不懈努力，令晚生后辈，既感动又汗颜，在此谨祝他健康长寿。现在我译完了这部《日本汉学史》，在如释重负的同时，又颇感今后的路还很长，这也不过是千里之行的第一步而已。

  回首来时路，不觉已中年。早就听说中年很苦，但一直不知道究竟有多苦。生活的压力虽然很大，但我还有热爱到永远不舍得放弃的人和事，他们会伴随着我继续走下去。中年的滋味，就像一杯苦咖啡，只要熬得过去，大概也会回味无穷，甚至满口余香吧。

张真

写于温州大学怀籀园

庚子初春，乍暖还寒时候